本书为天津市哲学社会科学规划项目重点课题《京津冀世界级城市群□选择研究》（TJLJ18-005）的阶段性成果。

京津冀
建设世界级城市群
实践与路径

王 双 著

BUILDING WORLD-CLASS
CITY GROUP OF BEIJING-TIANJIN-HEBEI:
PRACTICE AND PATH

经济管理出版社
ECONOMY & MANAGEMENT PUBLISHING HOUSE

图书在版编目（CIP）数据

京津冀建设世界级城市群：实践与路径/王双著 .—北京：经济管理出版社，2022.12
ISBN 978-7-5096-8908-0

Ⅰ.①京…　Ⅱ.①王…　Ⅲ.①城市群—城市建设—研究—华北地区　Ⅳ.①F299.272

中国版本图书馆 CIP 数据核字（2022）第 254556 号

组稿编辑：张巧梅
责任编辑：张巧梅　白　毅
责任印制：黄章平
责任校对：陈　颖

出版发行：经济管理出版社
　　　　　（北京市海淀区北蜂窝 8 号中雅大厦 A 座 11 层　100038）
网　　　址：www. E-mp. com. cn
电　　　话：（010）51915602
印　　　刷：北京晨旭印刷厂
经　　　销：新华书店
开　　　本：720mm×1000mm/16
印　　　张：14.25
字　　　数：264 千字
版　　　次：2023 年 2 月第 1 版　　2023 年 2 月第 1 次印刷
书　　　号：ISBN 978-7-5096-8908-0
定　　　价：88.00 元

前　言

　　2014年，习近平总书记主持召开座谈会，提出京津冀协同发展重大国家战略。2015年，《京津冀协同发展规划纲要》正式发布，明确提出建设以首都为核心的京津冀世界级城市群，为京津冀协同发展指明了发展方向和战略目标。这些年来，在习近平总书记的亲自谋划、亲自部署、亲自推动下，遵循着世界级城市群的发展蓝图和美好愿景，从大气治理到交通一体化、从医疗教育共享发展到产业资源疏解、从人才自由流动到要素市场化程度提升，京津冀区域在诸多方面都取得了很多进展和成就，为探索人口经济密集地区优化开发的新模式和内涵集约发展的区域协调发展的新路子积累了更多、更好的实践经验和研究素材。

　　实践引领理论，理论指导实践。本书遵从实践和理论两条逻辑主线，对京津冀建设世界级城市群的重要领域和关键环节进行了较为系统的总结梳理和跟踪研究，全面剖析了京津冀世界级城市群建设的现状、面临的挑战和问题以及推动深化的有效路径。

　　本书共分为十章。前言部分介绍和梳理了关于城市群这一概念的演变过程以及内涵的不断丰富和变化过程，引出之后对京津冀世界级城市群的系统研究内容进行探讨。第一章是对目前世界公认的六大世界级城市群发展变革的规律性认识和学理性把握。一方面，从实践上以美国东北部大西洋沿岸城市群为例梳理世界级城市群的发展历程；另一方面，从理论上概括和总结了几种主要的类型或发展模式，并系统介绍了上述世界级城市群的发展特征，这为京津冀建设世界级城市群提供了很好的现实借鉴和理论依据。第二章介绍了京津冀世界级城市群的历史发展与主要特征。第三章是贯穿全书的理论逻辑基础，京津冀世界级城市群建设的理论根基来自区域协调发展理论的铺陈丰富和深刻演化。区域协调发展在新时代、新阶段被赋予了全新的使命和更多的内涵，不仅指导和引领着京津冀世界级城市群建设，更是为京津冀世界级城市群的区域示范和道路探索做好了理论准备。第四章至第七章从重点领域出发对京津冀建设世界级城市群进行了全景式描绘，主要围绕共享发展、绿色发展、城市群吸引力等方面进行阐述。第八章是对京津冀进入关键阶段更深层协同的思考，主要描述深度协同需要克服的主要障碍及实现突破的可能性。第九章提出了世界级城市群建设的终极目标就是实现城市的宜居，从与国内外宜居城市的对比中寻找建设宜居美好、可持续发展城市的路径。第十章是全书的最后一章，前瞻性地从空间布局、要素配置、交通一体化以及社会共享等关键方面描绘了未来京津冀建设世界级城市群的着力之处。接下来介绍城市群的概念演变与内涵分化。

城市群作为一个国家经济综合实力在空间形式上的集中体现，日益成为国家参与国际分工和竞争能力的标志，尤其是世界级城市群之间的分工、合作和竞争直接决定着全球经济乃至政治格局。近年来，世界级城市群在区域经济中的功能不断扩展、地位迅速提升，对国家经济增长和世界经济发展的推动作用越来越显著，以美国东北部的"波士华"城市群、英国城市群和日本东海岸城市群最为典型。以美国东北部的"波士华"城市群为例，该城市群集中了全美约20%的人口和24%的生产总值，是美国政治、经济和文化中心，纽约依托这一城市群超强的综合竞争实力位居国际经济中心城市之首。

国外的实践发展表明，城市群是在特定的地域范围内由相当数量的不同性质、类型和等级规模的城市，依托一定的自然环境条件，以巨型城市为中心，通过借助现代化的交通和信息通达性，密切城市之间的内在联系，从而构成一个相对完整的城市集合体，其是城市化高度发展的产物。尤其是在气候变化、地缘政治紧张和颠覆性技术改变全球价值链与生活方式的崭新时代，城市和城市群是进行市场化改革试验及动态调试的关键平台。

从城市群这一概念的演变过程来看，国内学者对城市群的界定存在一定的差异，主要原因一方面可能是对国外文献理解和翻译方法有所不同。由于城市群是西方发达国家城市化的集中产物，国内学者在研究和引用相关研究成果时，基于对文献的自我认知形成了表达上的差异。比如，戈特曼提出了"Megalopolis"，国内学术界在各自解读的基础上提出了都市圈、城市群、城市带、大都市带、大都市连绵区和大城市连绵区等若干个称谓，虽然内涵基本一致，但是名义上的称谓反映的理解可能有所不同。另一方面由于城市群的变化发展并非静态的，而是不断动态发展的，因此虽然城市群的成熟变化需要经历较为漫长的渐进式演变过程，但是处于不同水平和发展阶段的城市群还是呈现出相异的特征，致使国内学者根据城市群发展的不同阶段、不同特征提出有所差别的名称概念和内涵解读。

近些年来，国内学术界对城市群的重点研究，尤其是关于城市群概念的界定有以下倾向：较为注重与我国城市发展实际情况的结合和本土化。《城市规划基本术语标准》（1998）中对"城市群"采用"agglomeration"的标记，而《中华人民共和国国民经济和社会发展第十一个五年规划纲要》（2006）中则译为"urban agglomeration"。问题在于，基于国内对所谓"城市群"的概念外延和内涵的研究与解读，国外与之对等的概念还不完全一致，比如，"urban agglomeration"更多地体现为"城市集聚体"，对此，联合国将其定义为"由一个城市或城镇的中心城区与郊区边缘地带或毗邻的外部地区组成，一个大的城市群可能包括几个城市或城镇郊区及其边缘地区"。因此，"城市群"是具有中国特色的学术概念，主要描述在特定地域内城市集群或者城市组群的城市化发展模式。

考察全球公认的世界级城市群发展演进过程，由于欧美发达国家城市化发展高度自由化，基本由市场力量推动完成城市化的全要素演进，很少受到其他非市场化不确定因素的干扰和作用，因而欧美国家的城市群用来研究城市化发展的一般性演变规律和普适性模型较为适宜。1957年，法国地理学家戈特曼最早提出"城市群"概念，用于描述北起波士顿，南至华盛顿，由纽约、普罗维登斯、哈特福德、纽黑文、费城、巴尔的摩等大城市组成的巨大城市地域集聚现象。从空间经济学的定义来看，城市群主要是指一定地域内城市分布较为密集的地区，即在一个有限的地域空间内，城市分布达到较高密度即可被称为城市群，因此城市群是一种通过空间集聚获得外部规模经济的城市组织形式。以美国城市群演化为例，伴随城市自身向外的不断扩张和规模化发展，"城市化地区"（UA）概念被广泛使用，但是由于该概念并未考虑到城市周边城镇的特殊影响范围，因此依据此概念划分的城市空间往往过于碎片和零散，不利于城市群整体发展指标的统计和把握。基于克服和避免上述问题，1970年"标准都市统计区"（SMSA）的界定方法被提出，该方法将城镇影响范围（主要是地域影响范围和就业影响范围）纳入统计单元，使其跟行政区划较为吻合，实现了统计口径的一致和研究范围的全覆盖。鉴于上述界定方法较为科学合理且具有较强的可操作性，随后被很多国家广泛使用，如英国、加拿大和澳大利亚等国。

都市圈的概念最早在日本出现，是与"标准都市统计区"（SMSA）相对应的。目前，国内外学术界对都市圈的界定和标准并不完全统一。一般认为，"都市圈"主要是指以某个超大型或者特大型城市为核心，与跟核心城市具有高度相关的经济社会联系的相邻城市组成的特定区域，且该区域内表现出明显的一体化倾向和显著的圈层式结构特征。因此，可以看出，都市圈的主要特征在于该区域具有一个特定的主导城市，与此不同的是，戈特曼所定义的都市圈是由大都市带构成基本单元。由此得出结论，日本学界广泛接纳的都市圈概念相当于大都市区，其是在大都市主导下尺度更大的城市化区域，由大都市区进一步演进，从而发展形成大都市带。

戈特曼提出的"Megalopolis"概念源于他对美国东北岸城市化现象的研究，一般国内学者将其定义为"都市带"或"都市连绵区"。所谓"都市带"，一定意义上更多地表现为城市群的城市群，即更大尺度和更为成熟的高级化城市群。同时还需要区分与城市群关系密切的另一概念，即城镇体系，虽然城镇体系是城市群形成的基础和条件，但两者仍然存在明显的差异，主要在于：由于我国的城镇体系发展和相关规划制定必然要体现计划经济时代的烙印和基因，因此更多地存在于特定的封闭空间内，具有显著的等级规模结构、职能组合结构、地域空间结构和网络系统结构特征。与此形成差异的是，我国城市群的诞生则是在社会主义市场经济体系建立的条件下出现的，同全球一体化背景和技术创新浪潮高度相关，因此城市群的演变与成长空间更加开放、尺度更大，且不再要求严格的等级规模结构，却日益表现出更加复杂和多元的网络化关系。

2019年2月发布的《国家发展改革委关于培育发展现代化都市圈的指导意见》将都市圈定义为"城市群内部以超大特大城市或辐射带动功能强的大城市为中心、以1小时通勤圈为基本范围的城镇化空间形态"。《中华人民共和国国民经济和社会发展第十四个五年规划和2035年远景目标纲要》（以下简称《"十四五"规划》）提出，要坚持走中国特色新型城镇化道路，深入推进以人为核心的新型城镇化战略，以城市群、都市圈为依托促进大中小城市和小城镇协调联动、特色化发展，使更多人民群众享有更高品质的城市生活。《"十四五"规划》对城市群和都市圈的建设提出了具体要求，要发展壮大城市群和都市圈，分类引导大中小城市的发展方向和建设重点，形成疏密有致、分工协作、功能完善的城镇化空间格局。同时，以中心城市和城市群等经济发展优势区域为重点，增强经济和人口承载能力，带动全国经济效率整体提升。以京津冀、长三角、粤港澳大湾区为重点，提升创新策源能力和全球资源配置能力，加快打造引领高质量发展的第一梯队……破除资源流动障碍，优化行政区划设置，提高中心城市综合承载能力和资源优化配置能力，强化对区域发展的辐射带动作用。这意味着，城市群将会是"十四五"时期甚至未来更长时间内我国新型城镇化的主体形态。作为支撑全国经济增长、促进区域协调发展、参与国际竞争合作的重要平台，京津冀建设世界级城市群具有重要的实践意义和现实需求。

"十三五"时期，以城市群为主体的竞争模式已然成为我国区域发展的新特点。改革开放以来，正是长三角、珠三角、京津冀等跨省域城市群的集体发力，有效带动了区域经济的增长，助推我国经济规模迅速扩大、经济结构加速调整，创造出了世界瞩目的"中国速度"。"十四五"时期，城市群将成为中国区域经济发展的重要引擎，能够推动经济结构转型调整和实现新型城镇化，尤其是京津冀城市群，发挥其战略作用和区域协同功能，更是国家层面统筹谋划的重大发展问题。

目　录

第一章 世界级城市群：发展沿革、主要类型与特征

目前，公认的世界级城市群主要包括我国长三角城市群、美国东北部大西洋沿岸城市群、北美五大湖城市群、日本太平洋沿岸城市群、欧洲西北部城市群、英国以伦敦为核心的城市群。

一、发展沿革

这里以美国东北部大西洋沿岸城市群为例来考察世界级城市群的发展历程和崛起背景。美国东北部大西洋沿岸城市群是指由波士顿到华盛顿沿线以纽约为中心，由波士顿、纽约、费城、巴尔的摩、华盛顿五大城市以及周边40多个中小城市组成的城市群，也被称为波士华城市群，既是美国人口最密集的地区之一，也是全球公认的第一个城市群。美国城市群发展主要经历了三个阶段：

第一阶段：19世纪50年代到第二次世界大战，这一时期以大城市规模扩大、迅猛发展为特征。受第一次工业革命的扩散和辐射影响，美国东北部大西洋沿岸的城市逐步发展形成了以制造业为主的经济中心，同时金融、贸易、法律等多种功能在城市中更加集中，紧凑型城市发展模式由此开始显现。随着美国城市化进程的不断加快，诸如纽约、华盛顿、波士顿等一些大城市有大量人口在短时期内大规模迁入。随着产业的发展和人口的流动，很快出现了不同层次和规模化的产业集群。

第二阶段：第二次世界大战到20世纪70年代，这一时期城市群开始形成并迅速发展。第二次世界大战结束后，上一阶段发展形成的紧凑型大城市开始出现衰退，由于城市产业分工趋于固定和更加精细化，产业再分工和人口的进一步集

中使得相邻城市之间的经济联系加深，城市之间的竞合关系逐渐形成，这时出现了城市群的雏形。

第三阶段：20 世纪 70 年代至今，城市群进入发展平稳且趋于缓慢的时期。这一阶段，产业发展逐渐由劳动密集型转型升级为技术密集型，工业劳动力需求开始减少，劳动力梯次转移至第三产业，与此同时，上述两个阶段中进入城市的劳动力已接近饱和，人口的大规模迁移流动基本结束，由产业发展和人口流动引起的城市化进程逐渐趋缓，城市群发展进入成熟稳定阶段。虽然美国经济增长率已经开始维持在很低的水平上，但此阶段美国整体城市化水平高达 70%，同时年均增长仅为 0.01%，标志着美国东北部大西洋沿岸城市群进入城市化发展的后期。

综观美国波士华城市群的发展历程和形成过程，可以发现以下一些重要规律：

一是中心城市的功能和作用较为强大。集中表现为由中心城市的迅速发展带动整个城市群进入规模化发展阶段。作为波士华城市群中心城市的纽约，是全美甚至是全球最著名、最有效率和最大的金融服务中心，纽约自身强力发展的同时其城市功能迅速扩散辐射至周边城市，其强大的金融创新和产业孵化培育功能带动整个城市群产业的集聚发展。

二是产业聚集产生多元化发展方向。波士华城市群内部产业的聚合和分化发展形成了城市群产业协同与分工格局，并且逐渐发展成为不同层次的产业部门的多元化聚集模式。一方面表现为城市群各城市优势产业经过长期的市场选择逐渐形成合理的分布，另一方面表现为整个城市群产业竞合状态更加清晰，不同城市、不同产业在分工中实现了自己在城市群中的功能定位。

三是产业结构以高新科技、金融和服务业等第三产业为主导。第三产业的发达程度在一定意义上体现出经济发展的现代化程度，以波士华城市群为代表的世界级城市群在产业高级化发展过程中实现了产业结构的转型升级，以高新科技和现代金融服务业为引领的产业发展为各城市自身的发展提供了强大的财富积累和资本源泉，同时也推动城市群成功成为世界首屈一指的领军级城市群。

四是房地产逐渐向郊区发展。波士华城市群已经进入城市群发展的高级阶段，这一阶段城市群内部的城市化水平已经进入稳定水平，城市产业和人口增长空间有限，城市空间承载力接近饱和，客观上不再允许房地产业发展，因此城市房地产业开始逐渐向城市郊区转移布局。①

---

① 王旭. 美国西海岸大城市研究 [M]. 长春：东北师范大学出版社，1994.

二、主要类型与特征

（一）世界级城市群主要分类

按照戈特曼的标准以及空间经济学城市群发展规律，综合几大世界级城市群发展历史及轨迹，可以将世界级城市群做如下划分：

高复合型城市群：该类型城市群主要依托首都的核心功能辐射带动与周边地区错位发展的优势，形成城市功能完备、空间结构合理、城市特色突出的复合型城市群，主要的代表是以纽约为中心的美国东北部大西洋沿岸城市群和以巴黎为中心的欧洲西北部城市群。

高集聚型城市群：该类城市群产业高度集聚，规模效应明显，城市枢纽功能强大，区域分工协作高度互补，主要的代表是以芝加哥为中心的北美五大湖城市群和以伦敦为中心的伦敦城市群。

高密度型城市群：该类型城市群人口和城市密度较高，城市群功能较为集中，城市间路网轨道交错纵横、细织密集，城市节点连接较为紧凑，主要的代表是以东京为中心的日本太平洋沿岸城市群和以上海为中心的中国长三角城市群。

（二）世界级城市群发展的主要特征

第一，功能定位合理。世界级城市群内部各主要城市的经济职能和产业分工定位比较清晰，城市群内部竞争力优势各异的相邻城市之间在产业竞合过程中形成了合理的产业分工与协同发展格局，促进了城市群产业的集聚化发展，提高了各城市产业竞争力水平的同时也推动了整个城市群产业的多元化和高级化发展。例如，在日本东海岸城市群的分工格局中，东京是全日本的商业服务中心，也是日本各大先进制造业企业的总部聚集地，周边的千叶、神奈川等都是以不同类型制造业为主的港口枢纽型城市。

第二，枢纽功能显著。世界级城市群往往在所在国有着重要的经济枢纽地位。以以伦敦为核心的英国城市群为例，其生产总值约占全国的30%。诸如纽约、伦敦、东京等世界级城市群的中心城市，不仅是全球经济中心，对全球市场具有超大的影响力、整合力和增值力，更是推动全球资源要素进行聚合、配置的集合点，是全球生产力创新和财富创造的策源地。

第三，人口高度密集。美国东北部大西洋沿岸城市群集聚了约 6500 万人口，占美国总人口的 20%左右。英国伦敦城市群的人口规模达到 3620 万人，约占英国总人口的 50%。日本东海岸城市群的人口规模为 4348 万人，占日本总人口的 34%，其中东京已成为世界人口密度最大的城市之一。

第四，网络体系发达。从地理位置看，世界级城市群一般都居于沿海或沿江地带，几乎都处于大河的入海口，且以国际性港口枢纽为中心城市，得益于天然的交通区位优势，上述城市群都选择以海岸、河流或者高速铁路和公路为综合发展轴线，形成了以大、中、小城市为节点，以产业运输以及信息网络为连接的城市群发展格局。例如，日本东海岸城市群就位于日本东海道太平洋的沿岸，以东京为核心的京—滨经济发展轴以及以东京都为核心的现代化高效运输系统成为其发展的重要动力。

表 1-1　典型世界级城市群的主要特征

	美国东北部大西洋沿岸城市群	英国伦敦城市群	日本东海岸城市群
区位	北起波士顿，南至华盛顿	以伦敦—利物浦为轴线的地区	沿东京湾的日本关东地区
国际城市	纽约	伦敦	东京
主要城市	波士顿、斯普林菲尔德、纽约、纽瓦克、费城、巴尔的摩、华盛顿等 30 个城市	大伦敦地区、伯明翰、谢菲尔德、利物浦、曼彻斯特等大城市及众多小城市	一都七县，即东京都和神奈川、千叶、茨城、山梨等七县
人口	约 6500 万人，占美国的 20%	约 3650 万人，占英国的 50%	约 4348 万人，占日本的 34%
面积	13.8 万平方千米，占美国的 1.4%	2.72 万平方千米，占英国的 18.6%	3.69 万平方千米，占日本的 9.8%
生产总值	2.4 万亿美元，占美国的 24.0%	约 6410 亿美元，占英国的 28.8%	1.28 万亿美元，占日本的 30.0%

注：各城市群生产总值年份为：美国 2006 年，英国 2005 年，日本 2010 年。

资料来源：毛艳华，李敬子，蔡敏容.大珠三角城市群发展：特征、问题和策略〔J〕.华南师范大学学报（社会科学版），2014（5）：108-115.

（三）世界级城市群的发展经验

第一，明确功能定位，强化分工协作。根据城市群内部各城市的资源禀赋、竞争优势、综合实力、产业特征以及在国内外市场的竞合地位，合理地进行功能定位，各大城市通过区位比较优势和市场机制等因素的综合作用，逐渐形成了城市间分工协作的产业格局并逐渐强化，这是世界级城市群迅速发展的最主要经验。以纽约城市群为例，华盛顿作为美国政治中心，主要提供政治产品并发展相关产业；纽约则作为全球最重要的金融中心之一，成为城市群的中心城市；波士顿拥有美国最集中的高等学府和科研机构，优越的教育和研发资源条件使得其大力发展"大学产业"，成为城市群的创新中心和人力资本生产地；费城和巴尔的摩主要是城市群的产业承载地，侧重发展以重工业为主的现代制造业。城市群五大核心城市差异化发展，利用各自禀赋优势进行清晰的功能定位，形成合理的产业高度融合分工格局，极大地促进了产业链、创新链的高效协同，具体如表1-2所示。

表1-2　美国大西洋沿岸城市群定位

主要城市	主要产业	核心职能	影响力
华盛顿	信息、金融、商业服务、健康和教育服务、休闲旅游、生物科技、国际商务	全美政治中心	
纽约	金融、商贸、生产服务业	全美金融中心、商贸中心	"银行之都"
波士顿	高科技产业、金融、商业、教育、医疗服务、建筑、运输服务	城市群科技中心	"美国东海岸硅谷""美国雅典"
费城	清洁能源、制药业、制造业、教育服务、交通运输	城市群交通枢纽、全美重要制造业中心	"美国鲁尔"
巴尔的摩	工业制造、商贸、服务业	制造业和进出口贸易中心	

资料来源：冯怡康，马树强，金浩.国际都市圈建设对京津冀协同发展的启示［J］.天津师范大学学报（社会科学版），2014（6）：7-12.

第二，产业高度集聚，突出转型升级。世界级城市群发展经验表明，当城市经济发展到成熟阶段时，中心城市的高度集聚功能将逐渐弱化并开始转变，集中表现为以制造业为主的产业布局开始从城市的核心区域向周边区域扩散转移，这时中心城市的产业生产功能将逐渐减弱，但是金融、商贸服务、现代商业等服务业的发展开始加快，产值比重在核心区域逐渐提升。由此，中心城市出现了由制造业中心向服务中心转变的趋势，生产性服务业成为中心城市的支柱产业，并为城市经济发展提供更加强大的服务孵化功能，加速城市群产业结构形成横向集聚、纵向链化态势，城市群内部高度一体化格局也初具雏形。以日本太平洋沿岸城市群为例，其内部东京核心区集聚管理、信息、金融等服务业；多摩地区为高新技术区，研发机构和高等学府集中；工业制造则主要分布在神奈川和千叶地区。

第三，科学统筹，规划保障先行。纽约城市群发展规划始终致力于提升城市群整体空间布局层次和区域协同发展水平，三次重大的调整都旨在提高纽约城市群内部各个城市的竞争力，从而推动纽约、新泽西州、康涅狄格州协同发展。伦敦城市群的建设与发展依托官方、半官方与民间组织合作，发挥多方智慧形成了基本思想及发展规划，引导伦敦城市群由封闭到开放，最终形成由内伦敦、大伦敦、标准大城市劳务区和伦敦大都市圈四个圈层构成的"圈域形"城市群发展模式。

第四，高度重视区域平衡发展。以巴黎城市群为例，1956 年颁布了《巴黎地区国土开发计划》，其中明确提出要在降低巴黎中心地区密度的同时进一步提高郊区密度，从而促进整个城市群的均衡发展。日本政府自 1958 年对东京城市群建设先后制定了五次基本规划，全面考虑城市群中各城市政治背景、经济水平、文化习惯、地域范围以及人口规模等诸多因素，保障各城市获得平等发展的机会，高效合理配置城市资源，使城市群呈现出动态均衡的发展态势。

第五，高效完备、发达超前的交通基础设施体系。世界级城市群作为具备人口容纳和经济增长能力的地区，其空间发展必然要求建立低碳高效的综合交通枢纽和多层次的立体交通网络，这也是世界级城市群快速发展的前提。如东京城市群拥有目前全世界最密集的轨道交通网，其基本理念是优先发展公共交通，建成以东京站、秋叶原和新桥为中心，呈环状放射线型的轨道交通布局。

第六，始终贯彻可持续发展理念。世界级城市群规划建设经验表明，坚持可持续发展能够有效保障城市群以及内部各城市实现经济持续增长。巴黎城市群对资源环境的可持续发展高度重视，1994 年批准的《法兰西岛地区发展指导纲要（1990—2015）》将保护自然环境作为首要目标。日本 1958 年制定的《第一次首都圈基本规划》就提出在东京中心区外设置 5~10 千米的绿化环带，维护中心区环境质量，以及控制东京城市群的快速扩张。

第二章 京津冀世界级城市群：
历史发展与主要特征

习近平总书记在新时代审时度势，准确把握区域协调发展的重大机遇期，积极回应区域协调发展的现实需求，形成了一系列关于区域协调发展的思想。京津冀协同发展作为习近平总书记亲自谋划、决策和推动的重大国家战略，集中展现了习近平总书记协同发展思想的生动实践。建设"以首都为核心的世界级城市群"更是贯彻落实习近平总书记协同发展思想、推动京津冀发挥引领高质量发展动力源作用的关键环节。

一、发展沿革与定位缘由

根据黄金川等综合人口数量、占地面积等规模指标以及人口密度、城镇化率等集聚指标对中国城市群等级进行划分的标准，目前中国第一级城市群有京津冀、长三角和珠三角城市群，人口均达到 5000 万人以上，面积超过 60000 平方千米，城市密度在 600 人/平方千米以上，城镇化率高于 60%，这 3 个城市群接近世界级城市群的规模和集聚水平。因此，京津冀城市群已经拥有了世界级城市群的基本形态，具备发展成为世界级城市群的雄厚实力和巨大潜能。

（一）发展沿革

1. 起步阶段（1980~1995 年）

20 世纪 80 年代京津冀区域合作开始启动，1981 年 10 月成立了我国第一个区域经济合作组织，即由京津冀晋蒙组成的"华北经济技术协作区"；1986 年成立"环渤海地区经济联合市长（专员）联席会议"和"环京经济技术协作区"；1988年北京市与河北省环京地区的保定、廊坊、唐山、秦皇岛、张家口和承德六地（市）组建环北京经济协作区，旨在推进京津冀区域经济合作。

2. 快速发展阶段（1996~2005年）

这一阶段虽然区域性整体规划尚未出台，但区域合作的脚步没有放慢，政府努力推进京津冀一体化发展，"九五"计划将环渤海地区列为全国七个跨省级经济区之一，同时北京提出建立以北京为核心的"首都经济圈"。2004年京津冀签订"廊坊共识"；《北京城市总体规划（2004年-2020年）》提出推动三地开展全方位合作。同期，天津滨海新区纳入国家战略、首钢获批搬入河北曹妃甸、三地主要铁路及高速公路等交通干线先后竣工通车，京津冀区域协同进入实质性快速发展时期。

3. 全面深化阶段（2006~2014年）

2006年以来，京津冀协同进入细致化、全面化、系统化发展阶段，政府主导大力推进区域一体化，尤其是2008年之后三省市之间互访频繁，多次签订合作备忘录，首都经济圈、河北沿海地区加快发展。2013年8月，习近平总书记提出推动京津冀协同发展。2014年2月26日，习近平总书记主持召开座谈会，就推进京津冀协同发展明确提出7点要求，指出"京津冀协同发展意义重大，对这个问题的认识要上升到国家战略层面"，正式确立了京津冀协同发展国家战略。随后国务院成立京津冀协同发展领导小组，标志着京津冀协同进入全面深入的历史新阶段。

4. 跨越发展阶段（2015~2018年）

2015年4月30日《京津冀协同发展规划纲要》审议通过，京津冀整体定位为以首都为核心的世界级城市群，这意味着在国家战略层面明确了京津冀城市群发展方向和主导思路，京津冀协同发展进入跨越发展新阶段。《京津冀协同发展规划纲要》和《"十三五"时期京津冀国民经济和社会发展规划》相继公布，党的十九大报告明确提出"以疏解北京非首都功能为'牛鼻子'推动京津冀协同发展"，进一步推动京津冀协同发展重大国家战略向纵深推进。京津冀三地打破"一亩三分地"的固守思维，坚持以问题为导向，"谋思路、打基础、寻突破"，在产业升级转移、生态环境保护、交通一体化等重点领域取得了一系列重大进展，凸显出京津冀地区作为引领高质量发展重要动力源的作用。

5. 关键攻坚阶段（2019年至今）

习近平总书记在2019年召开的京津冀协同发展座谈会上再次强调，京津冀协同发展"是一个系统工程"，目前已"进入到滚石上山、爬坡过坎、攻坚克难的关键阶段"。进入"十四五"时期，习近平总书记明确了京津冀协同发展关键阶段"攻坚战"的任务和目标，为京津冀协同发展在更深层次和更广领域取得更大进展。

（二）定位缘由

京津冀三地同属京畿重地，作为环渤海地区的主要区域，面向东北、西北，内陆腹地纵深，经济社会战略地位都非常重要，是中国经济最具活力、创新能力最强和吸纳人口最多的地区之一。

随着京津冀地区改革发展进入"深水区"，由北京集聚过多的非首都功能引起的诸多困难和矛盾不断呈现，集中表现为"大城市病"，人口承载力达到"天花板"导致严重的交通拥堵、大气污染，城市治理难度持续加大。同时，京津冀地区属于水资源严重短缺地区，资源环境矛盾突出导致生态保护与可持续发展压力巨大，对区域生态协同发展提出更高的要求。从区域整体功能布局来看，京津冀区域城镇体系结构不够优化，京津"双城"是特大城市，直接过渡到周边中小城市，缺乏大城市的承接和中间阶层的城市圈层结构，出现了"扁担两头重、中间轻"的状态，地区之间发展差距过于悬殊，特别是京津与河北之间的发展差距较大，突出表现为基本公共服务水平差距明显。

因此，迫切需要应对区域发展不平衡日益突出、资源环境压力加大等一系列挑战，有序疏解北京非首都功能，加快转变经济发展方式，培育新的增长动力和新的增长极，优化区域发展格局。建设具有较强竞争力的世界级城市群，进一步完善京津冀区域城市群形态，合理布局城市空间，优化提升首都核心功能，将破解首都发展长期积累的深层次矛盾和问题，这是京津冀协同发展的必然选择。

（三）定位内涵

第一，从定位基础来看，马晓河（2014）以新经济地理学和区域经济学的相关理论为依据，认为目前京津冀协同发展处于从市场一体化向产业一体化迈进的阶段，显著特征表现为：京津冀区际贸易壁垒和要素流动障碍已经基本不存在，但要素呈现单向流动特征，京津两地对河北要素单向吸附，区域内呈现典型的"中心—外围"结构。随着土地等非流动要素价格上涨、交通拥堵和市场拥挤效应显现以及资源环境约束强化，京津两个中心城市的扩散效应将不断增强并最终超过极化效应，区域内有望形成新的产业集聚中心。在迈向产业一体化的过程中，推进北京、天津等中心城市功能疏解，在河北省内培育新的产业集聚中心，促进京津冀形成优势互补、错位发展的产业分工格局，是京津冀世界级城市群发展的基础条件。

第二，从发展路径来看，推进京津冀世界级城市群形成合理高效的空间格局分为三个步骤：一是推进京津冀空间结构由"中心—外围"向"双轮驱动"转变。北京通过首都非核心功能疏解为自身"消肿"，在缓解"大城市病"的同时辐射带动河北的发展。天津通过"有进有出"的策略，一方面承接北京的高端产业，另一方面推动自身低端产业向河北省转移，实现自身产业跃升的同时带动河北经济发展。河北则依托京津，尽快消除"环京津贫困带"，建立具有"二传手"功能的副中心城市，缩小与京津两地的差距。二是推进京津冀空间结构由"双轮驱动"向"一轴两带"转变。"一轴"是指由北京—廊坊—天津组成的经济发展主轴，"两带"是指由北京—保定—石家庄—邢台—邯郸组成的京广北段经济带和由秦皇岛—唐山—天津—沧州组成的滨海经济带。"一轴两带"连接起区域内的重要节点城市，有效促进要素对接对流和产业互补互促，提高区域资源的优化配置能力，通过轴带辐射带动区域发展。三是推进京津冀空间结构由"一轴两带"向"多中心网络"转变。通过京津冀大中小城市的合理布局与分工，产生较强的扩散和溢出效应，形成"多中心网络"的区域空间结构高级形态，打造具有国际竞争力的城市群。

第三，从阶段性功能定位来看，发挥"一加一大于二""一加二大于三"的效果，提升区域整体竞争力，在"以首都为核心的世界级城市群、区域整体协同发展改革引领区、全国创新驱动经济增长新引擎、生态修复环境改善示范区"的总体定位下，三地进行功能再分解，即北京作为首都围绕"全国政治中心、文化中心、国际交往中心、科技创新中心"四个中心，淡化经济中心功能，疏解首都非核心功能，缓解日益严重的"大城市病"，建设国际文化名城和宜居城市；天津在城市规模上能够与北京相提并论，拥有北方最大的综合性港口和先进的制造业基础，处于工业化后期阶段，其定位为"全国先进制造研发基地、北方国际航运核心区、金融创新运营示范区、改革开放先行区"，突出高端制造、研发转化和生产服务功能；河北作为京津的腹地，定位为"全国现代商贸物流重要基地、产业转型升级试验区、新型城镇化与城乡统筹示范区、京津冀生态环境支撑区"，积极承接京津产业转移和北京疏解的首都非核心功能，突出利用京津辐射带动加快自身发展。

第四，从未来发展方位来看，进入新发展阶段，京津冀协同发展的区域总体定位应以《京津冀协同发展规划纲要》为基准，立足更好地融入和服务以国内大循环为主体、国内国际双循环相互促进的新发展格局，以及加快形成高效规范、公平竞争、充分开放的全国统一大市场的战略要求，在进一步发挥资源要素以及空间区位等固有优势的基础上，探索建设国家治理政治中心区、南北平衡发展战略支撑区、生态文明建设示范标杆区、社会结构持续优化首善区以及未来城市群集成建设引领区。深刻认识京津冀城市群在全国高质量发展和中国式现代化道路中的重要地位，尤其是以北京首都功能为核心空间尺度，明确首都城市的战略定位，坚持和强化首都全国政治中心的核心功能，形成以主体功能为核心的首都城市空间布局。《北京城市总体规划（2016年—2035年）》中，围绕提高首都发展质量分别确立了2020年、2035年、2050年政治中心的建设目标，包括"中央政务、国际交往环境及配套服务水平得到全面提升""成为拥有优质政务保障能力和国际交往环境的大国首都""成为具有广泛和重要国际影响力的全球中心城市"，因此建设国家治理政治中心区应是京津冀城市群的重要依托和核心功能的基点。同时，提升京津冀城市群在促进南北区域经济资源流动与平衡发展中的关键性作用，加快推进南北之间城市群的协调布局与联动，在全国一盘棋的基础上增强中心城市引领城市群、城市群带动区域发展的辐射作用，更好地发挥京津冀城市群对更大范围区域的支撑带动作用。目前，京津冀城市群在生态协同与社会治理的区域联动方面已有较好的创新模式，应在推进跨区域生态文明建设示范效应发挥和城市群社会治理有效结构方面探索更多的实现路径。

（四）主要目标

1. 创新城市群发展形态

京津冀城市群作为典型的"双核驱动型"城市群，其突出特点为双核发展结构，城市群区域范围内除了中心城市外，均有一个经济发展规模较大的港口城市或直辖市，在双核城市周围还拥有十几个大中城市和一批小城镇。第七次人口普查数据显示，2020年京津冀三地常住人口为11307.4万人。跟长三角、珠三角相比（见图2-1），这种类型的城市群受双核复合驱动，其发育程度、对外开放程度、产业结构层次明显高于其他区域，是中国城市群发展的主要引擎，对新型城镇化发展格局的形成至关重要。京津冀城市群虽然具备区域地缘相接、人缘相亲、地域一体、文化一脉、历史渊源深厚等优势，但是长期以来一体化程度滞后于长三角、珠三角城市群，尚未形成统一的城市群发展规划和协作机制，因此建设京津冀城市群将有助于加快区域转型发展，总结"双核驱动型"城市群的特色经验，探索不同形态世界级城市群发展的有效路径。

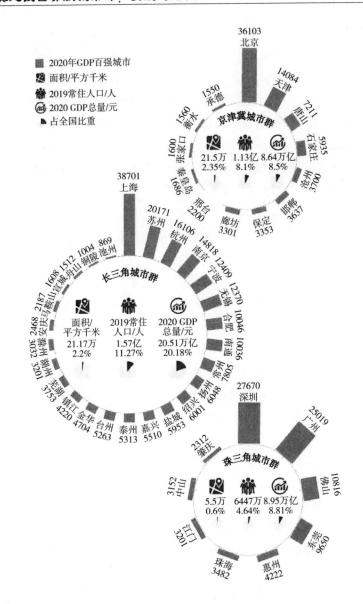

图 2-1 京津冀城市群、长三角城市群、珠三角城市群的经济社会指标比较

资料来源：https://www.163.com/dy/article/G6UJ56QI0534E1YH.html。

2. 有效解决北京"大城市病"

北京"大城市病"的产生主要来源于：第一，经济发展及其所引发的人口过快增长。北京承担着政治、文化、国际交往、科技、经济等多重功能，尤其是经济功能过于强大，必然发展成为各种功能集中的综合性城市，再加上首都独特的资源优势和行政权力中心的吸引、经济社会发展对生活性服务业需求日益旺盛等多重因素，直接导致北京常住人口增长过快，依靠原来的户籍制度和行政手段已经难以解决人口增长的问题。第二，城市规划不科学、不合理。"单中心"格局未能突破，综合承载能力不足，城市规划在引导城市由单中心格局向多中心格局演变的过程中其作用没有充分发挥出来。第三，体制机制掣肘是最根本的原因。以行政单位为组织经济发展的单元，过度关注本地经济发展。解决城市规模扩张和发展问题只能依赖于经济和产业发展。由于人口集聚带来的城市基础设施需求增加、公共服务需求增加、能源消耗加大以及生态环境压力增加等困境还需通过发展更大规模的产业来解决，这又会带来新的、更多的人口集聚，以及产生恶性循环，这种财税体制倒逼条件下的发展模式成为北京"大城市病"的根源。通过建设京津冀城市群，为北京非首都功能疏解提供调整空间，才能解决由于功能过多导致的人口膨胀、交通拥堵、房价高涨、环境污染等无法在自身行政区划空间内破解的问题，使北京更好地发挥政治、文化、国际交往、科技创新中心的功能。

3. 培育形成新的增长极和发展动力

京津冀城市群经济密度远低于长三角和珠三角城市群，武义青等（2017）的研究显示，京津冀的经济密度分别为长三角、珠三角的32.24%和15.68%，还不到长三角的1/3和珠三角的1/6。建设以首都为核心的京津冀世界级城市群，通过城市群内各城市的合理分工与合作，实现优势互补，充分激活这一区域的活力，大大降低区域内的交易成本，有利于形成中国第三增长极，引领北方进一步对外开放，更好地参与全球竞争。随着经济全球化与区域一体化的发展，世界级城市群在国际政治、经济和文化等方面的影响力更为深远和广泛，在经济体系中的地位更为举足轻重。京津冀城市群中的核心城市北京既是首都又是区域大都市，而且中国的崛起也使北京在国际政治、经济、文化活动中的影响力日益提升，建设京津冀世界级城市群作为京津冀协同的首要目标，能够有效解决北京"大城市病"，积极疏解非首都功能，突出强化北京首都功能，积极发挥北京重要中心作用，这对于未来促进京津冀区域协调发展和培育区域增长动力意义重大。

4. 优化区域空间布局结构

京津冀世界级城市群建设的主要支撑和关键环节即合力打造高效集约的区域空间架构，实现多元化、立体化的协同布局。从地理位置上说，京津被河北环抱，京津冀区域关系可以形象地描述为"两核一环"，或"北京为核心、天津为一翼、河北为腹地"的"一核、一翼、一环"，三者在地理空间上是不可分割的有机整体。从经济联系和产业布局上看，京津冀城市群还涉及核心城市功能定位、城市群功能分工与产业定位、区域产业布局调整、生态环境的综合治理和一体化的综合服务体系建设等诸多经济结构的重调和摆布，除此之外还涉及政治、社会、文化、生态环境以及生活的各个方面，因此京津冀城市群建设是关系到以首都北京为核心的京津冀地区经济社会和生态环境现代化发展整体大布局的巨大而复杂的系统工程，其结果必然会带动优化生产力布局和区域空间结构，提升京津冀在国内乃至更大范围内的区域竞争力和竞合地位。

二、世界级城市群：京津冀城市群的建设图景

（一）加强顶层设计，在科学研判的基础上充分发挥规划引领作用

借鉴世界级城市群统筹规划保障先行的经验，坚持问题导向，将《京津冀协同发展规划纲要》（以下简称《规划纲要》）作为编制各成员城市发展规划的重要基础和主要依据，在此基础和框架下，从京津冀三地区域发展面临的体制、机制障碍和约束出发，充分考虑京津冀城市群总体规划的要求，给地方更多的自主权，进一步明确区域发展功能定位，体现全局意识，指导各成员城市的相关规划，实现京津冀城市群整体发展效益的最大化，并使所有的成员城市都能分享这种整体发展所带来的效益。目前，北京、天津、河北三地已正式启动"十三五"规划编制，其中京津冀协同发展路径选择成为三地规划的重要内容，应遵循《规划纲要》的基本要义，切实打破"一亩三分地"思维定式，从京津冀区域发展全局谋划疏解北京非首都功能，加强战略设计，推进布局调整，增强京津冀整体性，明确实现总体目标和重大任务的时间表、路线图，研究制订科学的实施方案，分阶段、有步骤地加以推进。同时，推动京津冀三省市抓紧出台落实《规划纲要》的方案和支持政策，协调加快编制土地利用、城乡、生态环境保护等相关的专项规划，力求各规划之间实现良好的衔接，立足现实基础和长远需要，把握好疏解北京非首都功能与推动协同发展的步骤、节奏和力度，对已达成共识、易于操作的领域率先突破，选择有条件的区域率先开展试点示范，发挥引领带动作用。

（二）发挥核心城市功能，促进城市合理分工

保障各城市获得平等的发展机会，在核心城市功能扩展的基础上高效合理配置城市资源，推动城市群合理分工融合是世界级城市群发展的又一重要经验。因此，一方面，京津冀城市群各成员城市应切实消除产业发展中存在的各类行政壁垒，让产业遵循市场规律实现优胜劣汰和优化配置，按照产业链、价值链的发展模式，从全国生产力整体布局出发，明确三省市产业发展定位，理顺产业发展链条，加快产业转型升级，打造立足区域、服务全国、辐射全球的优势产业集聚区，实现产业发展的互补互促。重点是明确产业定位和方向，加快产业转型升级，推动产业转移对接，加强三省市产业发展规划衔接，制定京津冀产业指导目录，加快津冀承接平台建设，加强京津冀产业协作等。另一方面，北京和天津在京津冀城市群中的核心作用非常强，因此要充分发挥核心城市的引领功能，进一步强化这两个城市的枢纽型地位，发挥其在京津冀城市群中的核心带动作用，促进城市的合理分工。发挥京津冀城市群"两核带动"的同时，积极壮大石家庄的枢纽地位，逐步强化石家庄在京津冀城市群中的枢纽型作用，形成多极支撑和网络化的空间形态。发挥秦皇岛、唐山、沧州等其他成员城市的支撑作用，进一步深化与北京、天津的分工协作，在双核的引领下，共同打造京津冀城市群的滨海隆起带。廊坊和保定由于毗邻北京，是北京对外交通通道上的重要节点，充分发挥其区位优势和交通优势，承接来自北京的要素转移，使其成为北京的重要功能区。发挥张家口和承德的生态屏障作用，建设京津冀城市群中重要的水源涵养区和生态屏障区。

（三）实现空间合理布局，构建多层次网络格局

经验表明，空间布局是世界级城市群功能定位在空间上的具体体现，也是优化资源配置、实现城市群协同发展的重要基础。京津冀城市群应依据"功能互补、区域联动、轴向集聚、节点支撑"的布局思路，推动形成以"一核、双城、三轴、四区、多节点"为骨架，以重要城市为支点，以战略性功能区平台为载体，以交通干线、生态廊道为纽带的网络型空间格局。其中，"一核"即指北京，重点是有序疏解北京非首都功能，优化提升首都核心功能，解决北京"大城市病"问题。"双城"是指北京、天津，作为京津冀协同发展的主要引擎，要进一步强化京津联动，全方位拓展合作的广度和深度，加快实现同城化发展，共同发挥高端引领和辐射带动作用。"三轴"指的是京津、京保石、京唐秦三个产业

发展带和城镇聚集轴，是支撑京津冀协同发展的主体框架。"四区"分别是中部核心功能区、东部滨海发展区、南部功能拓展区和西北部生态涵养区，每个功能区都有明确的空间范围和发展重点。"多节点"包括石家庄、唐山、保定、邯郸等区域性中心城市和张家口、承德、廊坊、秦皇岛、沧州、邢台、衡水等节点城市，重点是提高其城市综合承载能力和服务能力，有序推动产业和人口聚集。立足于三省市比较优势和现有基础，通过实现定位清晰、分工合理、功能完善、生态宜居的城市群空间布局，释放城市群发展潜能，提升整体发展层次。

（四）推进基础设施领域合作，实现基础设施的互联互通

世界级城市群建设的实践显示，交通一体化是解决特大城市普遍存在的"大城市病"的有效途径，与此同时，交通一体化进程也会推动某些新业态的产生，从而催生和涌现新的产业部门和创新来源。京津冀城市群作为一个相互之间联系紧密的经济区，跟不断增长的市场需求相比，城市群内各城市之间的基础设施建设以及交通通达性已经非常滞后。目前，京津冀城市群主要城市之间的"一小时交通圈"已基本形成，但比起珠三角和长三角地区来讲，在时间和通达范围上都有一定差距，很大程度上制约了区域经济社会的一体化进程。借鉴世界级城市群的发展经验，基础设施互通互联应作为协同发展的主要突破点。要从京津冀世界级城市群建设目标和愿景来统筹规划交通基础设施布局，以区域整体效益的最大化为基点加快京津冀城市群交通一体化进程。根据区域交通一体化的网络化布局、智能化管理和一体化服务要求，应积极构建以轨道交通为骨干的网格状、多节点、全覆盖现代化交通网络，重点提供交通物流的区域协同和现代化服务水平，建立以区域统一开放为前提的一体化市场格局。重点是加快构建现代化的津冀港口群，打造国际化的京津冀航空枢纽，提升区域交通智能化管理和服务水平。

（五）推进生态环境领域的合作，实现生态环境的共治共享

良好的生态环境是世界级城市群的重要特征，也是城市群发展的立身之本。京津冀城市群自然空间分异非常明显，因此更需要实施差别化发展战略，促进生态空间、生产空间、生活空间协调发展。京津冀城市群作为我国重要的城市群之一，所面临的生态环境问题也非常突出，比如近几年的大气雾霾污染问题和跨行政区的流域水污染问题，仅仅依靠单个城市无法从根本上解决上述问题，因此需要各成员城市在平衡各自利益的基础上达成共识，开展深度合作。只有京津冀三

方的各类主体都积极参与到保护和治理的行动中，才能真正实现生态环境的共建共享共治，最大化整个区域的生态福利。由于京津冀城市群内部各城市的城市化进程存在较大差异，生产空间和生活空间主要集中在人口和产业高度密集的地区，因此要实现人口资源环境相均衡、经济社会生态效益相统一，关键在于优化区域生态空间结构，根据不同的生态需求进行有效供给，对于生态功能区，要坚持保护为主，合理选择发展方向，发展特色优势产业，加快建设重点生态功能保护区，探索推进横向生态补偿的机制建设，确保生态功能的恢复和保护，逐步恢复生态平衡。同时，加快推动区域能源生产和消费革命，坚持绿色、循环、低碳发展，打造集约高效的生产空间、宜居适度的生活空间、山清水秀的生态空间，最终实现生产、生活、生态空间的协同共治。

第三章 区域协调发展：
新时代、新阶段的蕴涵与特征

党的十九大报告提出实施区域协调发展战略，建立更加有效的区域协调发展机制。习近平总书记在首届中国国际进出口博览会上宣布支持长江三角洲区域一体化发展并上升为国家战略。中央全面深化改革委员会第四次会议通过了《中共中央　国务院关于建立更加有效的区域协调发展新机制的意见》，提出加快形成统筹有力、竞争有序、绿色协调、共享共赢的区域协调发展新机制，明确了未来区域发展的总体框架，开启了我国区域协调发展新纪元。这一系列战略的实施显示出我国区域协调发展战略在更大范围与更深层次上的全面升级，意味着区域协调发展在推进更高起点的深化改革和全面开放中将发挥更加突出的作用。

当前，发展中不平衡不充分的主要矛盾在区域层面上集中体现为区域之间以及区域内部发展差距引起的"马太效应"，以及长期体制机制创新滞后等深层制度安排差异累积形成的"资源诅咒"。因此，塑造区域协调发展新格局与统筹区域整体协调，不仅是解决区域发展不平衡不充分的有效途径，更是推动高质量发展的应有之义。

一、区域协调发展的现实需求与战略机遇

党的十八大之前，我国区域发展战略单纯以按地缘划分的东部、中部、西部及东北四大板块为对象进行施策，党的十八大报告中提出继续实施区域发展总体战略，充分发挥各地区比较优势，对传统四大板块区域战略进行进一步延续与深化。进入新时代，随着我国经济由高速增长阶段迈向高质量发展阶段，区域及城

乡发展的结构性问题日益突出，传统的"粗放式"四大板块区域发展战略亟待完善，要求更注重不同区域的梯次性与层次化内在发展诉求。因此，区域发展战略不应单纯谋求模仿、复制与赶超，更应体现"各取所需、各展所长"，在各区域已形成的自我轨道上通过优化资源配置与可持续增长实现区域"自平衡"，最终达到区域整体的"帕累托最优"动态平衡。

推动区域发展战略实施更加集约与高效，必然要求在承认区域差异的基础上彰显不同区域要素禀赋、发展基础与特色，区域发展制度供给更加"精细化"、更加张扬区域"个性"。从 2013 年正式提出"一带一路"倡议，2014 年京津冀协同发展战略提出，2016 年《长江经济带发展规划纲要》公布，到 2017 年粤港澳大湾区建设写入党的十九大报告以及 2018 年长三角一体化发展上升为国家战略，梯次化、有差异、渐进式的区域战略布局全面有序展开。以五大次区域为基础单元搭建起了区域发展格局的"四梁八柱"，体现出了党中央在新时代审时度势、准确把握我国区域发展的重大机遇期，积极回应区域协调发展的现实需求，同时进行区域战略"版本升级"，为释放区域发展潜力、增强区域发展活力提供了强有力的制度供给。这种"有的放矢"而非"大水漫灌"的定制式区域政策反映了新时代区域政策的制度变革与创新，更具示范与引领作用。

二、区域协调发展的理论依据与目标指引

从区域发展的历史经验与实践来看，区域协调发展的轨迹也遵循着类似于"库兹涅茨曲线"所呈现出的基本规律。在经济未充分发展阶段，区域发展将随经济发展趋于不平衡不充分，随后经历一段调整与转型的阵痛期，随着经济进入高质量发展阶段，区域之间的发展差距逐渐变小，渐渐步入平衡与充分发展阶段，区域发展的"鸿沟"最终被跨越。

我国区域发展正处于"库兹涅茨曲线"的"阵痛期"，当前区域发展中出现的不平衡不充分从本质上看是源于资源在区域之间与区域内部出现错配引起的结构性失衡以及市场分割导致的要素自由流动不畅。一方面，习近平新时代中国特色社会主义经济思想提出坚持问题导向，为解决区域发展痛点提供了方法论和基本遵循。从问题出发，穷源溯流，按图索骥，才能开出对症的"药方"。另一方面，习近平新时代中国特色社会主义经济思想的重要组成即是关于市场作用的发

挥以及政府与市场关系的辩证统一，这也为如何实现区域协调发展开出了一剂"复合药方"。因此，解决的关键在于深刻认识区域协调发展内在的市场一体化属性，处理好政府与市场的关系，发挥市场在资源配置中的决定性作用，让"看不见的手"和"看得见的手"协调一致起来，实现市场机制的有效运转，使其成为推动区域资源优化配置与要素自由流动的"指挥棒"。

随着珠三角、长三角、京津冀等城市群的逐步崛起，核心城市成为带动区域发展的强劲力量，极化效应与扩散效应的溢出使城市群整体竞争力提升，区域发展战略更加聚焦以核心城市为作用点对城市群的"杠杆作用"。习近平新时代中国特色社会主义经济思想为区域协调发展进一步提供了根本目标指引，明确了具体路径与方向。

三、区域协调发展的战略部署与制度安排

"创新、协调、绿色、开放、共享"发展理念贯穿于新时代区域协调发展布局与实施过程的始终，突出区域特色的差异化发展战略以及深刻烙有五大理念的个性化"标签"。

"一带一路"建设是我国顺应世界经济发展大潮、深度融入国际区域合作的重要战略，开创了我国参与和引领全球开放的新境界。我国以"一带一路"建设为重点，坚持"引进来"和"走出去"并重，形成陆海内外联动、东西双向互济的开放格局，展现了统筹陆海、面向全球的发展蓝图，不仅能够引领带动西部开发开放持续深入，更是贯通东中西大区域、推动海陆空一体化的世纪通道，这是"开放"理念最为集中的体现。粤港澳大湾区是我国对外开放的最前沿之一，拥有优越区位优势和政策、科技、人才红利。作为实践区域开放的最佳"试验田"和"窗口"，其承担着带动珠江—西江经济带全面发展的重任，未来开放的领域与层次将不断深化。

京津冀区域内部长期以来发展差距在不断拉大，一体化进程滞后，"一亩三分地"的固化思维难以破除，市场分割与行政壁垒制约突出，不仅导致区域内部经济发展水平差异较大，更为重要的是社会资源缺乏有效配置，公共服务供给能力不均衡，成为区域协同发展的最大掣肘。从一定意义上来看，引导社会资源实现优化配置的市场推动力和政府引导力都体现了分享区域发展成果的可及性，社

会资源的融通与共享是产业要素、人力资源以及创新要素流动的前提和保障，显示出区域一体化的内在质量和层次。

长江经济带的战略定位强调"共抓大保护、不搞大开发"，强烈的生态优先、绿色发展内涵是其鲜明特色。《长江经济带发展规划纲要》提出的一系列发展思路和举措均是以生态保护与绿色集约发展为根本原则的。探索保护生态环境并且产生巨大经济社会效益的发展模式，从而使绿色低碳循环成为发展的新动能，实现了绿色发展的自我平衡与区域协同共进，这是长江经济带贯彻"绿色"发展的生动实践。

长三角一体化旨在充分发挥创新引领在推动更高质量一体化进程中的作用，是打造活跃增长极带动区域协同发展的样板和示范。在长三角一体化进程中，上海作为经济中心的创新龙头，其作用无疑将更加凸显。上海充分发挥其吸纳全国及全球创新资源要素的核心功能，并通过全面释放创新要素的强大动能和"裂变"效应，在提升上海在全球城市体系中的影响力和竞争力的同时，增强了长三角城市群整体的创新策源能力。长三角城市群不再局限于成为区域或全国创新中心，而是突破区域的时间和空间限制，打造开放式的全球交互创新生态网络，真正融入全球创新的大格局中，使其成为"创新"发展理念的"拓路者"和"领军者"。

从总体层面上看，区域协调战略的布局与统筹安排深入落实和贯彻了协调发展理念，这是区域协调发展的根本遵循和方向，体现出系统化、全局性与高度协同的大局思维与战略考量。全面塑造区域协调发展新格局，建立更加有效的区域协调发展新机制，将显著提升高质量发展的"区域成色"。

四、区域协调发展的重点领域与功能体现

党的十九届五中全会将区域发展协调性明显增强作为"十四五"时期我国经济社会发展的重要目标之一，提出要推动西部大开发形成新格局，推动东北振兴取得新突破，促进中部地区加快崛起，鼓励东部地区加快推进现代化。"全会"进一步明确了加快京津冀协同发展、长江经济带发展、粤港澳大湾区建设和长三角一体化发展，打造创新平台和新增长极。全会对实现区域高质量发展进行了全局性战略部署，为构建高质量发展的区域动力系统、全面提升区域治理体系

和治理能力现代化水平提供了战略指引。"十四五"时期，我国区域协调发展的战略方向将更加坚定、功能层次将更加清晰、重点板块将更加突出、保障机制将更加健全、协同推进也将更加有力。

区域协调发展战略的时代蕴涵更加丰富、战略价值更加重要。从区域发展实践来看，我国经济发展的空间结构正在发生深刻变化，经济重心逐渐南移，人口及发展要素不断向大城市及城市群加速集聚，东中西与东北板块发展出现明显分化。目前，长三角已经成为第六大世界级城市群，珠三角地区也稳步走上高质量发展的轨道，相比之下，东北地区、西北地区发展相对滞后，尤其是一些北方省份增长放缓、发展动力不足，区域层面发展的不平衡不充分成为制约高质量发展的突出问题之一。我国经济由高速增长阶段转向高质量发展阶段，对区域协调发展也提出了更高的要求：不能简单地"一刀切"，使各地区经济发展达到同一水平，而是要根据各地区的条件走合理分工、优化发展的路径，加快形成能够带动全国高质量发展的新动力源。区域发展的不平衡是普遍的，要在发展中促进相对平衡。党的十八大以来，党中央不断从国家战略的全局性和战略性高度谋划区域协调发展新思路，统筹提出了京津冀协同发展、长江经济带发展、共建"一带一路"、粤港澳大湾区建设、长三角一体化发展、黄河流域生态保护和高质量发展等一系列新的区域发展战略布局，更加注重不同区域的梯次性与层次化发展诉求，为释放区域发展潜力、增强区域发展活力提供了强有力的制度供给。"十四五"时期，区域发展战略的推进将更加集约与高效，区域协调发展的辩证统一必然要求在承认区域差异的基础上彰显不同区域要素禀赋、发展基础与特色，区域发展制度供给"精细化"需求增加，区域"个性"将得到充分张扬。

区域协调发展的战略方向更加坚定、功能层次更加清晰。"十四五"时期，推动区域协调发展应更加注重发挥比较优势，促进各类要素合理流动和高效集聚，增强创新发展动力，提高中心城市和城市群等经济发展优势区域的经济水平和人口承载能力，形成优势互补、高质量发展的区域经济布局。尤其是经济发展条件好的地区要承载更多的产业和人口，发挥价值创造作用，而生态功能强的地区要得到有效保护，创造更多生态产品。党的十九届五中全会对"十四五"时期发挥各区域板块比较优势提出了更加清晰的战略思路和安排。一是推动西部大开发形成新格局。发挥西部构建内陆多层次开放平台的区位优势，加快建设国际门户枢纽城市，提高西部重要门户城市面向毗邻国家的次区域合作支撑能力，强化西部开放大通道建设。同时，增强西部地区重要生态功能区的生态屏障功能，探索生态优先、绿色发展协同新路径。二是推动东北振兴取得新突破。东北地区建设现代化经济体系具备良好的基础条件，通过有效整合资源、主动调整经济结构，进一步优化区域产业链布局，加快老工业基地转型发展，从而形成均衡发展的产业结构。三是促进中部地区加快崛起。积极培育多个中心城市，主动融入新一轮科技和产业革命中，积极承接新兴产业布局和转移，加强同东部沿海和国际相关地区的对接，推动制造业高质量发展。四是鼓励东部地区加快推进现代化。优化东部城市群内部空间结构，推动城市组团式发展，合理控制大城市规模，探索形成多中心、多层级、多节点的网络型城市群结构。发挥东部创新资源要素富集、创新创业活跃度高的优势，支持北京、上海、粤港澳大湾区形成国际科技创新中心，加快布局建设综合性国家科学中心和区域性创新高地，以创新引领提升构建新发展格局的能力与水平。

区域协调发展的重点板块更加突出，以点带面的辐射作用更加凸显。京津冀作为引领我国高质量发展的重要动力源之一，"十四五"时期将进入更为关键的协同发展阶段。京津冀区域创新质量稳步提升，区域科技创新活力不断增强。如何促进京津双城真正实现优势互补、强强联合，打造我国自主创新的重要源头和原始创新的主要策源地，探索人口密集地区优化开发的模式，走出一条内涵集约发展的新路子，是京津冀协同发展肩负的重要使命。长三角一体化发展是我国区域一体化发展的示范和样板。发挥上海龙头带动作用，苏浙皖各扬所长，推动城乡融合发展和跨界合作，提升区域整体竞争力，形成分工合理、优势互补、各具特色的协调发展格局，体现了长三角地区率先基本实现现代化对全国整体经济发展的强大影响力和带动力。京津冀协同发展和长三角一体化发展战略都紧扣着一体化和高质量这两个关键词，以重点示范板块的一体化先行打破行政壁垒、提高政策协同，让各种市场要素在更大范围内畅通流动，有利于发挥各地区比较优势，实现合理分工，凝聚强大合力，形成全国高质量发展的"一盘棋"。

区域协调发展的保障机制更加健全、协同推进更加有力。充分发挥市场在资源配置中的作用，同时发挥好政府的作用，夯实系统化的配套机制，保障区域协调发展的统筹推进。健全区域战略统筹、市场一体化发展、区域合作互助机制，促进发达地区和欠发达地区、东中西部和东北地区共同发展。建立市场化、多元化的区际生态补偿机制，形成受益者付费、保护者得到合理补偿的良性局面。完善财政转移支付制度，加大对重点生态功能区、农产品主产区、困难地区的转移支付力度，强化对欠发达地区的财政支持。

第四章　共享发展：
京津冀城市群的区域底色

坚持共享发展理念，既是以人民为中心的发展思想的集中体现，也是实现人民美好生活伟大目标的重要途径。京津冀协同发展战略将京津冀联结为一个整体，为区域共享发展提供了有利条件。推进京津冀共享发展，既是京津冀协同发展的应有之义，也是实现全面建成小康社会目标的必由之路。

一、京津冀共享发展的内涵及现状

党的十八届五中全会提出创新、协调、绿色、开放、共享五大发展理念，作为我国经济社会发展的基本遵循。共享发展理念是五大发展理念之一，是对我国改革开放 40 多年来发展经验的总结和升华，是实践探索和理论创新的成果，其实质就是坚持以人民为中心的发展思想，体现的是逐步实现共同富裕的要求。共享发展的要义是发展成果由人民共享。习近平总书记谈到治国理政新发展理念中的共享理念时指出，共享发展的主要任务在于解决社会公平正义问题。京津冀区域内部发展差距较大，大城市发展水平较高，局部地区特别是一些农村发展水平明显落后。京津冀实现区域共享发展是京津冀协同发展的应有之义，也是共享发展理念的内在要求。京津冀区域共享发展，主要包含以下几个方面：

（一）京津冀共享发展的内涵

1. 区域共享：京津冀共享发展的基本特征

京津冀共享发展包括共享发展机会和共享发展成果，让区域内所有人共享区域发展成果。习近平总书记指出："共享发展是人人享有、各得其所，不是少数人共享、一部分人共享。"京津冀协同发展战略将京津冀三地紧密结合为一个整体，因此不仅有三地的共享发展，也要有以三地为单元的区域共享，让改革发展成果更多、更公平地惠及广大人民群众，使人民群众在共建共享发展中有更多获得感。人民期盼有更好的教育、更稳定的工作、更满意的收入、更可靠的社会保障、更高水平的医疗卫生服务、更舒适的居住条件、更优美的环境，既需要把"蛋糕"越做越大，也需要把"蛋糕"越分越公平。京津冀既要将已有发展成果共享，也要将共享贯穿到发展中，从而让区域发展水平和全体人民生活水平得到提升。

2. 全面共享：京津冀共享发展的主要内容

京津冀区域共享就是既要共享改革发展的物质文化成果，也要共享优质的教育、就业、医疗、社保等基本公共服务；既要共享安全和谐舒适的生活环境，也要共享青山绿水、蓝天白云生态资源。因此，共享发展是一项系统工程，共享发展为消除贫困、改善民生、逐步实现共同富裕指明了道路。在京津冀区域共享发展中，产业共享是为落后地区发展提供着力补齐全面建成小康社会短板的条件；市场共享是赋予京津冀区域各个单元平等的发展机会；公共服务共享是实现共同富裕的基础。京津冀发展的短板突出表现在社会事业发展和民生保障等方面。以公共服务共享提高发展的协调性和平衡性，也是京津冀共享发展的内涵之一。

3. 共建共享：京津冀共享发展的实现途径

必须坚持发展为了人民、发展依靠人民、发展成果由人民共享，做出更有效的制度安排，使全体人民在共建共享中有更多获得感。全体人民只有在"共建"中各安其位、各尽所能，为京津冀协同建设贡献聪明才智，才能在"共享"中各得其所、各得其乐。共建与共享相辅相成、相互促进。要让人民在享受到发展成果的同时，也参与到共建的队伍中，实现在共建中共享，这就必须形成全社会参与的体制机制，利用政府责任与市场力量的双重作用，激发贫困人口发展的内生动力。

4. 渐进共享：京津冀共享发展的推进方式

共享不是一蹴而就、一劳永逸的，而是一个循序渐进的过程。共享的内容是随着生产力不断发展和财富不断增加而不断丰富的。从共享的内容到程度都要经过由浅入深、由低到高的过程。京津冀共享发展也是一个不断丰富和完善其内涵的长期历史过程，因此共享发展具有阶段性和长久性。推进京津冀共享发展，要强调施政精准性，密切结合不同阶段、不同地区、不同群体的需求，分清共享发展的层次和序列，使共享供给目标可达、效果持久。京津冀共享发展的政策梳理如表4-1所示。

表4-1 京津冀共享发展的主要政策梳理（2015～2017年）

时间	政策来源	政策解读	贯彻落实
2014年8月	《京津冀协同创新发展战略研究和基础研究合作框架协议》	建立京津冀区域协同创新发展战略研究和基础研究长效合作机制，搭建三地共同研究战略平台，重点聚焦科技创新一体化、生态建设、产业协同发展、政策协同京津冀科技协同创新、科技资源共享等方面，打造京津冀科技协同创新发展的"软环境"	成立"京津冀开发区协同发展联盟""京津冀地区食品安全检测与加工过程安全控制技术创新战略联盟"；推动跨京津冀科技创新产业链形成；建设"京津冀大数据走廊"；北大、南开、清华、河北经贸大学等成立京津冀协同发展联合创新中心
2014年8月	《积极推进教育领域合作促进经济社会发展合作协议》	积极推动部分教育、医疗等社会公共服务功能向外转移和疏解，促进京津冀区域教育协同新区和职教园区	发挥天津职业教育比较优势，为北京、河北及周边地区培养输送专业技能人才
2015年1月	《推动人力资源和社会保障工作协同发展合作协议》	推动京津冀人社领域各项合作	两地建立就业服务资源共享机制；加强社保医疗合作，推进社会保险公共服务一体化；深化医疗保险经办合作，加强社保经办合作，实现两地社会保险信息共享；共建京津冀大学生创业孵化园，打造区域人才招聘交流品牌
2015年2月	《医疗保险合作备忘录》	北京优质医疗资源向河北布局，积极推进异地就医结算相关工作，深化京津冀医疗保险管理合作	三地参保人员社会保险信息实现相互核对及协查；三地企业养老保险关系已实现无障碍转移；加强和完善京津冀职工养老保险、医疗保险协商机制，沟通协调职工养老保险转移接续和医疗保险对接
2015年3月	《推进现代农业协同发展框架协议》	突出三地大城市农业功能定位，在重点领域开展交流与合作，共同开发农业生产、生活、生态等功能	在农业新技术、新品种、新设施推广及动植物疫病防联控等节水、循环、低碳农业发展等方面开展科研合作

续表

时间	政策来源	政策解读	贯彻落实
2015年4月	《京津冀协同发展规划纲要》	公共服务共建共享取得积极成效、协同发展机制有效运转，区域内发展差距逐于缩小，初步形成京津冀协同发展、互利共赢新局面	《中共北京市委北京市人民政府关于贯彻〈京津冀协同发展规划纲要〉的意见》《天津市贯彻落实〈京津冀协同发展规划纲要〉实施方案（2015-2020年）》《中共河北省委、河北省人民政府关于贯彻落实〈京津冀协同发展规划纲要〉的实施意见》
2015年4月	《津冀两地职业教育战略合作框架协议》	加速推进津冀两地职业教育人才培养、师资培训和院校管理等方面协同发展	建立协同发展联席会议制度；统筹协调制订跟踪区域产业发展规划，搭建人才培养平台；鼓励有条件的优质职业院校到相应的产业转移地开展跨地域联合办学；探索组建跨区域职教集团，积极推进两地构建现代职业教育体系
2015年5月	《加强京津人才工作合作协议（2014年-2017年）》	加快京津冀人才工作合作交流，促进区域人才一体化	京津两市实行人才资质互认，逐步规范、融合两市人事代理、人才派遣、人力资源外包合作渠道、互设服务窗口，开辟绿色通道
2015年6月	《京津冀协同发展产业转移对接企业税收收入分享办法》	推动迁出地与迁入地之间建立财政利益共享机制，促进资源要素合理流动，实现京津冀协同发展，良性互动、共赢发展	完善配套措施，支持京津冀产业对接合作，确保京津冀产业发展工作有序进行
2015年6月	《京津冀卫生计生综合监督交流合作框架协议》	探索建立京津冀卫生计生综合监督沟通协调，人才培养交流、信息互联互通、技术合作共享、监督执法协同等工作机制	建立京津冀统一的执法培训师资库；搭建信息平台，形成信息共享；加强整治区域内流动违法行为；联合执法，联合整治区域内流动违法行为；建立重大卫生生活应急处置机制

续表

时间	政策来源	政策解读	贯彻落实
2015 年 9 月	《京津冀卫生计生事业协同发展合作协议》	在区域医疗服务合作、公共卫生服务区域联动、卫生计生事业发展规划对接、构建卫生计生综合监督协调机制、妇幼保健合作、区域卫生健康信息一体化建设、人才培养和科研合作、疏解北京非首都功能、基层卫生合作、区域内健康服务合作、示范点地合作等方面加强合作	积极推进医疗服务与保障体系衔接；健全京津冀三地转诊制度，统一就诊预约渠道，建立绿色转诊通道；2017 年 1 月启动京津冀异地就医即时报销试点
2015 年 10 月	《京冀两地教育协同发展对话与合作框架机制协议》	加强两地教育行政主管部门之间沟通与协商，深化各领域交流与合作，提升两地教育协同发展水平	建立协同发展联席会议制度；建立协同发展研究机制；组织开展协同发展研究交流活动；建立协同发展信息发布平台
2015 年 12 月	《京津冀协同发展生态环境保护规划》	到 2020 年，主要污染物排放总量大幅削减，区域生态环境质量明显改善；到 2020 年，京津冀地级及以上城市集中式饮用水水源水质全部达到或优于 III 类、重要江河湖泊治水功能区达标率达到 73%；2015～2020 年，京津冀地区能源消费总量增长速度显著低于全国平均增速；实施国土生态整治、清洁水、大气污染防治等一批重点工程	签署京津冀水污染突发事件联防联控机制合作协议、林业有害生物防治框架协议；三地环保、质监部门共同发布首个"统一标准"《建筑类涂料与胶粘剂挥发性有机化合物含量限值标准》；统一应急预警分级；建立环境执法联动工作机制；启动京津冀环境执法联动工作机制；出台《京津冀及周边地区 2017-2018 年秋冬季大气污染综合治理攻坚行动方案》
2015 年 12 月	《京津冀区域环保先突破合作框架协议》	以大气、水、土壤污染防治为重点，以联合执法、统一规划、统一标准、统一监测、协同治污等 10 个方面为突破口进行联防联控	天津投入人 4 亿元与河北省沧州市、唐山市联合开发大气污染协作治理，北京深化京津冀及周边地区大气污染防治协作机制，积极推进张承生态功能区建设；三地签署京津冀机动车排放污染治理协作机制、水污染突发事件协调联控机制合作协议

续表

时间	政策来源	政策解读	贯彻落实
2016年2月	《"十三五"时期京津冀国民经济和社会发展规划》	加快共享发展，推动协同发展成果惠及广大群众。把京津冀作为一个区域整体发展，在城市群统筹规划、产业转型升级、交通设施建设、社会民生改善等方面一体化布局，努力形成京津冀目标同向、措施一体、优势互补，互利共赢的发展新格局	《北京市国民经济和社会发展第十三个五年规划纲要》《天津市国民经济和社会发展第十三个五年规划纲要》《河北省国民经济和社会发展第十三个五年规划纲要》
2016年10月	《京津冀智能化居家养老合作备忘录》	探索适合京津冀区域特点的智能化居家养老新模式，培育一批示范性智能化居家养老社区	研究制定智能化居家养老服务标准；借助移动互联网、物联网等媒介，提供多方面、个性化、便捷化的产品和服务
2016年11月	《京津冀地区城际铁路网规划修编方案（2015年-2030年）》	以"京津、京保石、京唐秦"三大通道为主轴，到2020年，与既有路网共同连接区域所有地级及以上城市，基本实现京津石中心城区与周边城镇0.5～1小时通勤圈，京津保0.5～1小时交通圈，有效支撑和引导区域空间布局调整和产业转型升级	京津冀三地政府的统一部署，同步组织推进，石衡沧港、京石、津承、唐曹、廊涿固保等项目前期工作已展开
2017年2月	《京津冀教育协同发展"十三五"专项工作计划》及《京津冀对口帮扶计划》	重点推进教育领域非首都功能疏解合作项目、北京城市副中心与津冀毗邻地区教育统筹发展项目、京津冀基础教育合作项目、教育人才队伍建设项目、高等教育资源共享项目、教育协同发展科学研究项目等	"十三五"期间，京津两地将实施"一十百千万"工程，重点在基础教育、职业教育教学管理及师资建设相关领域，对河北省张家口、承德，保定三市及21个贫困县进行对口帮扶。成立三地高校协同创新联盟、卫生职业教育协同发展联盟
2017年10月	《通武廊疾病预防控制工作合作框架协议》	推动"通武廊"区域疾病预防控制事业合作共赢，协同发展，实现信息、技术资源共享，提升区域疾病防控能力	共建京津冀疾病防控一体化合作平台，建立突发事件信息通报、协调联动等机制，实现信息、技术、人员、物资等资源共享，提升区域疾病防控能力

资料来源：根据相关资料整理。

（二）京津冀共享发展与协同发展的关系

1. 协同发展是区域共享发展的前提

共享发展是国家层面的新发展理念，适用于全国范围，区域和各行政区自然不例外。由于区域不是一级行政单位，存在多样划分，概念相对不确定，所以将共享发展理念明确地用来指导区域发展就必须先有确定的区域概念。京津冀的协同发展战略将三地构成了确定的区域，而且明确了三地的发展是一个联系紧密、不可分割的整体，从而使京津冀共享发展具备了前提条件和现实可能。

2. 协同发展与共享发展的核心不同

京津冀协同发展的核心是有序疏解北京非首都功能，将北京非首都功能向天津和河北转移，强化首都全国政治中心、文化中心、国际交往中心、科技创新中心的核心功能，控制北京人口规模，调整优化城市布局和空间结构，构建现代化交通网络系统，扩大环境容量生态空间，解决北京"大城市病"，实现北京健康发展。共享发展的核心是补齐发展短板，通过推进京津冀区域发展成果共享，使发展成果更多、更公平地惠及全体人民，提高区域内低收入人口和相对落后地区的民生水平，增强人民获得感和发展活力。

3. 协同发展与共享发展的方式不同

协同发展的方式是推进产业升级转移，推动公共服务共建共享，加快市场一体化进程，打造现代化新型首都圈，努力形成京津冀目标同向、措施一体、优势互补、互利共赢的协同发展新格局。共享发展的方式是建立产业、市场、公共服务等资源向落后地区延伸或转移的机制，提高区域内相对落后地区和低收入人口的生活水平和发展能力，促进京津冀区域内的平衡发展和充分发展，进而实现共同富裕的目标。

4. 协同发展与共享发展共生互促

京津冀协同发展要求三地在产业布局、区域分工、城市空间、环境治理、资源配置等方面统筹规划，发挥各自比较优势，促进优势互补，实现合作共赢，在广度和深度上加快发展。协同发展的推进，有利于提高京津冀整体发展水平，为增加民生福祉创造条件。共享发展不仅强调物质财富的共享，而且要求发展权利和发展机会的共享，让人民充分参与发展并获得发展成果。京津冀区域共享发展补齐发展短板，激发发展活力，增强发展的可持续能力，厚植发展动力，进而推动京津冀协同发展。从这个意义上说，协同发展和共享发展在京津冀区域相辅相成、相互促进。

（三）京津冀共享发展的现状及问题

1. 京津冀共享发展的现状

（1）交通资源共享"瓶颈"逐步打通。京津冀协同发展战略为京津冀交通建设提供了新视野，三地逐步立足区域来考察和建设交通资源，区域内交通网络日益完善，互联共通水平不断提高。《京津冀协同发展交通一体化规划》提出以北京为中心，在50~70千米半径范围内形成"1小时交通圈"，打造以国家干线铁路、城际铁路、市郊铁路、城市地铁为节点的四层轨道交通网络，实现"轨道上的京津冀"。京津冀城际铁路投资公司自2014年12月正式组建以来运行良好。京津冀城际铁路网规划（2015~2030年）已上报。通关一体化改革持续深化，已有超过85%的北京企业选择以京津冀跨关区一体化方式通关，天津经北京空运进口货物的通关时间、北京经天津海运进口货物的通关时间和运输成本均节省近三成。京津冀区域联网售票一体化系统整合了三地资源，推出联网售票网站、手机客户端、微信公众号、站际互售客户端四大服务入口，基本完成道路客运联网售票系统的建设并实现联网运行。截至2017年10月，联网售票范围覆盖京津冀地区68个二级及以上客运站，联网售票支持跨省购票、线上退票、快捷乘车等功能，率先实现"互联网+"便捷交通共享。旅游"一张图、一张网、一张卡"加快推进，北京、天津及石家庄、唐山、沧州5地多条旅游直通车正式开通。

（2）生态共建共享机制初步建立。2015年12月，国家发改委、环保部发布了《京津冀协同发展生态环境保护规划》，明确到2020年主要污染物排放总量大幅削减，区域生态环境质量明显改善。2016年京津冀雾霾重度以及雾霾重污染的天数比例比2013年降低52.9%。京津冀统一重污染天气的预警标准，建立健全雾霾防治的跨区域联动和联防机制，联合应急、联动执法、协同治污力度不断加大。京津冀水污染突发事件联防联控机制合作协议、林业有害生物防治框架协议相继签署。京津冀加快构建京津冀生态协同机制，主动实现三地生态文明共建。三地进一步明确自身的生态功能定位，以主体功能区划为基础，构建绿色生态隔离地区和区域生态廊道，优化环境空间区域发展格局。京津冀重点流域生态修复取得明显成效，永定河综合治理与生态修复已正式启动并加紧实施。2016年水利部海河水利委员会配合协调津冀双方初步建立了引滦上下游生态补偿机制。河北全方位、多层次、宽领域地开展生态修复，努力推进京津冀生态涵养保护支撑区建设，完善河北主体功能区规划，着力打造环京津（保廊）核心区、沿海率先发展区、冀中南功能拓展区和冀西北生态涵养区四大功能板块。实施京津冀大气污染防治强化措施，北京牵头建立京津冀及周边地区水污染防治协作机制。一批产业合作项目签约落地，协同创新共同体建设加快推进。

（3）科技与产业创新共享迈出步伐。2021年，北京和天津转入河北单位5616个，其中法人单位就有3475个。北京和河北在天津投资的到位金额为1510.4亿元，占天津全部引进内资的4成以上。北京输出天津、河北的技术合同成交额为350.4亿元，在天津滨海—中关村科技园新增的注册企业中，来自北京的企业占到了1/3，且以科技型企业为主，比重达到40%。自2015年开始，北京现代、北京万生药业、精雕科技等数十家生物医药、节能环保、高端制造、新型建材、新能源、石化等领域的明星企业，启动京津冀产业对接，将生产性研发、产业配套和制造环节向河北、天津主动迁移，总部研发中心继续在北京聚集。天津主动承接非首都功能，与北京市签署建设滨海—中关村科技园合作协议，共同推进未来科技城等一批承接平台建设。河北积极承接非首都功能疏解，打造北京新机场临空经济区、曹妃甸协同发展示范区、芦台·汉沽津冀协同发展示范区等重点承接平台。三地努力推动形成跨京津冀科技创新产业链。依托中关村—滨海大数据创新战略联盟，加快打造"中关村数据研发—张北数据存储—天津数据装备制造"等上下游环节贯通的"京津冀大数据走廊"。依托中关村国家自主创新示范区、北京服务业扩大开放综合试点、天津滨海国家自主创新示范区等发展基础，促进三地创新链、产业链、资金链、政策链、服务链深度融合，将京津冀区域建设成为引领全国、辐射周边的创新发展战略高地。三地联合成立"京津冀开发区创新发展联盟"，北京与河北省共建石家庄科技大市场，与天津滨海新区共建科技成果转化基地，建设产业促进、企业服务、创新创业三大平台，促进三地创新资源和成果开放共享。

（4）社会共建共享逐步展开。三地协同组建京津冀高等学校联盟和职业教育联盟，引导跨区域合作办学，推动教育资源合作共享。北京与河北省签署《京冀两地教育协同发展对话与协作机制框架协议》。北京大学与南开大学等高校成立京津冀协同发展联合创新中心，北京工业大学、天津工业大学、河北工业大学携手成立京津冀协同创新联盟。北京医院通过组建京津冀医疗联合体、整院托管等方式开展区域医疗合作。三地签署疾病预防控制、卫生计生综合监督交流合作框架协议，完善重大公共卫生事件联防联控机制。三地签订《加强人才工作合作协议》《推动人力资源和社会保障工作协同发展合作协议》《医疗保险合作备忘录》，实现对参保人员社会保险信息的相互核对及协查。三地积极搭建区域性公共服务信息平台，推进人才资质互认，强化就业服务一体化。完善社会保险转移接续信息系统和业务流程，加强跨地区流动就业人员的养老保险、医疗保险和失业保险关系的转移和权益的保障。鼓励北京企业或社会组织在津冀地区建设养老机构或养老社区。三地协同建设产业转移对接平台，完善基本公共服务配套设施，增强对疏解转移企业和员工的吸引力和保障力。京津冀共享发展的主要现状和进展如表4-2、表4-3所示。

表4-2　京津冀共享发展主要现状

产业	交通	环保	民生
2015年北京输出津冀技术合同3475项，输出津冀技术合同成交额83.2亿元	2016年，三地公路里程合计达到22.7万千米，比2013年增加1.5万千米；其中高速公路8722.9千米，增加1078.4千米	2016年京津冀PM2.5年均浓度降至71微克/立方米，同比下降7.8%	三地签署、发布了各类教育合作协议21项，实施合作项目30余个
2014~2016年京冀在津投资规模为5226.74亿元，京津在冀投资规模为11041亿元	2016年，京津保核心区"1小时通勤圈"初步形成	2016年京津冀平均优良天数比例为56.8%，同比上升4.3%	2016年三地共有132家三级医疗机构和医学检验所试行27项临床检验结果的互认
2016年京津冀区域三次产业构成比例为5.2：37.3：57.5；三产比重为北京80.3%，天津54%，河北41.7%	2014~2016年，三地累计完成交通领域固定资产投资8642.2亿元，比2011~2013年增长13.8%	2016年京津冀三地规模以上工业单位增加值能耗分别比上年下降11%、13.9%和4.25%	京津冀三地每千人口执业（助理）医师数之比由2013年的1.98：1.06：1调整为2016年的1.95：1.02：1

注：表内数据根据北方网数据整理而得。

2. 存在的主要问题

一是京津冀共享发展还未形成有效的机制。京津冀共享发展战略实施时间较短，协同程度较浅，各自发展的意识和模式仍居主导地位。三地各自内部的共享发展推进比三地之间的共享发展顺畅和快速。三地共享发展处于各自为政的状态，思想活跃性与开放度不足，各地在共享发展中的辐射带动作用尚未发挥出来。

表4-3 京津冀社会共建共享发展的主要进展

共享领域			主要进展
医疗	实现合作共建	北京朝阳医院、天坛医院、首都儿科研究所附属儿童医院、北京儿童医院—河北燕达国际医院	深入推进合作共建，北京已有12家医院与河北13家医院开展合作办医
		北京儿童医院—保定市儿童医院	实现正式托管，京津冀一体化背景下首家推行公立医疗机构跨省省托管的医院
		蓟县中医医院—北京中医药大学东直门医院	成立中医联盟
		武清区中医医院—北京中医药大学东方医院	
		北京"薪火传承3+3工程"天津分站	天津中医药大学第二附属医院建立王孝涛传承工作室至天津分部
	签署合作计划	天津市滨海新区政府—北大医学部	"共建五中心合作""第二个五年合作计划"
		首都儿科研究所—天津市妇女儿童保健中心	"促进京津儿童健康、防控儿童成人慢病合作计划"
		北京市、天津市、河北省卫生计生委、疾控部门	签署疾病预防控制、卫生计生综合监督交流合作框架协议
	开办特色分院	天津市肿瘤医院—河北省唐山市妇幼保健院、泰达国际心血管病医院—承德钢铁公司职工医院，天津市第一中心医院—承德医学院附属医院，邯郸市第一医院、承德市肿瘤医院等	签署合作协议，开办分院
	实现信息共享	建立三地开放卫生计生数据库；推进三地医师和护士电子注册并共享信息，互认资质；落实三地之间临床检验结果互认；实现三地专业技术人员继续教育学分互认	
	拓展医疗市场	协调制定药品招标的政策和价格；开放三地药品耗材招标数据；推进区域联合采购，降低招标价格	
	配置医疗资源	建立京津冀三地区域会诊中心；建立京津冀三地共享医疗影像诊断中心；发展远程医疗和视讯系统；京津冀就诊预约渠道和转诊制度	

续表

共享领域			主要进展
	加快优质教育资源流动	三地合作培养培训百名教育领军人才；培训100名青干校长（园长）、100名育干校长（园长）和100名名师；建设"名师工作室"；组织万名学生在科技、艺术、体育等方面互动交流	
	签署共享发展协议	天津市教委—河北省教育厅	签署《津冀两地职业教育战略合作协议》《天津市庄市教育局现代职业教育帮扶合作框架协议》
		北京市教委—河北省教育厅	签署《京冀教育协同发展战略合作框架协议》
	建立共享发展工作机制	北京市教委—河北省教育厅	建立京冀两省市教育行政部门主任、厅长联席联席会议制度，发布《京冀两地教育协同发展联席会议纪要》；建立京冀两地教育协同发展研究机制
		天津市教委	建立京津冀教育协同发展工作推进机制
教育	推动共享平台和载体建设	北京市教委、天津市教委、河北省教育厅	共建信息发布平台；推动各地重点实验室和素质教育基地、职业教育训基地等面向三地开放；组建京津冀高等学校联盟
		天津市教委	推动京津冀高校科技协同创新基地建设，吸引首都名校在津建立分校
		北京大学—南开大学	成立京津冀协同发展联合创新中心
		北京工业大学、天津工业大学、河北工业大学	成立京津冀协同创新联盟
		北京景山学校—曹妃甸区投资集团	签署了合作办学协议
		教育部、天津市人民政府、河北省人民政府	共建河北工业大学

续表

共享领域		主要进展
	加快推进基本公共服务均等化	推进建设京津冀社会保障一卡通；实现三地企业养老保险关系无障碍转移；签署《医疗保险合作备忘录》；推动京津冀医疗保险定点机构互认；推进跨省异地安置退休人员住院医疗费用直接结算；实现参保人员社会保险信息相互核对及协查
社会服务	推动人才区域共享	推进高层次人才信息资源共享	联合建立"两院院士""特贴专家""特支计划"人选、高端外国专家、全国技术能手等高层次人才信息库
		推进三地互设人才服务窗口	开辟绿色通道，为人才跨区域流动提供便捷的就业、培训、异地人事代理等咨询服务
		保障人才跨区域流动	京津相互开放异地人事代理、人才派遣、人力资源外包合作渠道
	提升人才服务共享水平	实现27项人才的专业技术职称资格互认；建立三地留学归国人员工作合作机制；联合制定急需紧缺人才目录；统一发布人才政策和需求信息

注：表中内容由笔者根据相关资料整理而得。

二是京津冀内部的虹吸效应仍未完全消除。京津冀三地处于工业化的不同时期，北京率先迈向后工业化社会，天津正处于工业化后期，河北尚处在工业化中期。不同的发展阶段催生了"虹吸效应""环京贫困带"等现象。京津冀协同发展虽然有了显著推进，但是"虹吸"造成的问题并不会因为"虹吸"的停止而自行解决。

三是京津冀共享发展存在体制机制障碍。以区域为单位实施共享发展，必须跨越行政区的藩篱、打破地方利益格局、超越长期固守的地方视野，而京津冀在这方面尚未开展有效探索。京津冀协同发展，不仅要促进三地共同发展，更要坚持人民主体地位，以人民的需要和利益为发展出发点和落脚点。目前，京津冀三地发展水平还存在较大差异，虽然居民消费和收入逐步提高，生活水平的差距趋向缩小，但是公共产品和服务依然无法满足共享发展需求，人民群众还不能完全享有人口、资源与环境和谐发展的成果。

四是京津冀区域共享发展思路尚需完善。区域的共享发展不同于行政区的共享发展，在调配资源、确定点位、锁定问题、信息反馈等方面都面临着比行政区共享发展更为复杂和困难的问题。京津冀作为协同发展区域，共享发展的思路不仅需要从理论上进行研究，对协同与共享的关系进行深刻把握，还需要三地深入磋商，在区域间复杂利益格局下达成共享发展的共识。京津冀共享发展的思路正在形成，还需要进一步明确化。

（四）京津冀共享发展的近期目标

通过以发达区域与落后区域联动等共享发展机制为引领，形成落后区域可持续良性发展机制，实现良好的生态治理与有效的环境保护。到 2020 年，京津冀共享发展机制基本健全，共享发展在区域内全面有效实施。贫困区域和贫困人口已经转化为拥有自我发展能力的非贫困人口，汇入到区域发展的整体中，京津冀达到全面建成小康社会的一系列指标。

二、构建京津冀共享发展的政府统领推进机制

（一）明确政府推动共享发展的主体地位

京津冀共享发展旨在形成三地间发展机会、权利和成果共享的发展格局，重

在补齐三地发展短板，形成三地统一的政策和资源供给体系。在此过程中，由于共享发展很大程度上需要打破市场机制作用，形成非市场化作用的结果，共享发展中的有效供给更多地具有公共物品性质，因此完全依靠市场不能满足薄弱地区的共享发展需求，需要更多地借助政府力量来推进共享发展。要建立信息平台、区域合作平台，发挥政府主体作用，建立三地区域间的利益共享机制，促进资源要素在三地间高效流动。建立三地政府间的责任及利益的连带性关系，通过合理的利益分配与补偿，减少地区"自利"所导致的资源配置扭曲效应。同时，进行区域要素有效对接的制度创新探索，着力于缓解京津冀地区的级差化程度，对冲行政区划产生的"分割"性和层级不对称性，牢固京津冀共享发展的前提和基础。

（二）优先强化政府公共服务均等化职责

三地加快推进基本公共服务均等化，不仅是补齐共享发展的重要举措，更是政府推动共享发展的重要职能。由于京津冀发展差距长期存在，基本公共服务供给的质量、数量等优势资源都往发达地区聚集，导致京津两地水平明显高于河北。实现京津冀共享发展最紧迫的是推进基本公共服务均等化，使发展成果更多、更公平地惠及三地。而加快政府职能转变，构建公共服务型政府，是实现基本公共服务均等化的关键所在。一是要充分挖掘公共资源潜能，集中力量组织和提供三地基本民生服务、公共事业服务、公共安全服务和公益基础服务，满足群众基本需求。二是强化三地政府社会管理和公共服务职能，保障三地公共服务均等化的统筹落实。三是三地应以实现共享发展为目标，调整可支配财政资源的支出结构，加大对公共服务的投入，尤其是加大改善民生方面的软件投入，根据公共服务的不同属性，采用不同的供给模式，丰富公共服务供给数量和质量。

（三）完善区域要素投资开发与管理机制

三地建立区域共享发展的资金扶持和金融体制，积极拓宽融资渠道，提高政府财政投资效率，加大银行贷款倾向力度，积极申请国际贷款，扩大民间资本引入的领域。发挥多种货币政策工具正向激励作用，引导京津冀三地金融机构扩大贷款投放，降低社会融资成本。鼓励银行业金融机构创新金融产品和服务方式，建立健全融资风险分担和补偿机制，三地协同探索设立京津冀区域发展风险补偿基金。支持三地符合条件的企业通过主板、创业板、全国中小企业股份转让系统、区域股权交易市场等进行股本融资。

（四）建立目标考核与责任监督机制

推进三方共享发展绩效管理考核体系研究，制定具体的考核办法，主要从经济发展、社会进步、生态建设三方面综合评价。经济层面，从城市经济增长、产业结构调整、居民收入等方面进行考察；社会层面，从就业情况、人口结构、公共服务（交通设施、教育、医疗、社会保险）等方面进行考察；生态层面，从节能减排、城乡环境治理等方面进行考察。通过具体指标建立考核体系，对应奖惩措施，并严格执行。

三、构建京津冀共享发展的产业内生发展机制

（一）产业共享：发挥先进制造业辐射带动作用

根据京津冀三地产业发展的基础条件和支撑条件，合理确定产业链上下游企业的分工，发展适宜的中间产品制造基地。北京以新能源汽车、集成电路、新一代健康诊疗与服务以及通用航空与卫星等行业为突破口，突出发展高端化、服务化、集聚化、融合化、低碳化的节能环保、集成电路、新能源等新兴产业和高技术产业。天津定位于建设全国先进制造研发基地，加快新一代信息技术、高端装备制造等产业发展。河北廊坊等地利用自身已有的较好制造能力，重点发展高新技术产业、生产性服务业和高端装备制造业中间制造配套产业，承担京津冀地区科技成果产业化功能。河北秦皇岛、唐山及沧州沿海地区，充分发挥港口优势和临港制造业基础，重点推进绿色循环炼化一体化等与生态保护相协调的滨海型产业发展，延伸先进制造业和生产性服务业配套产业链。保定、石家庄、邢台、邯郸等京津冀区域中心城市，则重在培育壮大战略性新兴产业，提升土地、劳动力等要素的优势及潜能，通过电子信息、新能源、生物医药、装备制造、新材料等高端产业改造、提升原有传统产业。

（二）资源共享：培育串联互通的生态"大农业"

因地制宜发展不同层次的休闲农业，合理开发利用农业旅游资源。将京津冀

三地旅游点位串联起来，整体包装三地一体化的深度旅游线路。北京、天津山区以支撑京津冀地区生态保障为导向，重点发展以绿色生态产业和农副产品加工业为依托的现代都市观光休闲旅游带。张家口、承德山区依托张承线绿色生态产业带，大力发展以生物医药产业基地为基础的集体验、观光、科教为一体的休闲旅游农业。河北衡水、邢台东部、邯郸东部、沧州西部地区，借助交通、土地、劳动力、农产品资源等优势，推进"互联网+"和大数据技术的应用，提升现代都市型高端农副产品供给功能，重点发展以"互联网+"为依托的集现代都市农副产品生产、展示、体验为一体的"智慧旅游"。充分发挥天津蓟州区、北京平谷，河北省兴隆县、遵化市、三河市联合打造的"京东休闲旅游示范区"的带动效应，探索京津冀旅游组织一体化、旅游管理一体化、旅游市场一体化、旅游协调一体化的深度开发模式。

（三）市场共享：加强对落后地区的市场前端支援

通过三地政府间合作，加快市场深度协同开发与互通，拓宽市场交易渠道，增加三地市场融合发展，协助落后地区解决产品销售问题。由北京市商务委、天津市商务委、河北省商务厅牵头，探索建立多层次的市场对接机制，轮流主办、每年召开一次联席会，形成京津冀市场融合发展工作信息联络和沟通框架，形成整体工作对接模式；设立分项工作小组，加强对口合作，确立分项工作对接机制。依托"京津冀大数据走廊"核心支撑城市、"全国物流标准化示范市"承德建立京津冀市场融合发展智慧平台，以此为支点，开展三地在大数据应用、软件开发、电子商务、服务外包、现代物流等方面开展合作与交流。

（四）就业共享：拓宽服务业人力资源对接渠道

丰富三地服务业人力资源服务渠道和服务模式，加强人力资源服务业信息化建设。培育服务需求，鼓励用人单位通过人力资源服务企业引进人才和购买专业化的人力资源服务。三地政府联合加快京津冀地区劳务输出服务体系建设，完善劳务输出对接和协作机制，鼓励低收入家庭劳动力就近转移就业。三地建立统一的人力资源外包服务标准和服务机构等级评定标准、规范服务内容和流程、完善服务功能，加快服务业人力资源的对接合作。

四、构建京津冀共享发展的公共服务供给机制

（一）发展多元化多点位就业

三地政府增加公益性岗位提供的数量和渠道，主要解决低收入人口劳动力安置。三地各级政府开发的公益性岗位，在同等条件下优先向低收入人员倾斜。加快发展三地服务外包联合，通过三地共同推介和市场运行，形成长效化、定制化的就业服务。三地联合出台相关举措，引导和支持劳动密集型企业和旅游景区、酒店、乡村旅游点等积极吸纳周边的劳动力就业。倡导各类企业履行社会责任，多方吸纳低收入家庭劳动力就业。支持社会团体和行业协会等各类组织积极推动就业帮扶工作，帮助低收入家庭劳动力实现就业。

（二）落实区域基本公共服务一体化

加快三地优质教育联建和合作办学步伐，积极推动京津两地教育资源向河北教育薄弱的地区扩散。北京继续加快疏解部分高等教育功能，支持在京中央高校和市属高校通过整体搬迁等方式向郊区或河北、天津转移。发挥河北保定、衡水、石家庄等地优质教育资源的辐射作用，重点向农村和对口支援地区优先倾斜京津两地的教育资源。继续坚持京津名校办分校的形式，探索农村人口外迁后子女就业上学的优惠措施。三地名校或优质校直接对低收入地区设置固定数量名额，让落后地区的学生能充分享受优质教育资源。加快推进三地百名校长"协同培训班"，三地教育机构同时招生，覆盖基础教育阶段学校，三地共同研究制定课程培训内容，所有校长在同一平台接受同样的理论培训，探索三地教育资源共享的有效模式。增强教育信息化技术手段的应用和推广，利用现代互联网和大数据技术实现异地教育资源共享。加快三地医疗养老合作共享，依托现代医疗条件发展以医养老的三地合作模式。重点向落后地区推广现代健康养老资源，同时吸纳当地就业，解决当地养老服务问题，成熟后向外输送劳动力资源。

（三）完善区域长效帮扶发展机制

引导大型国有企业积极落实结对帮扶的社会责任，继续推行跨区域的结对帮

扶形式，强化落后区域的基础设施建设帮扶力度，进一步完善区域长效帮扶发展机制。创新对口帮扶工作长效机制，在教育医疗、旅游推介及发展、基础设施建设、劳务输出、人才交流等方面加强合作，形成发展合力。支持受帮扶地区加快健全基本公共服务体系，加强教育、卫生、文化、就业、社会保障、基层组织等领域的公益性服务设施建设，重点推进农村饮水、道路、供电、水利等基础设施建设。发挥市场机制资源配置作用，以产业为纽带，加强对口帮扶双方在农产品加工、特色轻工、装备制造、旅游文化等领域的合作力度，推进受帮扶地区有序承接产业转移。

五、构建京津冀共享发展的城乡融合机制

（一）加速待城市化区域的城镇化进程

京津冀三地中，有些地域已纳入城市发展规划中，但还未启动城市化。处于农业停滞、经济衰退状态的小城镇，没有自我主动发展的意识和动力，被动等待进入城镇化的"大盘子"中，不仅影响三地整体城镇化进程，而且一定程度上阻隔了周边城镇化地区的扩散效应。因此，这些地域迫切需要以人的城镇化为核心推动城镇化步伐，努力实现新型城镇化。一是发挥市场作用，加速产业、资本、人口、市场集聚，为产业集聚、农村富余劳动力转移提供载体，改善区域内的经济、政治、文化等空间，促进城市的基础设施、居住环境、生活条件的改善以及第三产业的发展。二是大城市周边的重点镇加强与城市发展的统筹规划与功能配套，逐步发展成为卫星城。三是具有特色资源、区位优势的小城镇，积极发展成为文化旅游、商贸物流、资源加工、交通枢纽等专业特色镇。四是远离中心城市的小城镇逐步完善基础设施和公共服务，发展成为服务农村、带动周边的综合性小城镇。

（二）促进半城市化区域的完全城市化

河北承接京津产业转移的京津走廊轴线城市、河北沿海临港城市以及一些城市郊区地带，已经开启城市化进程，但是由于动力不足或缺乏产业带动，城市化在较长时期处于停滞或缓慢状态，严重影响这些地方的发展和居民生活水平。加

快半城市化区域的完全城市化，必须在区域产业发展的整体视野下布局半城市化区域的产业，加快半城市化区域的主导产业发展，增强城市化的动力，加快城市化步伐，使其尽快从非城非乡、亦城亦乡的状态向产业、功能完全的城市形态过渡，以完成新型城镇化来系统解决这些区域的流动人口、公共服务、基础设施、社区管理、就业收入等问题，从而提高发展能力。

（三）确定保留农村的定位与发展思路

京津冀生态主体功能区、涉及生态屏障保护功能发挥的地区，集中于河北张承地区，天津蓟州区北部山区、环北京国家公园建设地区，其应准确确定农村地区的发展定位，以农村自然生态和乡村形态为依托发展绿色生态旅游和现代化农业。京津冀为这些地区的生态资源保护提供必要的支持。以农村发展思路创新和农业经营方式创新解决农村地区的空心化问题，促进农村积极改革农业经营方式和发展因地制宜的特色产业，吸引和保持适当规模人口，保持合理人口结构，提升农村宜居水平和养老能力，增强生活安全，推动城乡协调发展。

（四）鼓励条件恶劣区域人口外迁转移

对于京津冀三地生态红线地区严禁开发区域，人口需要外迁，积极鼓励人口连片异地安置，一次性实现城镇化，政府、市场、企业通力合作，解决外迁人口的城市就地安置与就业问题，使这些地区的人口具有自我发展能力。

六、构建京津冀共享发展的主体参与机制

（一）激发低收入人口自我发展活力

培育落后地区的内生动力，激发低收入人口的内在活力，提高低收入人口的自我发展能力和参与市场竞争的自觉意识与能力，增强低收入人口的市场意识、创业能力和致富本领。发挥典型地区的示范作用，激发低收入人口的积极性、主动性、创造性，引导其主动参与。建立低收入人口利益与需求表达机制。

（二）创新政府区域整体治理体系

实现从传统的区域政府管理向区域治理的转变、从竞争向合作的转变、从政府单打独斗向多元主体协同共治的转变，不断改进区域合作策略，发展区域合作机制，加强政府对发展战略、规划、政策、标准等的制定和实施，强化公共服务、市场监管、社会管理、环境保护等职责。合理借助行政力量引导区域合作方向，建立必要的政府间合作协调机制，及时解决区域合作治理中出现的重大争端，积极推动基础设施、公共服务、社会管理等的一体化建设。

（三）激励微观市场主体主动参与

积极发展公私伙伴关系，通过公共部门和私人实体共同行使权力、共同承担责任、联合投入资源、共同承担风险、共同分享利益的方式，生产和提供公共产品和公共服务。强化国有企业帮扶责任，采取市场化运作，吸引企业到落后地区从事资源开发、产业园区建设、新型城镇化发展等。积极动员三地国有企业承担包村帮扶等任务。鼓励引导民营企业和其他所有制企业参与帮扶开发。三地统筹协调，联合组织开展"万企帮万村"的行动，引导有实力的民营企业结对帮扶河北落后地区。鼓励有条件的企业设立公益基金、开展慈善信托。

（四）引导社会力量发挥支持作用

加大对第三部门的政策、法律和资金扶持，营造多方合作的氛围与环境，积极谋求参与式合作。培育公民参与社会管理的良好氛围，形成多方治理主体在多方协作基础上的共同治理。支持社会团体、基金会、社会服务机构等各类组织从事帮扶事业。

第五章　绿色发展：
京津冀城市群的生态个性

京津冀之间经济与生态联系紧密，存在基于生态一体性的经济联系，生态的持续改善以经济发展为前提，同时经济发展为生态环境的改善提供了必要的基础与支持。区域可持续增长依赖于经济及生态的健康发展。作为京津冀协同发展国家战略的重要方面，如何在资源要素空间扩散强化的条件下，实现京津冀地区生态协同发展，不仅是京津冀生态文明合作的主要途径，也是京津冀地区实现优势互补、互利共赢的关键环节。如何抓住这一机遇，明确自身生态功能定位，主动实现三地生态文明共建，是未来京津冀地区提升发展层次、提高区域协同地位和水平的一个重要突破口。

一、京津冀生态功能分异与协同的
现实要求与基础条件

（一）现实要求

1. 基本格局——资源要素空间转移和扩散加速

京津冀生态功能的分异需要考虑资源要素空间转移和扩散加速的基本格局。北京的核心功能定位为政治中心、国际交流中心、文化中心，天津需要承接北京部分的经济、金融等职能，而河北更多地承接产业接续和生态屏障功能。根据上述发展定位与未来功能扩展，三地如何在承担各自功能与任务的前提下实现协同发展，是未来京津冀面临的重要问题。

资源要素空间扩散对三地生态功能的定位与发挥有利有弊，一方面，资源要素的转移在更大的范围内扩展了可配置资源的数量和规模，有利于推动整个区域在经济、社会、生态等方面的全面合作；另一方面，由于资源要素流动速度加快，在一定程度上也使资源调配难度加大、成本增加、控制范围扩张，资源要素的高速流动增加了生态功能的动态变化，根据要素流动格局需及时修正生态功能的定位与作用机制、作用范围及作用方式。

2. 约束目标——提高生态经济耦合协调度

京津冀生态功能分异协同需要进一步提高生态经济耦合协调度，在原有城市定位基础上，利用三地之间生态联系开展不同层次、不同领域的合作将为区域发展提供更加广阔的空间。通过三地各自发挥生态功能，促进区域内不同发展阶段的地区间、不同层级的城市间、不同生态功能承担区间实现经济社会生态的协同发展，使该区域内各地区及其居民共享经济发展和社会发展的成果，同时推动共同分享生态利益并共同承担生态治理责任。资源要素的流动使地区内各地方及其居民的经济行为自主地纳入区域的产业联系、循环经济、生态环境联系之中，因此实现京津冀地区的生态功能分异与协同，也是区域协同发展战略的重要方面。

3. 设计要求——打破行政藩篱，实现生态效益整合

打破多年来形成的行政区划对生态联系的割裂，形成生态功能分异与协同机制，在京津冀区域合作中将发挥更重要的基础性作用。基于各方共同的经济社会利益，通过政府引导与市场作用，实现社会经济与生态效益复合系统的协调发展和良性循环，是京津冀生态文明建设的可择路径之一。

4. 理论研判——生态功能协同战略制定的事实依据

判断京津冀是否处于生态经济良性耦合协调的发展态势需要进行更为细致的研究，这将为未来京津冀区域生态合作机制的建立奠定基础。在京津冀生态功能分异评价的基础上，选择何种方式、利用何种手段、制定何种政策、借助何种机制实现京津冀社会经济与生态文明良性的协同发展，具有重要的实践价值。

由于京津冀各城市发展程度的差异，京津冀区域发展战略需要客观考虑资源要素流动对生态功能定位的分异影响与协同基础条件。以京津冀整体利益维护为出发点，推动解决由资源要素流动加快可能导致的生态功能分异与协同建设问题，认识京津冀要素流动下经济生态协调发展的基本规律，将其融入生态文明协同发展战略中，这将是推动实施京津冀协同发展国家战略的重要内容。

（二）基础条件

1. 生态单元同一性

京津冀地区作为一个完整的生态单元和经济一体化区域，在生态环境整治、资源和资金积累及产品市场拓展方面都是不可分割的整体，具有统一性的生态共同体特征，包括：①具有一定的明确生态保护与多样性维护功能，拥有必要的生态功益服务性能的功能单元。②该区域的生态系统具有一定的自我循环维持、自调控功能。京津冀三地的自然生态系统经过长期进化适应，逐渐建立了相互协调的关系，集中表现为人类活动与环境之间的相互适应及调控。③具有动态的、可持续交换与互相影响的生态特征，人类生产、生活对生态环境及生态系统作用的发生、形成和发展全过程的影响具有区域共生演变特征。目前，京津冀地区生态协同的最可能突破口在于冀北地区生态环境的修复和改善。最大限度地维护和延展京津冀生态单元拥有的生态优势，实现生态效益的最大化。

2. 生态效益统一性

从三地生态效益的统一性看，北京致力于建设世界城市、历史名城和宜居城市，随着人口规模膨胀和城市规模扩大，现有生态系统如水、土地、资源、环境等的压力越来越大。天津在未来一段时期内，将继续处于工业化中后期、重工业和制造业集聚扩张阶段，也是高消耗资源、高污染排放的阶段，控制碳排放的压力日益加大，保护生态环境的成本也日益加大。而河北的经济发展和生态维护必须融入京津冀协同发展的大战略下，通过区域经济合作实现生态利益与经济效益的互动与协调。因此，生态功能的发挥和协同发展成为京津冀区域发展战略中最重要的纽带，三地生态效益的发挥将直接决定未来三地发展目标的可达程度。维护三地统一的生态效益、构筑生态环境保护和可持续发展屏障是京津冀生态效益统一的重要任务。

3. 生态作用同质性

从实践看，生态作用的同质性最多体现为区域生态系统各个层级的组成要素及功能的同质。京津冀所处的地区是我国生态单元较为完整的地区之一，三地生态系统的构成、生物物种以及生态功能的相似度较高，同时，生态作用的影响程度也较深。但是，长期以来，京津冀忽视了生态作用同质性的特征，缺少统一生态协同发展的平台和能力，各自为政的现象比较严重，主要体现为生态工程的重复建设、运输网络不均衡、基础设施建设整体性较差、效率不高且处于无序竞争的状态。因此，层次众多且分散的生态协调管理体制导致京津冀三地生态环境保护决策、管理工作不能形成合力，在一定程度上阻碍了三地生态作用的统一考虑和统筹协调。

4. 生态保障系统性

作为完整的生态单元，京津冀地区生态保障具有一定的系统性，在同质性的生态功能前提下，以三地为一个生态整体进行生态保障体系建设将更好地发挥三地生态保护屏障作用，实现生态与经济可持续发展功能的最优化。

但是，京津冀三地包含多个独立的行政地域单元，各地方政府对辖区利益最大化的追求，使生态保障的一体性与经济、行政区域的分割性之间的矛盾较为尖锐，生态环境等外溢性基础设施无人愿意提供和维护，生态保障系统性与行政利益、地方治理目标之间的冲突愈演愈烈，形成了"公共地的悲剧"，因此亟须建立三地生态协同发展机制，维护三地统一的生态保障系统功能。

二、京津冀生态功能分异与协同的实现逻辑与途径

（一）实现逻辑

1. 生态功能分异的必要性

京津冀地区经济发展阶段和水平存在一定差异，虽然京津两地资源相对匮乏，但凭借河北的生态涵养和屏障、山西和内蒙古自治区的能源输送，较大程度上满足了两地经济发展的生态及资源需求，使京津两地在周边地区一定程度上"牺牲式"的生态支持下，获得了经济发展的良机，经济增长速度较快、质量较好。

京津冀地区作为相对独立且完整的生态单元，河北生态屏障功能的充分发挥对京津两地的经济增长和生态可持续发展关系重大。京津冀上游为我国北方农牧交错带，该地区的生态环境对外界的变化极度敏感，生态系统十分脆弱。长期以来，京津冀地区人口的不断增长与不合理的人为活动，导致生态环境迅速恶化、生态系统严重失调，草地退化、土地沙化、自然灾害频发，对京津地区的生态环境造成了严重威胁。

因此，京津两地尤其是北京的全面协调可持续发展，须以河北的天然生态屏障、水源涵养及资源支持为依托，赋予京津冀不同区域不同的生态功能，综合协

调规划与利用，在生态功能分异的基础上完成京津冀整个区域的生态与经济协调发展目标。

2. 生态功能分异的必然性

河北作为生态敏感区，其生态功能的发挥及与京津两地的生态协同发展保障着京津两地经济活动的顺利进行及人民群众的基本生活。京津冀生态功能分异须根据不同区域的区位条件、地理环境、资源禀赋、经济基础、产业结构及社会文化积淀，进行必要的生态功能定位与延展，这是实现区域经济结构调整、产业结构升级以及社会保障一体化的重要前提。因此，必然要求凭借三地合力，在整个区域发展战略实施的大背景下，跨越行政区划的限制，站在面向未来、有利于区域整体利益的基础上，对区域内不同地块、不同生态板块的生态功能进行重新界定和切割，以此为原点展开生态功能协同发展的部署（见图5-1）。

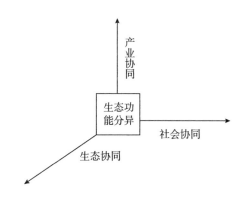

图5-1 京津冀协同发展支点

3. 生态功能分异到生态协同的逻辑承接

在同一生态单元中，京津冀三地作为不同的区域经济单元，同样面临经济发展与生态治理的双重任务，但各自的重点不同，这是京津冀生态功能分异的逻辑起点。京津冀三地的生态功能发挥需求不同，主要为：①北京由于其独有的政治、文化和科技资源优势和市场条件，产业层次高、经济实力雄厚，对生态问题更为敏感；②河北由于自然条件、历史原因、区位条件等，对发展经济的任务更为关注；③天津由于工业基础较好，产业布局初步形成，主动承接北京经济功能的意愿强烈，同时又承担着一部分生态涵养和屏障功能，在京津冀生态协同体系构筑中发挥着重要的作用。三地经济发展与生态功能之间存在一定的交叉和矛盾，必然要求在生态功能分异的基础上实现有条件、有基础、利益合理配置、考虑区域和国家整体战略布局的生态协同。

因此，在区域经济发展与生态安全目标约束的情况下，区域生态协同问题的解决前提是京津冀三地经济发展和生态维护形成良性循环，要在调动河北生态治理积极性的基础上，从根本上巩固三地联合生态环境治理的成果，建立起生态环境持续改善的基础。

（二）实现途径

作为京津冀生态环境的基本框架，生态廊道不仅是区域重要的绿色通道和生物多样性保护带，更是区域生态系统一体化建设的重要体现。只有实现京津冀三地生态廊道互通互联，才能在更大空间内强化其生态功能，形成科学完整的京津冀生态体系。

1. 京津冀生态廊道建设的现状

生态廊道具有多种生态服务功能，能够有效保护区域乡土环境和生物的多样化，是区域绿地系统的主要组成部分，可以为城市居民提供更好的生活、休憩环境。建设区域生态廊道不仅能够强化区域一体化景观格局的连续性、保障乡村腹地对区域城市生态改善的持续支持能力，而且还有助于缓解城市热岛效应、降低城市噪声、改善空气质量等。

京津冀地区是一个环境和经济共同体，尊重自然生态本底，优化环境空间区域发展格局，以主体功能区划为基础，构建区域生态廊道，对于确立区域生态安全格局，引导城市发展空间和产业布局向生态化、集约化转变意义重大。

北京和河北联合推进生态水源保护林建设，京冀生态水源保护林工程涉及张家口、承德两地的怀来、赤城等8个县区，到2017年底，该工程已完成造林80万亩，栽植苗木约6400万株。2012年以来，为改善京津冀平原地区的生态环境质量，北京结合三北防护林、市级平原地区造林等工程，以通向外埠的公路、铁路、河流及其周边等为重点，不断加大平原绿网建设力度，打造跨区域生态廊道建设示范区。

截至2015年6月，北京境内的平谷、大兴、通州、房山已完成京哈、京沪、京津、京广高铁、永定河等10多条重点生态廊道的绿化、增宽和加厚，绿化面积12.3万亩，绿化里程达200多千米，为京津冀平原地区绿色生态廊道建设奠定了良好的基础。

河北以加快公路绿美廊道建设为切入点加快打造京津冀区域生态廊道，重点提高公路绿化的生态效益，让公路绿色廊道在生态保护中发挥重要的支撑作用。

截至 2014 年底，河北高速公路可绿化里程绿化率达到 100%，尤其是环京津路段绿化标准明显提高，绿美廊道生态效益更加显著。

2. 京津冀生态廊道建设的主要设想

生态环境保护作为《京津冀协同发展规划纲要》三个率先突破领域之一，京津冀生态环境建设战略已提升到国家层面，通过打造环首都国家公园环，构建绿色生态隔离地区和绿色生态廊道，最终形成世界级城市群生态体系。

目前京津冀生态廊道建设已正式启动，按照《规划纲要》要求，第一，北京作为京津冀生态廊道的核心区域，将重点对贯穿全境并通向津冀的 30 余条交通干线和永定河、北运河、潮白河、拒马河四条重要水系进行绿化建设，在重要水系每侧形成宽度 200 米以上的永久绿化带，建设 1000~2000 米宽的绿化控制范围，构建以北京为中心的平原生态廊道骨架。

第二，京津冀重点城市之间规划建设绿色隔离区，形成城市群生态廊道骨架。北京以大兴新机场等区域为重点，在与燕郊、香河、廊坊、固安、涿州相接壤的通州、大兴、房山等区域，加大植树造林力度，形成北京、天津、保定生态过渡带。

第三，到 2020 年，北京平原地区森林湿地与天津、廊坊、保定三市的森林湿地实现连接，形成京津保地区大尺度绿色板块和森林湿地群。同时，京津冀西北部生态涵养区也在"十三五"末完成规划 100 万亩的造林任务，建成京津冀区域第一道绿色生态屏障。

第四，北京行政副中心通州作为区域生态廊道重点保障地区，按照国家生态园林城市标准进行规划建设。到 2020 年，通州绿化覆盖率将达到 45% 以上，公园 500 米服务半径覆盖 90% 以上，通过非首都功能产业疏解的"减法"换取园林绿化建设的"加法"，腾退用地更多地用于区域绿色生态廊道建设。

京津冀区域生态廊道建设将在绿隔建设、中心区绿化、大尺度城市森林建设、新城城镇绿化和山区生态功能提升五个方面实现"率先突破"。

（三）加快京津冀生态协同建设的机制设计：以天津为例

2015 年 9 月 15 日，天津通过《天津市贯彻落实〈京津冀协同发展规划纲要〉实施方案（2015—2020 年）》，明确了天津贯彻落实《规划纲要》的功能定位及重点任务等，其中提出天津要积极"融入区域空间格局"，"推动蓟县山区与北京山区、河北张承地区，共同建设支撑京津冀协同发展的生态涵养区"。

京津冀生态廊道呈现网状布局，主要表现为：区域生态廊道网络主要由线状的生态廊道相互交织构成网状布局，主要组成为区域中各节点城市的森林、湿地、绿色道路以及公园等廊道网络要素，这种分布形式能够提高区域生态廊道网络总体布局的连通性和环度，构建起高密度、高质量的区域生态体系。作为京津冀生态廊道建设布局中的重点森林湿地群，天津将实现与廊坊、保定的森林湿地的动态连接，形成京津保地区大尺度绿色板块和森林湿地群。为完成上述构想，应加快形成以下京津冀生态廊道建设的有效机制：

1. 提升规划层次和水平

将京津冀区域生态廊道规划作为一项重点专项规划纳入天津城市生态及绿地系统规划中，展开科学调研和论证，联合北京、河北共同启动《京津冀生态廊道规划》编制，明确京津冀总体及各城市生态廊道建设的规划程序，将生态廊道建设明确化、合理化。

2. 建设城市生态网络

天津在滨海新区与中心城区之间，推进建设绿色生态屏障区，完全建成后的绿色生态屏障区将融入京津冀区域生态环境体系，成为环首都东南部生态屏障带的重要组成部分。依托天津"南北生态"格局，建成以森林湿地为主体，林木分布合理、生物多样性完整、景观优美、功能完备的城市生态网络体系，不仅为京津冀生态廊道建设夯实基础，也为城市居民提供休闲、游憩、放松的城市生态空间。

3. 构建多层次的城市内部生态廊道

以"心—环—轴—带"为基本框架，规划建设较为完备的城市内部生态廊道网络，充分体现"城在景中、景在城中、山水环绕、碧水蓝天"的城市生态特色。加强城市生态廊道的效益分析，提升城市生态廊道的重要作用。经过3年的规划建设，截至目前，绿色生态屏障一级管控区内林地面积达到14.28万亩，林木绿化覆盖率达到20.4%，蓝绿空间占比提升到63.5%，部分区域呈现了良好的生态效果。

4. 制定切实可行的城市生态廊道建设评价指标体系

以城市生态廊道建设的功能作用、空间格局、文脉传承以及人性化规划为重点，利用相关遥感影像资料与3S技术，设计城市生态廊道建设评价指标体系，突出多功能复合型城市生态廊道建设的目标和需求，引导形成绿色、现代、亲切、宜人的城市生态廊道标志，最终达到城市生态廊道"形式—功能"双系分类体系的综合考核要求。

5. 强化城市生态廊道建设的保障体制

明确政府主导地位，引入市场运作，加强公众参与。同时，制定相关法律法规，积极拓宽资金筹措渠道，完善建设资金管理和运营考核体系。

（四）加快京津冀生态廊道建设的主要路径：以天津为例

1. 加大湿地保护与修复力度

湿地是生态系统中不可或缺的一部分，在净化环境、调节气候等方面发挥着十分重要的作用。截至2019年底，天津各类湿地总面积为2956平方千米，占天津国土面积的17.1%，在全国各省市中居于前列，拥有湿地类型自然保护区4个（包括天津七里海湿地自然保护区、天津大黄堡湿地自然保护区、天津团泊鸟类自然保护区、天津北大港湿地自然保护区），目前正在实施的湿地自然保护区"1+4"规划，对875平方千米的天然湿地进行严格保护和修复。

2. 加快建设湿地公园

自2018年以来，天津加快建设4个国家级湿地公园，总面积达7072.6公顷，为京津冀地区居民提供科普教育和感受自然的场所。应进一步扩大湿地公园保护范围，提升保护层次和水平。除湿地自然保护区和在建、拟建国家湿地公园外，对划入生态保护红线的黄庄洼、青甸洼、东淀洼等也应进行重点保护，并进一步推动具备条件的湿地建立湿地自然保护区、国家湿地公园。

3. 持续开展陆域森林湿地保护

加快通过立法解决其他湿地保护问题，明确相关部门的管理职责，对湿地进行分级保护并实行名录管理。通过湿地保护与湿地公园建设工程的实施，保护和修复湿地生态系统，营造人与自然和谐相处的环境，发挥湿地在雨洪调蓄、净化水质、调节气候、保护鸟类资源、增加生物多样性、维护生态平衡等方面的作用。

4. 积极启动森林自然保护区与森林公园保护工程

加大对天津八仙山国家级自然保护区、九龙山森林公园、官港森林公园和港北森林公园天津青龙湾固沙林森林公园的保护力度，重点实施保护工程，包括森林抚育、基础设施、森林管护、防火和病虫害防治等，提升森林公园和森林自然保护区的生态功能，发挥森林涵养水源、净化空气、降噪除尘的重要作用，同时提升改善京津冀地区生态环境的基础地位，成为京津冀生态廊道建设的重要环节。

5. 加快建设城市基础生态绿化板块

天津以"南北生态"两大生态屏障为依托，围绕构建起城市绿色网络，整合城市生态空间格局，积极改善生态景观效果，全面落实京津冀生态廊道建设。中心城区也规划建设两个重要环城生态廊道，包括北侧的环城铁路绿道公园和南侧的外环线绿化廊道。应以此为依托和衔接，逐步联通天津与京冀城市内部绿化廊道，实现三地绿化廊道的互联互通，形成以城市绿化廊道为纽带、区域绿化廊道为框架的京津冀一体化绿色廊道，逐步支撑起京津冀生态廊道的绿色骨架。

三、京津冀生态功能协同的区域实践

天津深入贯彻落实习近平生态文明思想，在基本实现"一基地三区"功能定位、加快经济社会发展全面绿色转型的基础上，积极推进京津冀区域生态协同现代化治理体系建设，支撑保障京津冀协同发展重大国家战略的深入实施。

1. 持续推进京津冀生态"双屏障"建设，打造京津冀生态环境共建共享示范区，重塑区域协同发展良好生态格局

一是全域融入京津冀生态网络，打通京津冀区域海陆生态系统，有效扩大京津冀环境容量生态空间。2022 年 1 月印发实施的《天津市生态环境保护"十四五"规划》提出高标准建设以双城中间绿色生态屏障区为主体，贯通天津市北部、中部和南部的京津冀东部绿色生态屏障，以及以大运河文化带主轴为重点的南运河—大清河—白洋淀—雄安新区生态廊道，打造京津冀生态环境共建共享示范区，支撑起了京津冀区域生态的"双屏障"。二是从京津冀区域生态格局的系统性、全局性出发统筹谋划，将京津冀区域生态屏障建设与天津市"871"重大生态建设工程一体推进。作为京津冀东部绿色生态屏障的重要组成部分，天津市中心城区与滨海新区之间的 736 平方千米双城中间绿色生态屏障区已经基本形成一级管控区的"天"字形主骨架，区内蓝绿空间占比接近 65%，初步实现了天津北部与北京通州生态公园和湿地公园的呼应。连同升级保护 875 平方千米湿地自然保护区、稳步提升 153 千米渤海海岸线生态功能一道，成为协同推进京津冀区域生态一体化建设的重要阵地。三是推动形成导向清晰、执行有力、多元参与的区域生态环境协同治理体系。推动建立"静廊沧""京东黄金走廊"等生态环境保护协同机制，深化区域"飞地"管理体制改革，健全京津冀危险废物转移

"白名单"制度，建设京津冀地区再生资源交易平台、完善引滦入津上下游生态补偿机制等，这些在规划政策、法规标准、执法监管、预警应急、信息共享等诸方面的探索与实践，提高了区域生态环境联防联控联治的效率，助推京津冀生态环境改善实现量的积累和质的转变。

2. 紧扣京津冀区域"双碳"目标内在要求，加快绿色发展的有效制度供给，推动区域生态环境治理体系和治理能力现代化

一是制定全市碳排放达峰行动方案，全面倒逼绿色低碳高质量发展转型。2021年11月，天津市出台全国首部以促进实现碳达峰、碳中和目标为立法主旨的省级地方性法规——《天津市碳达峰碳中和促进条例》，明确管理体制、基本制度和绿色转型、降碳增汇的政策措施，为实现区域"双碳"目标提供了坚强的法治保障。二是将减碳降碳和经济社会全面绿色转型结合起来，平衡碳减排与社会经济绿色发展。天津市在蓟州区探索创建"全域碳中和先行示范区"，同时大力支持有条件的区、工业园区、企业建设减污降碳协同增效试点，打造一批国家级绿色低碳高水平示范园区、污染物和碳"双近零"排放标杆企业，在可再生能源、战略性新兴产业、绿色建筑、绿色低碳循环农业等领域发掘新的经济增长点。三是注重发挥碳市场的作用，探索减污降碳协同增效的有效动力机制。作为国家七个碳排放权交易试点之一，天津已经建立了规范有序的区域性碳排放权交易市场。鼓励企事业单位开展碳汇项目开发，并通过碳排放权交易实现碳汇项目对替代或者减少碳排放的激励作用，激励企事业单位自愿开展降碳增汇行动，为京津冀区域探索市场化的绿色低碳发展模式提供有效路径。

3. 始终秉承"双优先"绿色发展理念，强化城市和产业绿色发展的内生动力，促进京津冀区域经济社会发展全面绿色转型

一是坚持生态优先的城市绿色发展理念，用生态密码解锁城市经济社会高质量发展内核。天津大力推进七里海、大黄堡、团泊洼等湿地保护工程和"蓝色海湾"整治修复等重大系统性生态工程。仅2018～2021年，天津市级财政在湿地生态修复、土地流转一项上累计投入3.73亿元，湿地保护"1+4"规划总投资达374.9亿元，有力地保障了生态系统稳定性和促进了碳汇能力的提升，对增加优质生态产品供给起到了重要作用。二是以保护生态倒逼发展方式转变，实现经济高质量发展与生态环境质量的同步提升。严格禁止钢铁、水泥、焦化、平板玻璃等重化行业新增产能，破解"钢铁围城""园区围城"取得突破。截至2021年底，全面完成35个工业园区治理，为更大体量、更高质量的发展拓展环境空间。同时，积极推动绿色工厂、绿色园区、绿色供应链、绿色数据中心建设，截

至目前已有 108 家单位入选绿色制造"国家队"，"绿色制造"比重大幅提升，实现了产业链、创新链的绿色融合。三是从市场导向和金融支撑等关键领域夯实绿色发展的基础保障。实施环境保护企业"领跑者"和生态环境损害赔偿制度，自 2020 年开始已累计评选 17 家环境保护"领跑者"企业，充分发挥了政策的绿色"指挥棒"效应。积极探索、先行先试，研究出台"天津绿金十条"，从绿色信贷产品和服务方式创新、发展绿色供应链金融和绿色债券市场等关键领域、关键环节加大绿色金融发展力度，为产业绿色化转型发展提供有力的金融支持。

四、京津冀生态功能协同的保障体系

（一）制度层面

（1）加强顶层设计，统一共识。突破京津冀三地的行政分割，打破京津冀生态环境与资源开发、利用与保护的行政界限，设立跨省、跨部门的高级协调机构，按一个生态整体进行宏观治理。北京牵头，在明确职能和管理权限的基础上，设立京津冀生态协同管理委员会，统一协调京津冀三地生态治理与资源管理工作；各地设立领导小组，形成矩阵式的组织架构，打破目前生态资源的"碎片化"管理，克服多头管理的无序性。

（2）研究京津冀生态功能分异与协同规划或实施方案。目前缺乏关于京津冀三地生态功能统筹协同治理的中长期规划。研究制定相关规划和实施方案，将生态治理和资源问题纳入京津冀地区人口、资源、环境和社会经济一体化系统中，从京津冀协同发展国家战略布局和结构调整的大局出发，制定面向未来、平衡各方利益诉求的生态资源开发、利用与保护规划，实现三地生态资源的优化配置。

（3）强化制度保障，整理三地相关规划、实施方案及技术标准。全面细化分解梳理涉及三地生态功能区划与定位、环境经济及环境保护管理的地方法规、地方规章、政策性文件及实施方案等，做好修订和更新工作，形成清晰的政策架构，使职能部门管理有据、公众查询有依。

（4）设计合理的考核和惩罚机制，采取以奖代罚的方式，激励生态保护行为。实行生态目标"领导责任制"，各级党政主要负责人承担任务，明确目标，负责辖区内的生态功能目标和生态治理任务，尤其是县区级党政负责人，应落实具体的治理与保护目标，实行严格的责任目标管理制度。

（二）市场层面

（1）协调政府与市场的关系，加强政策引导力度，创造开展市场化运行的条件。找准生态保护与促进发展的合理平衡点，强化政策引导，在淘汰落后产能的同时，挖掘新能源、节能环保等新兴产业成长的潜能，以生态治理为契机提供产业结构调整的空间。

（2）推进政府采购及资源配置市场化，设立京津冀地区生态产品地方采购平台，探索完善资源交易各方利益的协调机制，利用市场化手段提高资源使用效率。

（3）政府引导建立地方生态交易与补偿平台。在市场能够充分发挥作用的领域，政府负责维护市场秩序和保持信息交互顺畅，积极推动关键技术的市场交易平台建设，引导探索污染物排放权交易，以市场化行为合理配置各种资源要素。

（三）机制层面

（1）建立工作机制，加强京津冀三地对口部门的联系沟通，重点开展生态环境污染防治、环境监测和环境执法等方面的合作交流，明确京津冀联合进行环境执法监督检查、协同查处跨界环境违法行为的合作事项，研究建立跨区域环境联合执法工作制度。启动沟通与协商机制，建立京津冀生态污染防治经验交流制度和协商机制，加强合作技术平台建设，推动落实区域协作小组的各项工作要求。

（2）构建三省专用资金管理机制。建议京津冀联合推动国家将生态治理和资源合理配置作为区域协同发展的一个重要切入点，从实现区域生态协同发展的角度统筹规划生态补偿资金的使用。设立三省补偿统一账户，以中央补偿为基准，推动三省补偿"基金制"改革，以奖代罚，若河北生态治理得好，污染控制达到预期目标，则中央进行补贴；若河北治理目标未完成，则中央补贴反向给予天津、北京，以提高中央补偿资金的使用效率，督促三地形成治理合力，防止补偿不作为。

（四）技术层面

（1）进行三地生态功能分异区划。京津冀三地联合制定京津冀生态功能分异区划和定位，根据京津冀生态功能协同的基本格局，明确各区域生态功能的重点目标和任务，对不同生态功能区赋予不同的生态治理目标，并强制在规定期限内达标。

（2）生态功能分异地带的确权。在上述制度保障和机制构建前提下，加快推进京津冀生态功能区划或功能分异地带的确权工作，明确初始生态功能区边界，实现对三地生态资源流量的控制和存量的核定，为区域生态治理和生态资源市场化建设破除现实约束。

（3）研究协同机制的具体实施，健全生态协同治理的激励与保障机制，逐步完善"创新人才激励机制""创新资金筹措机制""创新风险投资体系"，积极引导区域内在"产学研"方面开展宽领域、深层次的合作，促进创新驱动与产业发展相结合。

（4）建立省际之间的技术援助与调整机制。积极构建区域内的绿色科技创新体系，建立"以企业为主体、市场为导向、产学研结合的科技创新体系"，重点突破有技术基础、符合战略发展要求的生态协同技术，占领"生态技术"的战略制高点。

（五）信息层面

（1）实现区域内信息互联互通，加快建设区域内生态治理的信息公开平台，定期公布治理的状况和政策措施。开通生态违法举报热线电话及网络信息交换平台，利用公众力量及时发现污染及生态违法行为。

（2）建立跨区域信息互查网络，充分利用京津生态治理的科技、人才优势，协同开展生态资源科学研究，开发区域资源管理计算机网络系统、智能化控制管理系统等，实现跨区域信息互查互通。

（3）加大京津冀生态污染违法行为查处力度，健全区域生态治理应急协同处理机制，涉及不同管辖区域的事件处理，可由生态治理管理委员会统一协调，建立应急指挥机构，制定应急处理预案，调配各方力量启动处理程序。

（4）信息公开渠道畅通。总结其他国家和地区生态治理的成功经验，推动与国内外地区的技术交流与合作，为区域生态治理提供技术保障，搭建区域内生态及资源统筹配置的技术平台。

（六）社会层面

（1）扩大全民参与的窗口效应，充分发挥三地资源优势，推动三地生态保护与功能发挥的服务和管理创新，进一步改善公众参与环境，提高生态产品提供者的环境服务能力，实现三地社会参与网络的良性互动、共同发展。

（2）鼓励各种社会力量加入，推进政府职能部门与社会公益性组织的协作，形成"政府引导、社会参与、全民监督"的治理局面。考虑设立专门的生态协同工作联席办公室，负责与相关民间组织的沟通协作，推动环保领域新成果的推广应用，借助其力量进行环境保护宣传教育和普及活动，帮助其开展环境保护的公益活动，实现环境公益活动的社会化。

（3）将生态功能的具体定位、生态治理的任务分解至具体的企事业单位、社会组织和公民，明确各方责任，加大生态环境保护力度，共同开展生态资源保护和综合治理，建设区域资源实时监控系统，完善跨界生态资源监测体系。

（4）加强区域交流，扩大区域教育与人才合作。发挥区域教育资源优势，积极探索多种合作方式，不断完善资源共享、成果共用的教育合作机制。建立人才合作交流机制，保障人力资源合理流动，建立海内外高层次人才信息共享平台。

第六章　生态补偿：
京津冀城市群的利益再分配

区域可持续增长依赖于经济及生态的健康发展，作为主体功能区中优化开发的区域，京津冀地区在我国区域发展战略和城市群发展布局中具有重要意义，加快京津冀蒙地区生态补偿的市场化与制度化，实现京津地区生态保护目标及可持续发展，能够为我国未来区域经济发展与生态文明进步提供一定的示范和参考。

一、京津冀区域生态补偿的实践来源与现实需求

我国生态补偿处于起步阶段，实践探索和理论研究逐步展开，已有的省际跨区域生态补偿实践，如浙江、安徽两省对千岛湖流域进行的跨区域生态补偿，只在流域范围进行，且基本以中央和地方政府的补偿为主导，市场化机制作用几乎未体现。没有明确的市场化机制概念和相应的制度安排，加上缺乏利益相关者的充分参与，这在一定程度上影响了我国生态补偿的市场化进程。

党的十八届三中全会提出实行生态补偿制度，以制度推动生态文明建设，用制度保护生态环境。随着我国自然生态空间统一确权登记工作的展开，归属清晰、权责明确、监管有效的自然资源资产产权制度将逐步形成，这为跨区域生态补偿的市场主导作用的发挥提供了有效的基础条件，基于资源产权制度的生态补偿市场化机制将是未来我国跨区域生态补偿的重要发展方向和选择。

跨区域的生态补偿已在国外普遍开展，如欧美、中南美地区等，已广泛进行流域性环境服务支付项目、生物多样性服务付费、矿产资源开发环境恢复治理补偿、固碳类项目以及各类景观保护付费计划等多种市场化操作。从国外生态补偿

市场化实践来看，虽然政府是生态效益的主要购买者，但市场化机制仍然可以在生态补偿中发挥重要的作用，生态补偿很大部分是通过市场途径完成的，政府的作用主要是保证生态交易的合法性。由于跨区域生态补偿涉及领域通常较多，容易产生交叉补偿问题，因此需综合运用多种市场手段，如公共交易、私人交易、生态标记等，以便使补偿方式更为透明和灵活，提高补偿效率，达到预期的补偿效果。对发达国家及发展中国家生态补偿机制进行比较发现，由于发展中国家政府行政机制的刚性，通过引入市场化机制补偿生态保护区的发展机会以实现资源可持续开发更为有效。

目前我国生态补偿市场化程度较低，生态补偿市场化进程的障碍主要源于单一的政府直接补偿方式，其更多地体现了中央政府的意志，尤其是由于政府补偿具有浓厚的行政色彩，由政府负责的生态补偿无法避免地会产生"搭便车"行为，议价空间较小，且由于激励不足及监督成本高昂，容易产生补偿标准偏低等现象，影响补偿效率，造成补偿措施公众接受度低，实施效果不尽理想。因此，政府补偿难以解决跨省份的生态补偿问题，亟须加快市场化进程，理顺市场与政府的关系，发挥市场机制的资源配置功能。

京津冀区域经济与生态联系紧密，存在基于生态一体性的经济联系，生态的持续改善以经济发展为前提，同时经济发展为生态环境的改善提供必要的支持与基础。从目前跨区域生态补偿的现实来看，河北秦皇岛作为该区域生态补偿的重要屏障地，承担着京津冀蒙大气环境污染治理和打造优质生态功能区的重任；河北承德和张家口为该区域水源涵养地、绿色生态农业和能源基地，随着生态治理力度的加大及环境保护的现实需要，亟须进行流域生态补偿、农业生态补偿、能源开发环境恢复补偿等，因此对其进行环境治理补偿和能源开发环境恢复补偿十分必要。

京津冀之间跨区域的生态补偿以中央政府补偿为主，京津唐张地区仅在局部尝试建立跨区域流域生态补偿机制，其他领域的省际跨区域生态补偿还未有效展开。经济与生态的高度依存使京津冀蒙地区省际间生态补偿的需求较为强烈，探讨建立跨区域的生态补偿市场化机制势在必行。发挥市场在资源配置中的决定性作用、实现跨区域生态补偿机制的市场化运作，对于发挥生态关联地区的生态作用，推动三地之间资源合理利用、环境污染联动治理、水源地跨区域保护及生态屏障一体化建设，加快跨区域间生态文明合作具有一定的现实意义。

二、京津冀生态补偿市场化机制的主要领域

（一）流域生态补偿

目前流域生态补偿中存在的补偿方式单一、下游积极性不高、补偿标准偏低、企业及公民参与缺乏等问题，都有可能通过市场化手段加以解决，如浙江省东阳—义乌水权交易运行实践表明，在跨辖区的流域内，基于市场化机制的生态补偿模式有较好的应用潜力。2006 年北京启动实施了水源上游的"退稻还旱"工程（包括：黑河流域张家口赤城县，潮河流域的滦平、丰宁两县），作为流域生态补偿的局部试点，取得了一定的成效，但是这种补偿形式单一，受益群体有限。目前我国已全面实行取水许可制度，且基于水权交易制度框架的京津冀北流域水权交易已在理论上进行探索，因此京津冀地区建立跨区域的水权交易市场来进行市场化的流域生态补偿已具备理论可行性和现实可操作性。借鉴浙江东阳—义乌水权交易模式及美国纽约市与上游卡次其尔市进行流域生态服务付费的成功做法，可由四省政府建立和引入北京、天津、张承水权交易市场，提供交易信息，进行必要的监管，使流域上下游生态补偿主体在市场框架下自觉理性地进行补偿行为。

（二）大气环境治理生态补偿

目前，国内跨区域大气环境治理生态补偿的实践受补偿成本较高、对象难以明确、标准"一刀切"等问题的困扰而进展缓慢。碳汇交易作为环境生态补偿的主要手段在国外已有广泛应用，较为成熟，考虑到京津冀蒙地区在大气污染治理方面已开展区域联动合作，因此可以考虑借鉴该市场化思路，以 2002 年国家环境保护总局在山东、山西、江苏、河南、天津和广西等省区开展的"二氧化硫排放总量控制及排污交易试点"项目为基础，探索开展四地的跨省二氧化硫排污权交易项目，并以此项目为基础推动形成大气环境治理的生态补偿市场。

（三）农业生态补偿

借鉴美国农业保护自愿性补偿机制，即从生态环境保护的需求出发（主要是

水土流失控制、富营养化控制、水污染防治和栖息地保护等），考虑农业生态补偿的地域差别，由受益地区地方政府直接投资或鼓励有实力的企业投资，设立多种农业生态补偿项目，对愿意加入农业补偿项目中的农民提供一定标准的直接资金补偿以及各种技术支持和服务等间接补偿。

（四）能源开发环境恢复生态补偿

从国际实践来看，生态税是利用税收形式征收开发造成的生态环境破坏的外部成本的有效补偿形式，其根本目的是刺激生态环境保护，减少污染环境、破坏生态的行为，提供市场导向信号，是进行生态补偿的有效的市场手段。在中央政府的统一协调下，发挥地方税收的主动性，以四地设立统一的生态补偿税为基线，探索京津冀跨区域能源开发、环境恢复生态补偿形式。由于能源开发、环境恢复生态补偿的特殊性和能源开采产权清晰的特点，进行生态补偿税的征收将有利于生态补偿的操作和跨区域的平衡。地方政府发挥制度安排和市场监管作用，利用市场化手段达到地方生态效益有偿开发的目标。

三、京津冀生态补偿市场化机制的主要框架

（一）确定补偿主体

生态补偿的主体包括京津冀蒙跨区域生态受益地区的地方政府、企业和居民。其中，地方政府在补偿初期占主导地位，随着生态补偿市场化机制的完善，受益地区的受益企业和居民通过补偿市场，利用市场交易手段进行补偿付费成为主要的补偿服务支付者。与中央政府相比，由地方政府负责实施生态补偿更有效率，其更了解当地居民的偏好，其负责实施能节约成本，且有意愿推动生态补偿的市场化进程。

（二）明确补偿对象

生态补偿的对象为生态保护活动的组织者和承担者以及实施补偿行为导致的利益受损者。同补偿主体对等，补偿对象也包括地方政府、企业和居民。其中，地方政府因为实施生态补偿而引起地方财政收入减少成为间接利益受损者，而直

接实施生态补偿行为的有关企业和补偿地区的居民一部分为生态保护活动的组织者和承担者，另一部分为直接利益受损者。由于我国生态补偿市场化机制尚不成熟，目前生态补偿对象的确定依然遵循"占一补一"原则，仅对利益直接受损者进行补偿，且以经济与实物补偿为主，未体现对生态环境保护者和贡献者的补偿，导致补偿对象覆盖面小，也容易造成部分对象重复受偿、部分对象遗漏在外的状况，因此应根据市场关系和反馈信号合理确定生态补偿的具体对象。

（三）探索补偿途径

我国跨区域的生态补偿由于主要依靠政府利用财政补贴、行政管制等手段进行，因此补偿限于资金补偿、实物补偿及政策补偿等几种特定的途径，其中最常采用的补偿形式是由政府直接以货币支付的形式对补偿对象予以补偿。加快跨区域市场化进程，应探索更为有效的补偿途径。跨区域生态补偿的市场化运作主要是通过市场调节来促使生态服务的外部性内部化，比较普遍的做法包括税收、一对一的市场交易、可配额的市场交易、生态标志和协商谈判机制等。其中一部分直接补偿途径包括税收以及转移支付等市场化交易；另一部分为间接补偿，包括提供公益就业岗位以及对外迁企业的扶持和对农民的就业技能培训，通过"授人以渔"的方法从根本上解决生态补偿对象的生存与发展问题。

（四）制定补偿标准

目前，我国的生态补偿采用单一标准，不考虑地区间经济基础、环境条件及技术发展等差异，采取统一的补偿标准，这种"一刀切"的简单划分造成部分地区"低补偿"或"过度补偿"，易加剧地区间的不公平。市场化的生态补偿标准的确定方法包括基于生态系统服务价值、生态保护者的成本、生态受益者的获利、生态破坏的恢复成本、生态足迹以及转移贡献等多种形式，应针对不同领域生态补偿的不同特征，采用不同补偿标准的计算方法，以体现不同领域生态补偿的不同需要。

由于京津冀跨区域的生态补偿市场化机制尚未完全建立，而且生态效益输出地与生态效益受益地之间的区域发展差距日益加大，导致生态效益输出地的生态建设乏力，输出地不愿意进行生态环境改善，甚至是破坏生态环境，通过降低生态效益来谋求经济发展。与此同时，随着生态环境的不断恶化，生态效益受益地的持续健康发展也会受到不同程度的影响。因此，以协调区域一体化关系、体现社会公平为出发点，加快京津冀跨区域的生态补偿市场化进程已提上日程。发挥市场在资源配置中的作用，理顺区域间的生态效益关系和经济利益关系，实现跨区域生态补偿的市场化运作，对加强区域生态合作、促进落后地区经济发展、增加先进地区生态效益、缩小地区差距及推动区域协调发展具有重要意义。

四、京津冀流域生态补偿协同机制的架构探索

（一）京津冀流域生态补偿协同的现实需求

党的十九届五中全会提出"建立生态产品价值实现机制，完善市场化、多元化生态补偿"，这不仅是保护生态环境的实践创新和重要举措，更是指明了把"绿水青山"转化为"金山银山"的实现路径。流域生态补偿作为促进生态系统服务供给和水资源合理利用的制度工具，通过激励提供者改变行为选择调节流域生态服务供需关系，是提高流域资源利用效能和实现区域协同发展的必然选择。

京津冀流域生态协同治理与利益补偿还面临着一些突出的矛盾和困难，流域生态补偿已经超越单一的部门、领域和物理区域范畴，日益需要跨区域、跨领域的多元主体协同共治，需要在泛空间内整体配置生态资源和要素，构建生态利益补偿协同体系。京津冀跨界小流域具有公共物品外部性、公共性、地方政治性、治理层次性等流域共性特征，加之地方保护主义、部门本位主义等特有突出因素影响，导致流域生态补偿出现行政壁垒困境和治理碎片化问题，地方政府处在可能导致"公地悲剧"的集体行动情景中，跨界小流域生态协同治理与利益补偿较为滞后。同时流域跨界污染日益明显且呈现蔓延态势，治理权限不足、技术资源匮乏、专业人才短缺等现实问题也使地方政府在流域治理中面临诸多困难。

因此，构建跨界小流域生态补偿协同机制，探究流域多元利益主体之间的互动博弈模式，促进流域经济、社会、生态利益的重新分配和价值实现，是解析人类干扰下流域协同治理的积极尝试，对于打破传统治理路径和原有利益分配格局、推动形成大中小流域整体治理良好局面、谋求流域福利最大化具有重要的理论和现实意义。

（二）京津冀流域生态补偿协同机制的主要框架

京津冀跨界小流域所流经的每个行政区域因为自然地理特征、空间要素结构

以及用水结构的不同对水资源需求存在差别，同时其人口规模、消费方式、产业结构和技术水平等经济社会结构也存在差异。这两种因素叠加影响使各个区域之间具有明显的异质性特征。以此为逻辑起点，构建京津冀跨界小流域生态补偿协同机制的主体框架：

（1）纵向政府间制度黏性的"尺度转换"。京津冀流域内不同行政区域经济发展的分异塑造了差异化的生态补偿制度环境，实施流域生态补偿会受到地方政府既有权力和资本格局的影响。京津冀地区具有特殊的政治属性，决定了该地区能够直接动员中央政府进行资源配置。京津冀区域生态补偿一定程度上也体现了中央政府的协同治理意愿，因此获得中央政府较大力度支持的可能性较大。中央政府的适当干预突破了原有行政区划的束缚，促使各级政府形成利益共同体。因此，政府主体的尺度转换是摆脱制度黏性、推动流域生态补偿的核心机制，进行地方利益重新分配和资本格局调整需要借助中央政府的正式约束和非正式约束。

（2）横向政府间"嵌套"群体动力协同。小流域地方政府拥有辖区流域资源的绝对权利，容易忽视其他辖区的"相邻权"，横向地方政府间多数合作仍属于"避害"式合作，很难实现"趋利"式或"共赢"式合作，究其原因就在于流域产权散落在流域所流经的各地政府手中，属于一种碎片化式的"国有产权"或者"地方政府产权"。小流域地方政府是相对独立性的治理单元，严格满足"嵌套"治理的供给条件。因此，应明确小流域政府间共有产权，以形成群体利益诉求动力，促使各政府主体在博弈过程中主动调整自身的博弈策略，形成新的行为规范和博弈规则。

（3）多元主体利益耦合累积效应。流域生态补偿是调节相关方利益关系的一种手段或制度安排。通过正式或非正式的制度约束打造经济利益、社会利益和生态利益共同体，充分满足流域生态补偿多元主体各自的价值取向和利益诉求，是推动流域生态补偿制度演化的关键。因此，应支持社会公众（包括新闻媒体、专家学者、普通公民、社会组织等）参与流域生态补偿，塑造流域多元主体耦合制度环境，推动流域生态补偿由"强政府—弱社会"向"强政府—强社会"结构模式转变，实现流域利益的和谐让渡。

（4）流域空间溢出和价值共创协同治理网络。京津冀跨界小流域生态协同具有显著的空间溢出效应，表现为利益主体的多元化、治理过程的互动协商、治理网络的协调演进和治理体系的多层级。因此，需要通过流域价值共创将外部效应内部化，在特定的治理主体间形成差异化的审慎治理监管模式与市场化要素配置机制。京津冀跨界小流域生态补偿协同机制构建过程中需要统筹中央、地方多层级政府间的利益诉求和政策偏好，同时企业、政府、公众均参与到创新治理过程中，最大限度地调动多层级主体的主动性和凝聚力，形成整体完备的多层级协同治理网络。

（三）京津冀流域全生命周期生态补偿协同的实现

（1）多元主体利益让渡与再分配。政府纵向和横向的群体决策对于小流域生态补偿演化博弈均衡的稳定性具有决定性作用，是实现流域生态共容利益格局的关键。故而，以政府主体纵向显性补偿作为政府主体间群体决策动力的重要向度，同时加强地方政府间横向合作治理，可以提升流域整体福利。构建流域多中心生态要素网络协同治理模式，在强化流域补偿政府主体作用的前提下，广泛吸收多元利益补偿参与者参与决策中，提高流域合作治理的绩效。

（2）跨界小流域生态补偿市场化平台构建。流域本身是一个开放的非平衡系统，进行市场化的生态补偿激励将使外界市场化要素和能量持续输入，有助于推动流域完成在时空与功能上的宏观优化，以高度有序的稳定状态输出优质生态产品。探索建立以市场化补偿为主导、补偿双方为责任主体的新型生态补偿运行平台，包括跨界协商平台、市场交易平台、政府监管平台、信息公开与交换平台，从协商机制、交易规则、监管手段和信息系统多个维度构建平台运行基础，由各利益相关者通过自愿与非自愿的协商决定补偿目标的实现，为市场主体提供有效的补偿支付与利益出清渠道。通过将产权交易市场、一对一交易、生态标记等基本介入点嵌入生态补偿激励的全过程中，有效解决市场补偿交易成本相对较高、补偿难度大、短期行为严重等缺陷。

（3）全流域生产方式绿色化转型发展。目前京津冀跨界小流域重点区域还呈现向自给性生产方式退化的逆向调整特征。传统生产方式导致生产效率不高、产量偏低、生产周边环境受损等问题依然严峻。生产方式的绿色化转型是推进生态协同治理的重要途径，即突破生态协同和环境的瓶颈制约，提高生产的绿色化程度，促使生态协同治理从过度依赖资源消耗、主要满足量的需求，转向追求绿色生态可持续、更加注重满足质的需求。因此，要从实现生态协同治理与居民生计改善的"双赢"目标出发，改变当地居民的生产生活行为，发展有利于生态协同治理的绿色产业，推动生态修复和摆脱"资源诅咒"。

第七章 有效投资：
京津冀城市群的动力来源

投资是经济活动的重心，提高投资吸引力，积极扩大有效投资，是贯彻落实新发展格局、推动实现高质量发展的重要举措。地区投资吸引力的大小受到经济发展环境、产业结构、投资规模、营商环境、基础设施等多种因素的影响。深入分析和评估京津冀城市群投资吸引力的现状、存在的问题与薄弱环节，有利于为发挥投资对促进区域经济高质量发展、优化产业结构的关键性作用提供有效理论依据。

一、京津冀城市群投资吸引力的总体评价

"十四五"时期，城市群建设既是我国实施区域协调发展战略的重要载体，也是贯彻落实新发展理念的伟大实践。《国家"十四五"规划和二〇三五年远景目标纲要》指出，发展壮大城市群和都市圈，分类引导大中小城市发展方向和建设重点，形成疏密有致、分工协作、功能完善的城镇化空间格局。"以中心城市和城市群等经济发展优势区域为重点，增强经济和人口承载能力，带动全国经济效率整体提升"，要"以京津冀、长三角、粤港澳大湾区为重点，提升创新策源能力和全球资源配置能力，加快打造引领高质量发展的第一梯队"。京津冀城市群作为我国北方地区重要支撑载体，以 2.23% 的土地聚集了全国 7.58% 的人口，GDP 达到 8.6 万亿元，占全国 GDP 总额的 8.46%，成为我国经济发展的主引擎区域之一，呈现出较强的集聚性和规模效应。

从经济总量上看，京津冀城市群 13 个城市 2020 年经济总量占全国 GDP 的

比重为8.46%，2021年前三季度经济总量为70231.25亿元，占全国GDP的比重为9.72%，较2020年提高了1.26个百分点。但京津冀城市群的规模体量与长三角和珠三角城市群仍有一定差距。2020年，京津冀城市群人均GDP为8万元，高于全国平均水平的7.2万元，但与长三角城市群（12.1万元）、珠三角城市群（11.5万元）相比仍有差距。2020年京津冀各城市GDP及增速如图7-1所示。

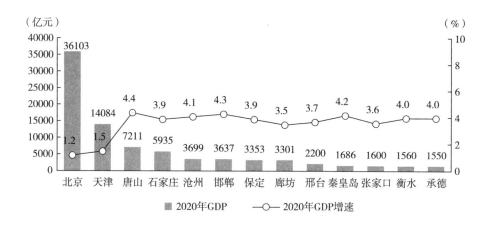

图7-1　2020年京津冀各城市GDP及增速

资料来源：各城市统计公报。

从人口规模来看，京津冀城市群2020年常住人口为1.07亿人，而长三角、珠三角城市群常住人口分别为1.75亿人和0.78亿人。根据各省市第七次人口普查公报，珠三角、长三角、京津冀城市群在2010~2020年的10年间，人口增量分别为2184万人、1807万人、588万人，三大城市群的人口集聚能力在全国均处于前列，但京津冀城市群的人口吸引力与珠三角、长三角相比仍显不足。

从经济密度来看，京津冀城市群2020年地均GDP为3999万元/平方千米，仅为长三角城市群地均GDP的42.5%、珠三角城市群地均GDP的24.5%，这一指标反映出京津冀城市群单位面积上的经济活动利用效率和长三角、珠三角城市群相比仍有差距，这主要是受到河北省各城市经济密度较低的影响。

从投资来看，京津冀三省市2020年固定资产投资增速分别为2%、3%和3.2%，北京固定资产投资增速低于全国平均水平（2.7%），天津与河北省固定资产投资增速均高于全国平均增速。从房地产开发投资来看，京津冀城市群2020年房地产开发投资额为11370亿元，增速为5.2%，房地产开发投资额和增速均低于长三角城市群和珠三角城市群。具体如表 7-1 所示。

表 7-1　京津冀、长三角、珠三角三大城市群经济、人口、房地产市场规模

城市群	城市数量（个）	面积（万平方千米）	2020 年 GDP（万亿元）	2020 年 GDP 平均增速（%）	2020 年常住人口（亿人）	人均 GDP（万元）	地均 GDP（万元/平方千米）	2020 年房地产开发投资额（亿元）	2020 年房地产开发投资额同比增速（%）
长三角	27	22.5	21.2	4.0	1.75	12.1	9413	30500	9.7
珠三角	9	5.5	9.0	2.2	0.78	11.5	16292	14085	8.7
京津冀	13	21.5	8.6	3.6	1.07	8.0	3999	11370	5.2

资料来源：中指研究院《2021 中国地级以上城市房地产开发投资吸引力研究》、各城市统计公报等。

二、京津冀城市群投资吸引力的现状分析

（一）京津冀城市群各城市经济稳步增长

2021 年上半年，京津冀城市群各城市 GDP 均呈现恢复性增长态势，从 GDP 总量来看，北京、天津、唐山位居前三，北京的 GDP 为 19228 亿元，大幅领先于其他城市；天津的 GDP 为 7309.25 亿元，超过天津 2020 年全年 GDP 的一半；唐山的 GDP 为 3805.4 亿元，居河北省各城市之首；石家庄、沧州、邯郸、保定、廊坊、邢台的 GDP 总量均在 1000 亿元以上，秦皇岛、张家口、衡水、承德的 GDP 在 700 亿元以上。

从增速来看，京津冀城市群 13 个城市 2021 年上半年的 GDP 同比增长速度排名依次为北京、保定、秦皇岛、天津、唐山、沧州、邯郸、衡水、张家口、廊坊、承德、石家庄、邢台。其中，北京的增速最快，呈现较强的增长动能，对京津冀城市群带动作用最为突出；保定、秦皇岛、天津、唐山的增长势头较好，石家庄受疫情影响经济仍处于恢复中，增速较慢。具体如图 7-2 所示。

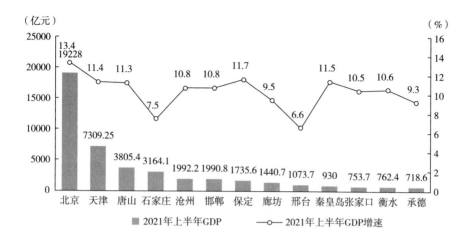

图7-2 2021年上半年京津冀各城市GDP及增速

资料来源：各城市统计局、政府网站等，其中河北省沧州、衡水、保定、张家口等城市2021年第三季度数据缺失，因此采用2021年上半年的数据。

从各城市GDP占京津冀城市群GDP的比重来看，2014~2021年上半年，京津冀城市群各城市GDP占京津冀城市群GDP的比重发生了较大变化，13个城市中，只有北京的占比得到了大幅度提高，其他12个城市的GDP占比均有所下降。其中，北京GDP的占比由2014年的32.04%提升到2021年上半年的43.04%；天津GDP的占比由2014年的23.63%下降到2021年上半年的16.36%，这与天津市近年来处于深度调整期，新旧动能转换叠加相关；河北省各城市累计占比由2014年的44.26%下降到2021年上半年的41.12%，河北省各城市GDP占京津冀城市群的比重均有不同程度的下降。具体如图7-3所示。

（二）京津冀城市群固定资产投资出现分化

2021年上半年，京津冀城市群各城市固定资产投资呈现不同变化，京津冀城市群13个城市固定资产投资增速由高到低依次为北京、保定、天津、唐山、廊坊、沧州、邯郸、秦皇岛、张家口、承德、衡水、邢台和石家庄，固定资产投资增速分别为9.20%、7.60%、6.20%、5.80%、4.70%、4%、2.30%、1.90%、1.80%、0.10%、−0.90%、−30.20%、−32.10%，上半年全国固定资产投资增速为12.6%，河北省固定资产投资增速为0.4%。京津冀城市群各城市固定资产投资增速均低于全国平均水平，河北省各城市的固定资产投资增速总体不高，衡水、邢台和石家庄呈现负增长。

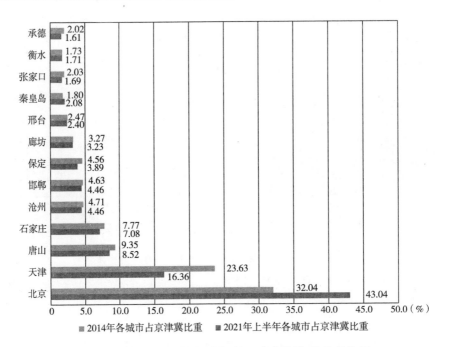

图7-3 京津冀城市群各城市 GDP 占京津冀 GDP 的比重

资料来源：中国统计年鉴、河北省经济年鉴、各城市统计局官网、统计月报等，其中河北省沧州、衡水、保定、张家口等城市2021年第三季度数据缺失，因此采用2021年上半年数据。

与2020年相比，北京、保定、天津、唐山4个城市2021年上半年固定资产投资增速均高于2020年增速，廊坊市与2020年持平，沧州、邯郸、秦皇岛、张家口、承德、衡水、邢台、石家庄8个城市固定资产投资均有不同程度的下降。具体如图7-4所示。

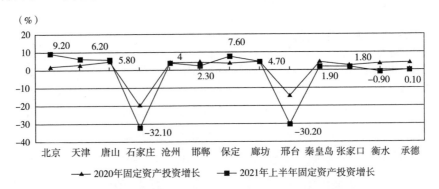

图7-4 京津冀城市群各城市固定资产投资增速

资料来源：北京、天津统计公报，唐山市统计月报，各城市政府公开数据等。

（三）京津冀城市群产业投资结构持续优化

2021 年上半年，京津冀城市群产业投资结构处于深度调整中，京津两市第二产业投资增速较快，而河北省工业投资呈现负增长。2021 年上半年，京津冀城市群各城市工业投资增速排名依次为北京、张家口、承德、天津、邯郸、唐山、沧州、秦皇岛、衡水、廊坊、保定，其中北京、张家口、承德 3 个城市的第二产业投资增速高于全国平均水平（16.2%），天津、邯郸、唐山低于全国平均水平，而河北省其他城市工业投资呈现负增长。

分区域来看，北京第二产业投资同比增长 20.5%，其中，制造业投资同比增长 31.8%；天津第二产业投资同比增长 10.6%，其中，制造业投资同比增长 28.2%；河北省工业投资增速为 -10%①，河北省 11 个地级市中张家口、邯郸、唐山工业投资增速分别为 19.2%、9.7% 和 7.6%，其他城市工业投资均为负增长。京津两市在高技术制造业投资增速领先于其他行业，北京高技术制造业投资同比增长 38.6%，天津高技术制造业投资同比增长 42%，以战略性新兴产业、高技术产业为代表的高端产业在京津加速集聚发展。具体如图 7-5 所示。

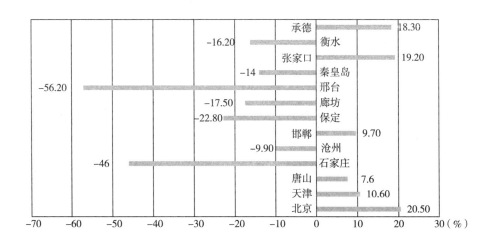

图 7-5 2021 年上半年京津冀城市群各城市工业投资增速

资料来源：各城市统计局官网、唐山市统计月报等，其中北京、天津为第二产业投资增速，河北省各城市为工业投资增速。

---

① 资料来源：唐山市统计局网站：《2021 年 6 月唐山市统计月报》，http：//new. tangshan. gov. cn/ zhengwu/zw_ tongjijutjsj/20210802/1206947. html。

2021年上半年，北京、天津、河北第三产业投资同比增长分别为9.7%、6.1%和5.1%。其中，天津高技术服务业投资增长26.3%；河北服务业投资占固定资产投资的比重为58.9%，生态保护和环境治理业、教育、卫生等民生领域的投资比重分别为13.1%、18.1%和16.7%。

（四）京津冀城市群投资领域不断调整

2021年，京津冀城市群基础设施投资和房地产开发投资不断优化。前三季度，北京基础设施投资同比下降6.2%，下降幅度不断缩小，房地产开发投资同比增长10.8%，商品房施工面积为13509.5万平方米，商品房销售面积777.4万平方米，商品房施工面积、销售面积同比增长分别为3.4%和28.2%。前三季度，天津市基础设施投资同比增长4.6%，增速快于上半年，房地产开发投资额为1611.01亿元，同比增长7.3%，房地产施工面积同比增长7.3%，新建商品房销售面积增长16.1%，商品房累计销售额为1184.84亿元，同比增长37.2%①，加大对"一老一小"社会事业投资力度，持续增加对教育、卫生健康、社会保障和就业的公共预算投入②。前三季度，河北省投资建设项目个数同比增加1212个，增速较上半年提高9.5个百分点，房地产开发投资额同比增长11.7%③，房地产施工面积同比增长21.9%，商品房累计销售面积为2594.43万平方米，商品房累计销售额为2118.96亿元，同比增长15.8%④。

从京津冀各城市的房地产开发投资来看，2021年上半年，京津冀城市群各城市房地产投资增速呈现较大区域差异，按增速由高到低依次为唐山、秦皇岛、廊坊、沧州、邯郸、北京、承德、衡水、天津、保定、邢台、张家口、石家庄，分别为 42.90%、40.20%、32%、24.30%、20.20%、18.10%、17.60%、15.40%、10.90%、10.50%、7.40%、-2.90%、-6.80%，其中唐山、秦皇岛、廊坊、沧州、邯郸、北京、承德、衡水8个城市房地产开发投资增速高于全国平均水平（15%）。具体如图7-6所示。

---

① 《2021年上半年度天津市房地产投资、施工面积及销售情况统计分析》。华经情报网，https：//www.huaon.com/channel/industrydata/745145.html。

② 天津举行2021年上半年统计新闻发布会。http：//www.scio.gov.cn/xwfbh/gssxwfbh/xwfbh/tianjin/Document/1710380/1710380.htm。

③ "2021年前三季度河北省国民经济形势"新闻发布会。http：//zhuanti.hebnews.cn/2021-10/25/content_ 8650925.htm。

④ 《2021年上半年度河北省房地产投资、施工面积及销售情况统计分析》。华经情报网，https：//www.huaon.com/channel/industrydata/745161.html。

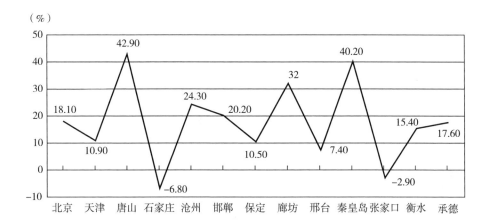

图7-6　2021年上半年京津冀城市群各城市房地产开发投资增速

资料来源：各城市统计局官网、唐山市统计月报等。

综合来看，京津冀城市群投资吸引力方面表现出的主要问题在于：一是京津冀各城市的投资吸引力差距较大。京津冀城市群各城市投资吸引力地区间差距较大，京津冀城市群投资吸引力分层较为明显，北京处于第一层级，在京津冀城市群中居于"头雁"地位；天津处于第二层级，随着人才吸引力和营商环境持续改善，天津经济效益持续向好，在京津冀城市群内部依旧处于领先地位；河北省内各城市发展水平呈现较大差距，唐山、石家庄经济总量领先，沧州、邯郸、保定、廊坊处于中游，邢台、秦皇岛、张家口、衡水、承德的经济体量和吸引力较为靠后。

二是重大投资项目投入力度亟待强化。从京津冀城市群固定资产投资来看，京津冀城市群各城市固定资产投资增速均低于全国平均水平，河北省各城市的固定资产投资增速总体不高，且衡水、邢台和石家庄呈现负增长，重大投资项目的投入力度仍需强化。北京围绕基础设施、民生改善、科技创新及高精尖产业布局300项重大项目；天津已启动两批次共733个、总投资5647亿元的重大项目，涵盖中国医学科技创新体系核心基地天津基地和高端装备、新能源、大数据等领域重点项目。河北省深入开展重大项目升级加力行动，重点项目累计完成投资7631.1亿元。当前处于"十四五"开局之年，重大基础设施建设处于接续期，"十四五"大量的大型项目还没有到位，地方政府的投资库存不足，原材料价格上涨对一些行业产生冲击，从而导致整个投资的接续受到了巨大的影响。

三是产业生态和产业配套体系建设需要加强。京津冀三地按照优势互补、分工协作、协调发展原则推动高质量发展。北京通过疏解不符合首都城市战略定位的一般制造业企业，着力加强国际科技创新中心建设，推动高精尖产业发展，力争在"十四五"时期培育新一代信息技术、医药健康、新能源汽车等万亿级产业集群，建设全球数字经济标杆城市。天津市坚持制造业立市，加快制造业高端化、智能化、绿色化、服务化发展，着力构建"1+3+4"现代工业产业体系，打造人工智能先锋城市，培育壮大生物医药、新能源、新材料等新兴产业，巩固提升装备制造、汽车、石油化工、航空航天等优势产业。河北省"十四五"时期大力发展先进制造业和战略性新兴产业，强化钢铁、装备制造、石化、食品等优势产业领先地位，布局发展高潜力产业。从京津冀三地"十四五"时期的产业布局来看，三地产业方向上有相近之处，在产业链和配套体系建设上仍需加强协同互动，营造良好的产业生态。

三、京津冀城市群投资吸引力的影响因素分析

尽管京津冀协同发展在生态、交通等领域都产生了实质性突破，在教育、医疗、文化等方面也取得了积极进展，但由于三地在资源要素分布和产业结构方面的差异仍然较大，因此影响了三地协同发展的进程。经济社会发展带来的人口、资源环境等压力不断倒逼经济结构和产业结构向高质量发展，也直接影响了京津冀产业协同发展的进程。在此背景下，关注京津冀产业结构变化趋势，合理引导金融资本、人口规模、技术等要素实现优化配置，对于构建优势互补、互利共赢的新经济格局、促进京津冀产业协同发展具有重要理论价值和现实意义。

从资源要素对京津冀产业结构的影响角度来看，人力资本、技术创新对经济发展起到了正向的促进作用，金融资源分布的不合理对经济发展有显著的抑制作用。全国人口普查数据显示，京津冀人口增长的集聚空间具有近域关联性，存在时空演化现象，在人口由核心地域向邻近地域逐层扩散的过程中，城市规模和产业发展情况等成为影响城市人口集聚能力的重要因素。以北京市产业布局与人口布局关系为例，京津冀协同发展存在产业布局与人口分布、产业定位与人口质量、公共服务资源供需与人口服务等不匹配现象，空间杜宾面板数据模型的量化分析证实了人口分布与产业布局的空间依赖关系及空间溢出效应的存在，人口分布依托于产业布局，尤其是第三产业的发展情况呈现出较强的地域虹吸效应。京津冀协同发展背景下，产业结构与人口增长存在双向作用，且人口的集聚和扩散

与区域社会经济属性密切相关，该属性包括经济发展和产业结构等。一方面，GDP 的增长速度和产业结构的优化程度（第三产业的发展情况）是人口集聚和增长的重要原因之一，产业结构的优化和就业收入的提高等促进了人口格局的相对稳定；另一方面，人口结构对区域产业结构和经济发展也产生影响，能够通过调节作用改善技术创新对产业的影响。从京津冀地区产业结构和就业结构的演进历程来看，产业结构和就业结构协调性最好的地区为北京，其次为天津，但目前北京向津冀两地疏导的第二产业和生产性服务业对人口流动的带动作用不明显，且京津石等中心城市对人口等资源要素的集聚效应影响了京津冀产业结构优化的进程。从技术与产业结构的关系角度来看，二者之间存在双向效应。技术进步通过提高全要素生产率可以缩小地区间的时间和地域差异，促进产业结构升级和区域经济增长。随着市场化程度的不断提高，技术创新对传统产业升级的促进强度呈倒"U"形趋势发展，对工业绿色转型驱动的效应显著，但技术进步与产业结构优化之间无短期线性关系。从长期来看，产业结构优化对技术进步具有正向、间接的推动作用，不过该作用弱于信贷对产业结构优化的直接作用。技术创新、资金投入与人才投入对区域产业结构优化升级存在显著的积极影响，且技术创新与区域产业升级之间存在关联机制。从创新要素区际流动视角构建空间关联矩阵，对地区产业结构升级的空间效应进行考察的实证结果，证实了地区产业结构升级进程存在显著的全域空间正相关特征和正向累积空间效应。在独立效应下，投资对产业结构升级具有明显的杠杆效应，而在双重效应下，技术创新均对产业结构升级产生了显著的抑制作用。投资、创新对产业结构升级的作用强度分别呈现倒"U"形、正"U"形演化特征。

综上所述，金融资本、人口规模、技术等要素的分布和流动能够影响产业结构优化升级，并通过调节区域间的特质差异，对区域协调发展产生影响。因此，有必要对金融资本、人口规模、技术在何种条件下对京津冀产业结构优化升级产生影响及影响程度展开分析。

索洛经济增长模型（Solow Growth Model）在修正哈罗德-多马模型的基础上，强调了劳动力和资本要素对经济增长的内生作用及技术进步的外生作用，并主张政府通过有效干预市场经济促进经济稳定，为后续经济增长研究提供了思路。资源要素能够顺利转化为生产力，在产业结构优化和区域经济增长中发挥积极作用。随着经济社会发展，资源要素尤其是资本、人口、技术三类要素在区域经济增长中的作用日益重要。

（一）数据来源及变量设计

本书以 2008～2019 年京津冀三地面板数据为样本，这些数据主要来源于历年《中国统计年鉴》《中国科技统计年鉴》及北京市、天津市、河北省《国民经济和社会发展统计公报》等。通过第二产业和第三产业的变动情况考察京津冀产业结构变动情况，其中，因变量包括第二产业增加值占 GDP 的比重（%）、第三产业增加值占 GDP 的比重（%），以变量 ssgdp、tsgdp 表示；自变量包括固定资产投资额（亿元）、年末常住人口（万人）、技术市场成交额（亿元），分别对金融资本、人口规模、技术要素情况进行衡量，以变量 aicfa、prey、tvtm 表示。固定资产投资额是以货币表现的建造和购置固定资产活动的工作量，在一定程度上反映了区域金融资本的配置情况。

（二）模型构建及假设

（1）如果样本存在个体差异性，如时间趋势和地域特点等，可假设具有个体时间趋势的随机趋势模型如下：

$$y_{it}=x'_{it}\beta+z'_i\delta+\gamma_i t+u_i+\varepsilon_{it}$$

其中，$\gamma_i t$ 为个体时间趋势。γ_i 和 u_i 为来自某分布随机变量的观测值，随机抽取后，就不再随时间而改变。

如果假设所有个体都拥有完全一样的回归方程，则方程可表示为：

$$y_{it}=\alpha+x'_{it}\beta+z'_i\delta+\varepsilon_{it}$$

其中，x'_{it} 不包括常数项。该模型不考虑个体固定效应和随机效应。通过 OLS 检验完成总体平均估计和短面板数据存在固定效应还是随机效应的假设检验，也被称为"混合回归"。

考虑京津冀三地在产业结构和要素配置上存在不同特性，且样本在时间或个体方面存在固定效应还是随机效应还有待验证，因此假设京津冀地区产业结构与资源要素样本数据之间符合以下混合回归模型：

$$ssgdp_{it}=\alpha_1 aicfa'_{it}+\beta_1 prey'_{it}+\delta_1 tvtm'_i+\gamma_i t+u_i+\varepsilon_{it}$$

$$tsgdp_{it}=\alpha_2 aicfa'_{it}+\beta_2 prey'_{it}+\delta_3 tvtm'_i+\gamma_i t+u_i+\varepsilon_{it}$$

其中，$\gamma_i t$ 为京津冀三地的个体时间趋势。γ_i 和 u_i 为来自某分布随机变量的观测值，随机抽取后，就不再随时间而改变。

（2）结合回归模型和研究目的提出如下假设：

原假设 H01：金融资本（aicfa）对京津冀产业结构（ssgdp、tsgdp）的影响显著。

原假设 H02：人口规模（prey）对京津冀产业结构（ssgdp、tsgdp）的影响显著。

原假设 H03：技术（tvtm）对京津冀产业结构（ssgdp、tsgdp）的影响显著。

备择假设 H11：金融资本（aicfa）对京津冀产业结构（ssgdp、tsgdp）的影响不显著。

备择假设 H12：人口规模（prey）对京津冀产业结构（ssgdp、tsgdp）的影响不显著。

备择假设 H13：技术（tvtm）对京津冀产业结构（ssgdp、tsgdp）的影响不显著。

（三）实证分析

1. 数据检验

以北京、天津、河北为面板（个体）变量，以年度为时间变量，对面板数据进行检验，结果显示选取的样本数据具有平衡性。统计特征如表 7-2 所示。

表 7-2 数据平衡性检验

Variable	Mean	Std. Dev.	Min	Max
aicfa overall	10703. 2600	8785. 6830	0. 5700	33012. 2300
prey overall	3582. 2070	2682. 1190	1176. 0000	7519. 5200
tvtm overall	980. 4407	1347. 3940	16. 5900	4486. 8900
ssgdp overall	40. 7542	14. 0237	19. 0140	55. 2132
Tsgdp overall	54. 6245	17. 5197	32. 9506	80. 5562

注：数据最多保留到小数点后四位。

同时，统计结果也显示变量地区的组内标准差和变量时间的组间标准差均为 0，说明以年度和地区进行分组的数据通过了平衡性检验。

2. 回归分析

为了对产业结构变化趋势和金融资本、人口规模、技术变化趋势之间的关系和规律进行相对客观的分析，本书分别对第二产业、第三产业进行混合回归。

（1）以 ssgdp 为因变量的回归分析。由于每个地区的资源要素禀赋有所不同，可能存在不随时间变动而变化变量，所以首先考察变量的地域特性。为了排除不同地区之间扰动项的自相关性，选择以地区为标准，以第二产业增加值占

京津冀建设世界级城市群：实践与路径

GDP 的比重（ssgdp）为因变量，以金融资本（prey）、人口规模（aicfa）、技术（tvtm）为自变量进行回归，采用 OLS 估计和 LSDV 法，结果如表 7-3 所示。

表 7-3　以 ssgdp 为因变量的地域效应回归结果

ssgdp	Coef.	Std. Err.	t	P>｜t｜	[95%Conf. Interval]	
aicfa	−0.0000	0.0004	−0.04	0.973	−0.0017	0.0017
prey	0.0004	0.0009	0.45	0.694	−0.0036	0.0045
tvtm	−0.0090	0.0020	−4.48	0.046	−0.0177	−0.0004
_ cons	48.2554	8.6935	5.55	0.031	10.8505	85.6603

注：数据最多保留到小数点后四位。

其中，R^2 为 0.810，Root MSE 为 6.453。回归结果显示，调整后的标准差符合以三个地区为聚类依据的回归标准，模型通过验证，即第二产业比重、金融资本、人口规模、技术存在地域差距，且京津冀地区第二产业增加值占 GDP 的比重受三类要素影响的程度不同，具体表现如下：第一，在 95%的显著性水平下，第二产业增加值占 GDP 的比重受技术要素的影响程度显著高于金融资本和人口规模，但影响为负，即地区间技术交流合作的增强会造成第二产业增加值比重的下降，每增加 1 亿元技术市场成交额，就会使得第二产业增加值占 GDP 的比重下降 0.9%；第二，人口数量的增加能够促进第二产业增加值占 GDP 的比重提高，每增加 1 万常住人口，会使得第二产业增加值占 GDP 的比重上升 0.043%；第三，金融资本对第二产业增加值的影响相对较小，且为负，每增加 1 亿元固定资产投资额会使第二产业增加值占 GDP 的比重下降 0.015‰。

假设变量随时间变动而不随个体变动，以年份为聚类标准对数据样本进行回归，结果显示，与按地域为标准进行回归的结果相比，金融资本、人口规模、技术对第二产业增加值占 GDP 的比重的影响均有提升，且人口规模和技术市场活跃度的表现更加显著。具体如表 7-4 所示。

表 7-4　以 ssgdp 为因变量的时间效应回归结果

ssgdp	Coef.	Std. Err.	t	P>｜t｜	[95%Conf. Interval]	
aicfa	−0.0000	0.0001	−0.19	0.854	−0.0002	0.0002
prey	0.0004	0.0003	1.49	0.170	−0.0002	0.0011
tvtm	−0.0090	0.0011	−7.93	0.000	−0.0116	−0.0065
_ cons	48.2554	1.3703	35.22	0.000	45.1557	51.3551

注：数据最多保留到小数点后四位。

由于变量之间的关系呈现较强的时间效应，因此，对模型进行双向固定效应检测。定义年度虚拟变量，以 OLS 法进行回归估计，三类要素变量对产业结构的影响更加显著，结果如表 7-5 所示。模型主要存在时间效应，而非地域效应，且随着时间的推移，资源要素对产业结构影响程度的大小顺序将由技术、人口规模、金融资本变为人口规模、技术、金融资本；京津冀地区人口规模对产业结构优化产生的影响将逐渐高于技术；人口的规模越大，三地合作交流越多，越有利于产业结构优化升级。

表 7-5　以 ssgdp 为因变量的双向固定效应回归结果

ssgdp	Coef.	Std. Err.	t	P>|t|	[95%Conf. Interval]	
aicfa	−0.0010	0.0003	−2.97	0.016	−0.0018	−0.0002
prey	0.0022	0.0003	8.47	0.000	0.0016	0.0028
tvtm	−0.0116	0.0025	−4.56	0.001	−0.0173	−0.0058

注：数据最多保留到小数点后四位。

（2）以 tsgdp 为因变量的回归分析。以地区为聚类标准，以第三产业增加值占 GDP 的比重（tsgdp）为因变量，以金融资本（prey）、人口规模（aicfa）、技术（tvtm）为自变量，采用 OLS 估计和 LSDV 法进行回归，结果如表 7-6 所示。

表 7-6　以 tsgdp 为因变量的地域效应回归结果

tsgdp	Coef.	Std. Err.	t	P>|t|	[95%Conf. Interval]	
aicfa	0.0001	0.0004	0.30	0.794	−0.0017	0.0020
prey	−0.0024	0.0010	−2.38	0.141	−0.0068	0.0020
tvtm	0.0097	0.0021	4.56	0.045	0.0005	0.0189
_cons	52.2492	9.2474	5.65	0.030	12.4611	92.0373

注：数据最多保留到小数点后四位。

其中，R^2 为 0.862，MSE 为 6.86，标准误差符合以地区为聚类标准的回归模型，模型通过验证，即第三产业增加值占 GDP 的比重（tsgdp）、金融资本

（prey）、人口规模（aicfa）、技术（tvtm）存在地域差距，但地域特征的影响效果并不显著。同时，京津冀地区第三产业增加值占 GDP 的比重受三类资源要素影响的程度不同，具体表现如下：第一，金融资本对第三产业增加值占 GDP 的比重的影响相对较小，没有发挥资本要素对产业结构调整和经济增长的重要作用，但区别于对第二产业的负向影响，每增加 1 亿元资本投资额能使第三产业增加值占 GDP 的比重增加 0.013‰；第二，在 95% 的显著性水平下，第三产业增加值占 GDP 的比重受技术的影响程度显著高于人口规模和金融资本，与对第二产业增加值比重的负向影响不同，每增加 1 亿元技术市场成交额，就会使得第三产业增加值占 GDP 的比重上升 0.97%。

与地域聚类标准相比，以年份为聚类标准对数据样本进行回归的结果在 95% 的置信水平上更加显著，如表 7-7 所示，京津冀金融资本、人口规模、技术对第三产业增加值占 GDP 的比重的影响上时间特征更加强烈，且人口规模和技术的表现更加突出，说明与其他两类要素相比，金融资本对第三产业的贡献度有待提升，对产业结构优化的作用有待进一步增强。在过去的十年间，技术、人口规模、金融资本三类资源要素对京津冀第三产业占比的影响程度的排名没有发生变化，但人口规模的影响程度越来越显著。

表 7-7 以 tsgdp 为因变量的时间效应回归结果

tsgdp	Coef.	Std. Err.	t	P>|t|	[95%Conf. Interval]	
aicfa	0.0001	0.0001	1.39	0.199	−0.0001	0.0003
prey	−0.0024	0.0003	−8.00	0.000	−0.0031	−0.0017
tvtm	0.0097	0.0012	8.12	0.000	0.0070	0.0125
_cons	52.2492	1.3319	39.23	0.000	49.2363	55.2621

注：数据最多保留到小数点后四位。

由此得出，京津冀第三产业增加值占 GDP 的比重主要受技术的影响，金融资本对产业结构优化的贡献有待进一步激发。

（四）主要结论

产业结构升级的过程本质上是资源优化配置的过程，本书以 2008～2019 年相关数据为样本，运用 Stata14.0 对样本数据进行混合回归分析，通过从时间效应和地域效应两个角度测度金融资本、人口规模、技术三类要素配置对京津冀产业结构的作用，反映了金融资本等资源要素对京津冀协同发展的影响，分析结果接受原假设 H01 和 H03，但拒绝原假设 H02，主要结论如下：

（1）金融资本对京津冀产业结构的影响逐步显现，但与人口规模、技术相比，其对京津冀产业结构优化的影响较小。每增加 1 亿元资本投资额，能促进第二产业增加值占 GDP 的比重下降 0.015% 和第三产业增加值占 GDP 的比重上升 0.013%，均低于人口规模和技术对产业结构的影响，且该结果受时间效应的影响较地域效应更加显著。

（2）资源要素的流动性是影响区域产业结构升级和区域协调发展的重要因素。回归结果均证实了人口数量变动与产业结构变化之间的关系，每减少 1 万常住人口，便能促进第二产业增加值占 GDP 的比重降低 0.043% 和第三产业增加值占 GDP 的比重提高 0.24%。与地域差异性特点相比，该效应受时间效应的影响更加显著，即随着时间的推移，资源要素的流动性对产业结构优化升级的影响将更加明显。

（五）对策建议

基于回归分析和主要研究结论，应进一步发挥金融资本在京津冀协同发展中的重要作用，具体来说：

一是充分重视和利用金融资本在实现京津冀产业协同发展和产业结构整体优化升级中的作用。以对接雄安新区建设和北京非首都功能疏解为抓手，以津冀两地与北京产业布局存在梯度和差异为契机，结合三地技术需求和人口规模，通过金融资本的优化配置推动建立北京科技研发、天津成果转化、河北应用推广的技术利益共同体，探索三地技术交流合作新模式，增强技术扩散能力和提升京津冀技术市场活跃度，合理引导北京高素质人才向津冀两地流动，促进拥有技术和知识的创造型人才在京津冀地区实现优化配置，释放知识潜能，助力津冀两地产业水平提升。

二是积极探索金融资本跨省市流动机制，提升资本尤其是金融业资本投资的利用效率。目前资本要素在京津冀产业结构优化升级中的作用相对较弱，应充分发挥天津打造金融创新运营示范区和改革开放先行区的优势，探索更多金融资本和社会资本在京津冀之间自由流动的新模式，形成健康稳定的资本市场流动机制，有效对接京津冀协同发展和雄安新区建设，提高资本利用效率和配置优化度，使资本在京津冀产业结构优化升级和区域经济社会发展中发挥更大作用。

四、京津冀城市群投资吸引力提升途径

1. 拓宽有效投资，激发投资活力

发挥投资对区域经济发展的支撑作用，加大力度提高投资有效性，加快推动京津冀各城市"十四五"规划纲要中提出的重大工程项目的落地，加强重大项目储备和项目库的建设，不断积聚经济发展新动能，形成投资项目良性循环。加大高精尖产业投资布局，围绕新一代信息技术与制造业的深度融合，培育壮大生物医药、新能源新材料等战略性新兴产业，巩固产业发展优势。创新融资机制，畅通融资渠道，大力引导民间资本参与投资。加强重点项目的资金保障，推进重大基础设施建设项目落地进度。积极推动能源投资稳定增长，特别是扩大新能源投资，实现绿色发展。进行制造业设备更新和技术改造投资，推动产业转型升级，增强未来实体经济增长的潜力。继续加大基础设施领域补"短板"的投资力度，加强新型基础设施建设投入。

2. 优化产业投资，促进产业结构调整

深入推进供给侧结构性改革，推动京津冀各城市优化产业投资结构，促进制造业高端化、智能化发展。鼓励加大技术改造投入，推进工业企业数字化、智能化升级。推动新产业、新产品、新业态投资布局。北京立足"四个中心"战略定位，充分发挥"一核"辐射带动作用，着力推动"五子"联动，打造高端商务、文化旅游、数字信息等千亿级产业集群，推动北京产业持续升级。天津坚持制造业立市，全面增强先进制造研发基地的核心竞争力，深化京津冀产业协同，与京冀共同打造先进制造业集群，建设消费、商贸"双中心"城市，持续优化营商环境，增强城市承载力和服务辐射功能。河北省加快发展现代产业体系和推动经济体系优化升级，依托京津两地产业发展和产业转移，优化产业结构，大力发展新能源、新材料等战略性新兴产业，推动生产性服务业向专业化和价值链高端延伸。

3. 完善产业配套，打造产业生态体系

优化产业空间布局，完善京津冀城市群产业协同分工体系，打造跨界融合的产业链、价值链和创新链，精准施策，打造促进京津冀城市群产业发展的良好生态体系。加快区域的开放融合发展，形成错位发展、功能互补的产业结构体系。

改造提升传统产业，大力发展新兴产业，积极发展现代服务业，构建高质量发展的产业体系。通过产业链的合理分工，各地发挥自己的优势，推动区域经济深度融合，夯实世界级城市群的微观基础。完善京津冀产业协同合作机制，强化发展顶层设计。加快推进京津冀产业协同发展，深化京津冀产业协同发展合作机制，制定具有针对性的优惠政策，吸引市场主体积极参与协同发展，以"政府想、市场做"的方式寻求京津冀产业协同发展突破口。京津冀产业协同发展要强化顶层设计，依照国家的政策法规，加快京津冀产业转型升级，注重协作过程中的分工，优化不同产业布局，让京津冀地区在统一指挥下构建现代化产业体系，依赖现代化产业体系实现京津冀产业协同发展。

第八章　深度协同：
京津冀城市群发展的应然选择

"十四五"时期，京津冀城市群将成为我国区域高质量发展的示范和引领标杆，推动京津冀城市群深度协同对于提升整个环渤海区域综合竞争力和培育区域转型升级引擎具有重要的战略意义。为此，京津冀城市群要在立足新发展阶段、全面贯彻新发展理念的基础上，以建设世界级城市群为目标和指向加快构建新发展格局，不断拓展区域参与国际竞争新优势，在更高层次上参与国际分工，成为探索区域协调发展新机制、加快推进我国区域重大战略向纵深发展的重要支点。

一、京津冀城市群深度协同发展的选择

1. 京津冀城市群产业协同创新活跃度明显提升

京津冀三地在明确的产业分工基础上，不断强化重点产业之间的协同创新，三地跨区域产业活动和创新活跃度明显提升，尤其是北京的产业创新外溢效应更为突出，成为三地产业协同创新的主要策源地。截至2020年，北京已向津冀输出技术合同累计超过2万项，成交额1410亿元，2020年北京向津冀输出的技术合同交易额占向全国输出总额的比重不断上升，达到了22.3%，比2018年增加了近13个百分点，初步形成了"北京疏解、津冀承接，北京研发、津冀转化"的产业协同创新格局，立足京津冀区域、辐射服务全国的产业协同创新集聚区已经初具雏形。与此同时，天津和河北承接疏解的能力也在同步提高，加大产业承接载体建设和重要平台培育，能够更加有效地承接北京疏解转移的产业。天津构

建起以滨海新区为综合承载平台、各区专业承载平台为支撑的"1+16"承接格局[1]。河北加快建设雄安新区中关村科技园，以雄安新区为中心，强化与北京中关村科学城、怀柔科学城、未来科学城和北京经济技术开发区以及天津滨海中关村科技园的合作对接。北京现代沧州工厂等重大产业协同项目投产增效，有力地推进了河北承接北京转移产业向链式布局、平台集聚的"大承接"转变。

2. 京津冀城市群内外要素配置的市场化作用不断增强

京津冀协同发展已经进入关键阶段，随着区域协同发展的不断深化，三地面临着更多的跨区域政策协调以及利益分享等深层次的协同需求。根据《中共中央、国务院关于建立更加有效的区域协调发展新机制的意见》，三地正在进一步加快形成统筹有力、竞争有序、绿色协调、共享共赢的区域协调发展新机制，努力破除地区之间的利益藩篱和政策壁垒，通过健全市场一体化发展机制和区际利益补偿机制，加快区域之间、京津冀与其他区域之间的要素配置市场化改革，不断创新区域政策调控方式和手段，逐步健全区域要素流动的保障机制，发挥市场在资源配置中的作用，实现京津冀城市群要素配置的不断优化。

3. 京津冀城市群协同发展内生动力源加速培育形成

2021年前三季度，京津冀地区生产总值达到70231亿元，占全国总量的8.5%，其中北京、天津、河北分别为29753亿元、11417.55亿元和29060.7亿元，按可比价格计算，同比分别增长10.7%、8.6%和7.7%。2021年第三季度，北京高技术制造业、战略性新兴产业发展迅猛；天津规模以上工业中，高技术产业和战略性新兴产业增加值同比分别增长16.7%和13.1%，两年平均分别增长8.8%和7.8%；河北高新技术产业增加值同比增长13.4%，高于规模以上工业8.3个百分点。同时，北京、天津两个超大城市拥有近3600万人口（根据第七次人口普查数据，北京人口数为2189.3万人，天津人口数为1386.6万人），北京建设世界级创新中心、天津建设世界一流的智慧和绿色港口、河北加速发展，区域产业结构转型升级的创新能级和发展规模不断跃升，区域内生动力源为建设世界级城市群都市连绵带提供了足够的基础和条件。2021年前三季度三地的GDP及增速如图8-1所示。

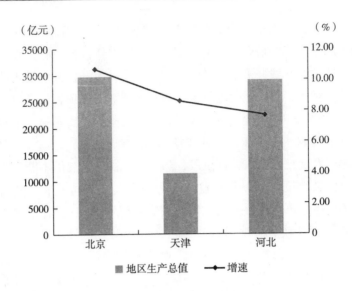

图 8-1 京津冀三地 GDP 及增速

4. 京津冀中心城市极化效应逐渐凸显

周灵玥、彭华涛通过构造京津冀城市群中心城市对周边城市创新发展的涓滴效应测量模型，研究京津冀城市群协同创新效应，结果表明京津冀城市群协同创新的涓滴效应逐渐显现且呈现加强趋势，带动了周边城市的创新发展。北京、天津作为京津冀区域的中心城市，在积极探索区域协同发展新机制的过程中极化效应不断增强，成为破解区域协同治理难题的重要途径。随着京津冀城市化进程的加快和协同发展进程的深入发展，区域城市群的组织形态和空间形式也在发生变化。由中心城市及周边城镇相结合的圈层空间发展模式将为资源最优配置和环境功能整合提供更多的空间载体。北京积极探索解决"超大城市病"这一世界性难题的有效途径，积极推进北京城市副中心功能完善和非首都功能疏解的同时，极化效应将不断增强，为区域其他单元的发展提供更多空间和机会，也为区域深度协同奠定了基础。

二、京津冀城市群深度协同的主要障碍

1. 京津冀城市群重点领域关键环节的市场化改革需不断强化

京津冀城市群要素禀赋与空间分异是实现协同发展的基础，区域自组织和区际合作行为是协同发展的具体体现，重点领域关键环节的市场化改革是完善和创新京津冀城市群协同机制的关键。但是从目前协同发展的重点领域看，京津冀城市群之间产业协同、体制机制创新、利益补偿与全面改革开放等重点领域还缺乏互补融合的协调机制，因此深度协同还需要进一步加快市场化改革。

2. 京津冀城市群内部发展不平衡不充分依然还需要进一步破解

从产业结构的高级化程度看，2020 年京津冀三次产业结构比分别为 0.3：15.8：83.9、1.5：34.1：64.4、10.7：37.6：51.7，北京和天津产业结构中第三产业比重均高于河北，三地产业结构差异明显。具体如图 8-2 所示。

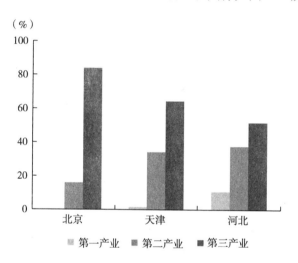

图 8-2　京津冀三地产业结构

从产业数字化水平来看，北京数字化优势行业支撑作用明显，2020 年北京信息服务业、金融业、科技服务业对服务业增长的贡献率合计超过 50%；同期天津重点企业数字化研发设计工具普及率达到 81.9%，生产设备数字化率达到 53.3%，关键工序数控化率达到 54.8%，产业数字化进程明显高于河北。从居民收入来看，2020 年京津冀三地居民人均可支配收入与人均消费差异依旧较大，京津两地保持着较高收支水平，北京、天津居民可支配收入达到了 5.65 万元和 3.76 万元，人均消费水平分别达到 3.18 万元、2.44 万元，而河北省两项均低于全国均值，人均可支配收入与人均消费水平为 2.16 万元和 1.4 万元。因此，京津冀城市群内部发展不平衡不充分的问题依然突出，需要深度协同建立有效的体制机制，优化资源配置，提升协同发展能级和水平，逐步破解三地发展的鸿沟。具体如表 8-1 所示。

表 8-1 2020 年三地居民收入与消费水平

省份	北京	天津	河北
居民可支配收入（万元）	5.65	3.76	2.16
人均消费水平（万元）	3.18	2.44	1.4

3. 京津冀城市群系统性产业协同机制还不能有效整合区域创新要素

作为京津冀协同发展的重点任务，北京在进行非首都功能疏解过程中，与津冀之间的承接还缺乏有效衔接，集中表现为北京基础创新和原始创新仍然没有很好地在津冀实现转化。同时，京津冀创新资源空间分布不均衡现象较为显著，三地高校的创新活力没有被有效激活，虽然吸收转化投入环节和创新成果产出环节对区域协同创新的促进功能正在逐步完善，但是基础研发环节对区域创新产出的促进效果相对有限，北京和天津的创新成果主要流向京津冀以外的地区，再加上京津冀三地的科技中介和知识产权保护主体发育不足，基础研发投入对区域协同创新的促进作用不能有效发挥。

4. 京津冀城市群创新要素优化配置的常态化供给机制还比较欠缺

《京津冀蓝皮书：京津冀发展报告（2021）》指出，京津冀城市群与其他城市群相比，其内部各城市在产业部门和创新部门复杂网络中与其他城市的关联程度较低，城市间产业部门与创新部门的节点度值差距较大，京津冀城市群内部创新主体活动的扩散效应较低。区域协同创新要素优化配置的常态化供给机制还比较欠缺，因此导致京津冀三地城市创新要素规模和能级差距过大，区域创新网络陷入过度极化的困境。虽然北京正在建设世界级创新中心，其自身创新集聚度和活跃度已经具有全球竞争力，但在缩小京津冀区域创新差距、带动区域创新合作与技术辐射等方面的作用与其世界级创新中心的地位还不相匹配，中心城市创新溢出动力不足，缺乏强有力的创新次中心和创新节点。

三、京津冀城市群深度协同的主要领域与突破点

1. 加快要素市场深度一体化

《京津冀协同发展规划纲要》明确了三省市各自的发展定位，依据三地的功能定位，北京作为京津冀协同发展的核心和主要引擎，应通过加快市场化改革在

优化提升首都功能中有序疏解非首都功能，加快创新驱动的引领，强化科技创新中心功能，加速融入全球创新体系中，打造世界级创新平台，服务区域要素市场深度一体化。天津将全面落实"一基地三区"功能定位，以要素市场化制度创新倒逼产业结构、经济结构深度调整，充分利用自贸区、保税区、开发区等平台载体提升京津冀区域整体开放度。河北要推进省域市场化改革和一体化发展，建立雄安高标准、高质量创新体系，加强创新平台建设。三地应合力探索区域协调发展的体制机制和路径模式，在基础设施、产业布局、改革开放、公共服务、生态环境等重点领域深化协同创新，全方位、宽领域、多层次地推进要素市场化改革，形成优势互补、各有侧重的创新发展局面，实现三地在重点领域深度一体化的率先突破。

2. 深化与拓展创新协同机制

京津冀深度协同发展需从供给侧和需求侧两端发力，从区域协同发展的需求侧出发，围绕满足京津冀三地产业创新发展的不同需求，找寻三地产业链与创新链的有效对接方向，形成城市群内部创新主体的合理空间布局，发挥其在创新成果转化过程中的最大化作用。从区域协同发展的供给侧出发，着力挖掘和培育北京创新资源要素和创新技术在津冀两地的应用场景，结合京津冀城市群各城市单元的创新要素禀赋和创新愿景，发挥北京创新中心的优势，辐射引领津冀两地创新主体加速集聚，提升京津冀各城市创新主体的集聚规模。三地应重视区域合作与创新主体高度联动，注重创新高端人才的培养和服务，不断优化创新服务的重点产业政策环境。以推动数字化区域创新平台建设为契机，搭建中关村、海河、保定（雄安）三个区域性创新赋能中心，探索区域创新要素共生共融、共建共享的京津冀协同发展模式。立足三地协同发展的功能定位，构筑开放型合作网络矩阵，建设枢纽型的区域创新转化中介平台，推动"政产学研金介贸"跨界联动，打造区域创新创业创造的人才直通车、应用场景集和区域样板间，推动区域创新载体和体制机制的深度协同。

3. 加速产业疏解，实现资源再配置

京津冀深度协同需要在深化疏解北京非首都功能方面探索更多的路径，实现区域产业要素资源的再配置。京津冀三地政府应积极引导产业资本和人才向重点疏解产业流动，推动产业疏解与要素资源流动的双向融合，引导产业链、创新链深度融合，探索全新的区域资源配置模式和再生产模式。同时，三地统筹规划京津冀产业疏解的园区资源，加快京津冀区域现有产业疏解主要功能区的提质升级。以现代服务业为例，三地现代服务业发展现状呈现出北京较为发达，天津现代服务业与金融业融合度较高，而河北相对滞后的局面，要实现三地现代服务业深度协同发展，三地可以考虑围绕未来一定规模的数量级产业集群构建高能级的区域服务业结构体系，合力搭建金融商贸、物流会展、研发设计、知识产权、信息服务等区域性服务业平台，为区域服务业高端化发展提供差异化的要素资源整合场域，以实现区域产业要素的再配置。充分发挥区域头部企业在创新中的主体作用，鼓励京津冀城市群头部企业建立以企业为主体的创新平台，增强企业在创新过程中的主体地位和引领作用，从创新链的源头上增强区域产业创新的供给能力。

4. 提升区域协同开放的全方位融合度

京津冀协同发展、"一带一路"倡议、长三角一体化、粤港澳大湾区是我国推进高质量发展的区域性战略引擎，更是构建新发展格局的重要支撑，要推动京津冀深度协同，必须实现京津冀协同发展与其他区域重大战略的联动，从而提升区域协同开发的融合度。通过与"一带一路"建设的联通，实现全球资源要素的整合和配置，以全方位、高水平的对外开放和国际经济合作推动区域产业创新的中高端价值链重构。立足世界级城市群发展规律与趋势，超前布局环渤海湾区的战略谋划，充分借鉴粤港澳大湾区的建设模式和创新经验，推动环渤海大湾区的要素布局与基础设施的储备建设。探索超大城市治理模式和人口经济密集地区有序疏解功能的有效开放模式，协同长三角构建重大区域性战略创新合作发展机制，建立高度开放和高效包容的泛区域化人才协同自由流动平台，抢占全球高端人才要素的区域制高点，推动京津冀城市群与长三角、粤港澳大湾区的均衡发展，加快大区域板块之间的融合互动，为形成全国"一盘棋"的区域协调发展新体制机制进行有益探索。京津冀地区加强与长三角、粤港澳大湾区的互补互动，要从自身着手，认清自身的优势和短板，找准自己在国家发展战略中的定位与作用；要以开放性、整体性、动态平衡性视角审视京津冀协同发展战略与其他区域发展战略，尤其是长三角一体化、粤港澳大湾区建设之间的有机联系。在此基础上，京津冀城市群要充分吸收长三角、粤港澳大湾区发展经验，优化区域功能布局，面向环渤海、放眼东北亚，让京津冀地区发展成为具有国际影响力和竞争力的世界级城市群，将其打造成引领我国高质量发展的重要动力源。

5. 更好发挥区域中心城市主体功能与引领辐射作用

"十四五"时期京津冀深度协同创新的主要任务之一是加快区域创新网络次级节点的建设，大力培育创新次中心，重点提升滨海新区、雄安新区、石家庄、唐山等重要节点城市的创新水平，形成空间分布更为合理、辐射半径更小、创新作用弧更宽的区域创新网络结构。同时，大力推动津冀产业链与创新链融合，打造京津冀区域创新走廊，增强京津区域中心城市的创新主体功能，发挥中心城市对整个区域及周边区域的引领辐射带动作用。京津冀建设世界级城市群应在探索中心城市引领城市群发展、城市群带动区域发展新模式上寻求更多的突破，在促进区域内部均衡发展的基础上实现与其他区域板块之间的有效联动与健康发展。京津冀中心城市应积极分享区域发展成果、输出有效治理模式，形成更加开放包容的中心城市辐射带动格局，加速区域一体化发展进程。同时，北京、天津作为京津冀中心城市，应积极推动城市群间协同发展政策的有效衔接，推动建立健全有效的区域及次区域合作机制，促进区域要素的自由流动和产业分工。北京要以副中心建设为机遇，合理布局首都城市空间，优化京津轴线布局，积极谋划与周边区域的空间资源协同，促进京津两个超大城市间的共享合作，形成以京津为主体的世界级都市连绵带，为京津冀世界级城市群提供有力的空间支撑。

第九章　宜居城市：
京津冀城市群的终极目标

宜居城市建设始于经济发达的西方国家，起因是解决城市居住环境问题。之后，伴随着资本主义的发展以及世界范围内大规模的城市化浪潮，建设功能完整、自然环境美好、社会经济良好的新型有机城市动态平衡体成为主要目标。20世纪以来，宜居城市建设进入更注重内涵的发展阶段，可持续发展和公平包容开始主导宜居城市建设的理念和实践。

根据第七次全国人口普查结果，全国人口中居住在城镇的人口比重为63.89%，我国已经进入城镇化快速发展阶段，且城市化进程时间较短，用短短30多年经历了发达国家几百年的城市化进程。目前，我国大多数城市进入工业化以及工业化向后工业化迈进的发展阶段，城市不再是满足居民基本生存需求的简单空间体。随着城市综合功能的增强，在经济倾向性发展的同时，城市生态环境污染和"城市病"集中暴发共现，再加上城市追求定位过高，承担功能过繁，使城市资源环境和基础设施不堪重负，公共产品和服务供给相对不足。出于解决快速工业化带来的一系列城市发展问题以及受到国际宜居城市建设热潮的影响，在城市化进程不断深化的过程中，建设宜居城市"应时而生""应势而生"，成为克服城市发展"瓶颈"的必然选择。

一、国外宜居城市建设背景与历程

（一）建设背景

宜居城市建设实践较早出现于经济发达的西方国家，起因是解决城市居住环境的问题。从实践来看，宜居城市建设是伴随着资本主义经济发展以及世界范围内大规模的城市化浪潮而出现的，主要是解决工业化给城市居住空间带来的不良问题，目的是建设功能完整、社会经济良好、自然环境美好的新型有机城市动态平衡体。

英国工业革命后，大量农村人口涌入城市，城市居住容量有限与人口激增之间的矛盾引发了一系列居住环境问题和社会问题，追求舒适、便利等职能的住宅开发方式逐渐发展起来，由此产生了田园都市运动，随之形成"田园城市"理念。"二战"后，随着城市建设总体规划和空间布局的发展，城市规划中的居住环境诉求得以变成现实。

1933 年通过的《雅典宪章》明确地将城市功能限定为居住、游憩、工作及交通，并提出了宜居城市建设的有关理念以及宜居城市规划的主要方向。随后，1961 年，WHO（世界卫生组织）进一步提出了实现人类居住环境提升的主要目标，更加关注城市发展对居民生活质量提高的适配性，提出在人本主义理念指导下进行科学合理的城市规划是引领宜居城市建设的重要手段。

1976 年联合国首届"人居大会"召开，会上系统地提出了宜居城市的发展阶段和主要诉求，提出建设环境更加宜人、更能满足人类生活全面需求的美好城市。1996 年联合国第二次"人居大会"召开，其中的两个主题，即"人人享有适当的住房"和"城市化进程中人类住区可持续发展"，从宜居城市建设的社会特征、环境属性和空间质量等方面对宜居城市进入更高阶段提出了更加适用的要求和建设远景，并突出了宜居城市建设的可持续发展。

自 21 世纪以来，世界范围内的宜居城市建设更加注重内涵集约式发展，并且更加重点关注城市建设与发展的公平性和共享功能，在确保城市功能多样性的基础上推动城市建设与居民生活的高度融合与相互作用。

由此可见，宜居城市是城市发展到工业化阶段的必然产物。在前工业化时期，虽然生活水平低下，但人口增长较慢、工业化程度较低，城市空间能够较好地满足相对狭小的居住空间尺度和交往范围，城市生态环境也较好。进入工业化社会时期，城市不再成为满足居民基本生存需求的简单空间体，随着城市生产功能的增强，在经济倾向性发展的同时，环境恶化、空间狭小、交通拥堵、城市安全等一系列问题集中暴露，使城市发展重点倾斜向强调人与自然、人与人、人与社会的协调发展，要求建设"宜居"城市，因此宜居城市的发展目标体现出历史的必然性，其不仅满足了城市规模膨胀引发的功能提升需求，而且秉承了人类可持续发展的内在价值，是城市文明进程中的必由之路，追求"宜居"成为城市发展的永恒主题。

1996 年召开的联合国第二次"人居大会"上，"宜居城市"概念首次被提出，即城市应是适宜于人类生活的理想居住地。从我国宜居城市建设的实践来看，首次出现宜居城市的概念是在 2005 年的《北京市城市总体规划（2004 年–2020 年）》中。目前，"十四五"规划中不断深化"宜居城市"建设要求的内涵和外延，宜居涵盖的范围更加广泛，宜居的内容也在不断扩展。"十四五"及未来一段时期是我国新型城镇化建设的关键时期，亦是城市化进程不断加速、城市化质量不断提升的重要阶段，建设宜居城市将成为实现城市高质量发展的重要途径。

（二）建设历程

综观国外宜居城市建设的主要历程，宜居城市建设取得突破需从建设理念、前期规划、尺度边界、管理体系以及系统运营等方面入手，重视"可持续发展"原则的贯彻和城市未来发展压力的释放。国外宜居城市建设规划普遍都具有较好的超前性，更重视长期动态变化及对未来发展趋势的预判和前瞻，着眼于中长期的目标达成及可行性，在规划的内容、编制程序和规划修订上均较全面地贯彻了可持续发展的指导思想，具有强烈的整体意识、区域意识和社区意识，不仅考虑到城市的当代性，而且考虑对未来和后代的影响，因此规划具有较强的延续性和功能性，如加拿大温哥华的"宜居区域战略计划"（LRSP，绿色地带保护专项计划）、美国西雅图的"都市集合"发展规划以及丹麦哥本哈根的"指状"城市发展规划（《首都地区规划建议》），都是宜居城市空间及城市发展规划的优秀代表。同时，国外宜居城市更重视以城市历史的传承来把握未来的建设方向，特别注重人居环境的继承性改善和完整性凸显，以自然环境宜人、经济环境繁荣、交通网络高效、公共设施网络完善为目标，充分利用和挖掘已有的城市资源，在保持历史风貌的基础上为居民提供多样性的生活选择、尽可能多的机会以及最大的方便，使居民可以就近工作并享受高品质的生活与娱乐。如奥地利维也纳按照城市特质和历史风貌建设的"环城大街"，集中体现了现代闲适需求与古老文明传承的高度耦合，成为宜居城市建设的典范。

此外，国外宜居城市建设管理体系的可操作性、实施效果及与规划的契合度较高，通过社区等微观单元实现宜居的全覆盖，实现了宜居建设体系的完整性。如温哥华在社区的基础上，按照都市区、区域、自治市三个层级形成基于社区的多中心网络系统，推动宜居城市建设的社区平衡发展。明确、清晰和强有力的政府控制体制也使制度向好作用得以较好的发挥，坚实的政策环境使专业规划者与企业很好地合作，不仅能够保证不同的规划和执行部门间的紧密合作、保障公众的充分参与权，还能够使政府获得可信、可行的规划，并能果断执行有关宜居城市建设的重大政策决策。例如，新加坡政府专门建立新加坡宜居城市中心，该中心制定了新加坡宜居城市建设框架和发展模式，政府强力保障执行和实施，目的就在于以政府强制性政策为"风向标"引导宜居城市的建设与治理。

总结起来，国外宜居城市建设的主要经验包括：

第一，重视规划对宜居城市建设的重要作用。通过设立专门的专项规划或在城市建设总体规划中突出自然环境保护部分，以贯彻可持续发展为原则，不仅仅体现当代自然环境保护的意义，同时超前考虑为未来的后代保留有价值的自然环境遗产。另外，应加强规划的前期论证，增强规划的科学合理性，并注重公众的广泛参与，提升规划的延续性和功能性，通过强化制度保障城市自然环境保护的效力和长效性。

第二，以城市发展突出对"人的需要"的满足为目标改善人居环境系统，包括优美的城市自然环境以及繁荣发达的自由经济所提供的较好就业机会和公平环境、高效便捷的交通网络、完善的城市公共设施服务等多个方面。

第三，以社区为中心搭建多层次网络系统载体，将各种社会资源下放整合到社区层级中，加强宜居城市基础环节建设，使宜居城市建设的目标和任务分解蔓延至社会基础群落中，实现宜居微观形态塑造。

第四，推动宜居精神层面目标的实现，丰富宜居城市的文化内涵，塑造文化多元、开放包容的宜居人文环境，为城市永续发展提供蓄养的"良田"，也提供向世界学习和吸收的途径，提升城市文化实力和竞争力。

第五，发挥制度建设及严格管理的重要作用，严格立法、严格执法和科学规划。虽然宜居城市是一个动态的概念，也是在城市发展过程中衍生出的一种高级进化状态，不同增长阶段对宜居的定义和需求不同，体制不同、发展道路不同、发展阶段不同的地区对宜居城市的要求也不同，但是宜居城市建设的重中之重在于强大的制度规范以及政府执行力的保障。因此，未来在我国宜居城市建设过程中如何强化政策支撑等制度保障，并切实有效地进行贯彻落实，是宜居城市建设目标得以顺利实现的关键所在。

二、我国宜居城市建设进展与"瓶颈"

较之国外，我国宜居城市建设历史较短。2005 年国务院召开的全国城市规划工作会议明确要求各地将宜居城市作为城市规划的重要内容，至此我国宜居城市建设开始全面启动。2005 年，北京首开先河，在地方城市规划（《北京市城市总体规划（2004 年-2020 年）》）中第一个明确提出建设"宜居城市"。2007 年，国家建设部科技司颁布《宜居城市科学评价标准》作为我国首部官方的宜居城市建设参照，为宜居城市建设提出了导向性的科学标准，而国外宜居城市建设自 20 世纪初就已经开始，比我国早近一个世纪。

目前，国内多个研究机构根据宜居城市建设的现有成果，选取不同维度、提出不同标准对现有城市宜居状况进行评比，形成了较具说服力和公信力的我国宜居城市排名。例如，自 2014 年开始，中国城市竞争力研究会开始发布"中国十佳宜居城市排行榜"；同年，中国社会科学院对我国 294 个城市（包括香港、澳门）的宜居性进行了定量测度和评价，推出了"中国宜居城市排名"报告，其中前十名的城市依次包括珠海、香港、海口、三亚、厦门、深圳、舟山、无锡、杭州和上海。2015 年，新加坡国立大学评选了"中国十大宜居城市"，前 10 名分别为澳门、威海、香港、烟台、厦门、台北、潍坊、南通、常州和南京。从国内宜居城市建设的实践和现状来看，国内宜居建设水平和阶段存在一定的差异，各个城市根据自身发展目标和禀赋优势，都设定了宜居城市发展的主要目标和建设规划，旨在进一步提升城市管理水平，力求打造有品质、有特色的宜居城市品牌，不断增强城市的吸引力、凝聚力和竞争力，为城市居民打造更有温度、更有人情、更有意境的美好城市。

虽然我国许多城市已经明确将"宜居"作为城市建设目标，在城市总体规划和空间规划中都有所体现，但建设效果不尽如人意，在较为公认和权威的全球宜居城市排名中，我国鲜有城市入选，显示出我国宜居城市建设的相对滞后。

究其原因，首先，受制于我国城市自身禀赋条件的限制，包括地理位置、历史基础、资源条件、人文环境以及经济发展阶段等，因此在把握宜居城市发展方向的前提下，结合城市自身发展特征进行宜居城市的规划与建设的视阈可能会产生不同程度的偏差，表现为宜居城市建设的系统性概念框架和体系设计基础较为薄弱，先期规划和后期发展的可持续性体现得不明显。这一方面导致城市景观及风貌的完整性、人文文化的传承性和制度保障的连续性不够，另一方面使宜居城市管理体系与规划的契合度不高，不能实现宜居城市建设的全方位覆盖。

其次，我国城市建设重点仍集中在城市化过程中"水泥板"扩张阶段，追求当前城市居民生活环境质量的提高仍是宜居的首要目标，人与自然、人与人、人与社会协调发展的倾斜度不够，城市可持续发展的潜力没有完全释放。创造宜居的生活空间，如生态化的社区、绿色社区、智能建筑等获取中长期生态及社会效益的内在动力不足，城市"精明增长"过程中宜居因素还未提升到作为重塑城市宜居竞争力核心基础的高度，整合各种城市资源参与宜居城市建设还存在不同程度的困难。

最后，宜居城市规划前瞻性、强制性、公开性不够。目前，我国宜居城市的居住环境和公共基础设施建设规划相对滞后，城市建设中对长期建设目标的关注度不够，过分追求短期城市建设效果的显现，一定程度上忽视了城市发展的长期诉求。同时，保障城市建设的法律体系的强制执行力度不够。

三、中外典型宜居城市建设特征比较

"十四五"时期是我国新型城镇化进程高速推进的时期，建设宜居城市作为主导新型城镇化的重要途径和现实目标，承载着实现城市永续发展、绿色和谐的重任。在我国加快宜居城市建设步伐的关键时期，亟须从理论层面提供相应的指导和参考。如何把握宜居城市的内涵和实质，需要更多的理论与事实支撑，通过对中外宜居城市实践的比较和分析，能够获得可供借鉴的经验和启示，这是一种较为有效的研究思路，能够为未来宜居城市建设提供有益的理论根据。

从中外宜居城市建设的效果来看，国外宜居城市建设历史较长、目标明确、效果显著，较为公认和权威的全球宜居城市排名中基本都为欧美城市，如英国经济学人智库（Economist Intelligence Unit）每年对全球140个城市进行宜居程度评价，2014年全球最宜居城市前10名集中于澳大利亚和加拿大；美国美世咨询公司（William Mercer）进行的宜居城市排名中也几乎都是欧美国家城市，日本的东京、神户等城市作为亚洲宜居城市入选，而我国没有城市入选，这一定程度上明显体现出国外在宜居城市建设方面的绝对优势，也显示出我国宜居城市建设的滞后。

（一）国外典型宜居城市建设特征

1. 环境宜居型——温哥华

温哥华位于加拿大西南部，是加拿大西部最大的城市，同时也是北美第二大海港和国际贸易的重要中转站。温哥华作为加拿大著名的旅游胜地，是目前世界上最适宜人居住的城市之一，优美舒适的城市环境是其经常拔得各种"世界宜居城市排行榜"头筹的重要因素。温哥华建设宜居城市的特征首先表现为对绿色地带的保护，为了保持温哥华地区的生态特色，温哥华圈定了大都市区绿色地区的长期发展边界，同时积极打造空间，依据自然地理走向，围绕佛斯河盆地建立了4个面积达12公顷的大型公园，满足了人们进行不同室外活动的需要。其次表现为创造条件建设全新的环境基础设施和社会服务设施，以舒适社区引导新的城市生活方式，各社区都有完备的绿色空地、活动中心、体育休闲及娱乐设施。最后表现为贯彻可持续发展战略，实现紧凑都市发展目标。通过刺激温哥华中心城区的人口增长，推动就业岗位与住宅数量达到动态平衡，在避免无效的低密度城市扩散的基础上，构建起更加紧凑的城市形态。

2. 人文宜居型——维也纳

维也纳是奥地利首都和全国的经济与文化中心，也是世界著名的音乐之都和第三联合国城。维也纳历史文物数量众多，重视保护、重建旧城区的历史文物并融入特色城市规划中是其建设宜居城市的最重要特征。按照城市特质——"帝国首府、历史文化名城、音乐家的故乡、绿色自然之都"进行规划，整个城市呈现扇叶式的布局，逐步向外延伸，大片绿地环绕市中心，精致的城市风貌建设，尤其是建筑史上赫赫有名的"环城大街风格"集中体现了现代城市规划与古老文明的高度耦合。同时，值得一提的还有其高效的城市交通体系。自2011年起，维也纳政府开始着力推动"电动交通计划"，目的就是创新城市交通出行方式。这项工程由奥地利气候和能源基金给予专项资金支持，主要用于探索建设全球电动交通工具示范城市。在这个计划实施过程中，维也纳积极推广"私家车共享模式"，这种模式是为专门增加电动汽车的使用而设立的，结果是将居民个人的交通出行无缝接入到公共交通网络中，实现了私人与公共交通部门的动态接驳，开创了更加便捷和高效的出行模式选择，为城市绿色公交和共享交通目标的连接提供了更好的路径。

3. 生态宜居型——哥本哈根

哥本哈根作为丹麦王国的首都，也是丹麦拥有最大港口的最大城市。2014年 *Monocle* 杂志评出了全球"最适合居住的城市"，哥本哈根获得"最佳设计城市"称号，以表彰其在城市文化建设方面取得的特别成就。哥本哈根本身是世界著名的历史文化名城之一，工业革命繁荣兴盛形成的新兴大工业企业与源于中世纪的古老建筑物之间形成强烈的反差，在彰显现代化大都市气质的同时，又富有传统的古典文化魅力。哥本哈根之所以在城市建设方面迈入如此高水平的阶段，主要得益于哥本哈根的生态城市建设项目。这个项目虽然是丹麦第一个生态城市建设项目，但是高水平的规划和超前的理念设计、高标准的建设实施以及全域全城的互动参与使得哥本哈根在宜居城市建设中处于全球领先地位，树立了生态宜居城市建设的标杆和示范，为欧洲其他国家乃至世界范围内生态宜居城市建设输出了诸多的有益经验和先进理念。哥本哈根宜居城市设计和建设的重点在于始终强调以人为本。以 Strget 大街为例，Strget 大街是欧洲首个以最大限度减少城市中心区域的汽车出行为目的进行全方位改造的街道，通过 Strget 大街带动周边区域最终辐射引领哥本哈根全市的转型，不仅创造性地塑造了哥本哈根绿色低碳的城市个性，也通过探索人与道路之间由物理关系上升为自然和谐关系的城市更新模式，进一步完成了宜居城市人文属性嵌入的高级化进阶。

4. 社会宜居型——西雅图

西雅图是美国太平洋西北海岸最为活跃的商业、文化和技术中心之一，也是全美高科技产业的高度聚集地，多次被评为"美国最适合工作及居家的城市"。"可持续发展的西雅图"模式是其在宜居城市建设方面最突出的贡献。西雅图率先提出并贯彻实施了可持续发展模式，在内容规划、程序编制和规划修订上均较全面地贯彻了可持续发展的指导思想，具有强烈的整体意识、区域意识和社区意识。为实现上述宜居城市规划目标，西雅图制定了相对健全的配套制度保障，建立了严格的法律体系和财政机制。控制城市人口规模、节约利用有效土地资源、降低不可再生能源消耗、高效利用城市基础设施、保护城市人居环境、鼓励公众参与城市建设管理、倡导公平正义的城市发展理念、改进城市居民社区生活品质、强化社区综合治理意识、保护城市地方特色文脉、超前布局城市交通网线以及保护社区微循环系统等，都体现出了西雅图宜居城市建设的全覆盖、绿色循环以及协同高效等可持续发展意愿。

5. 安全宜居型——东京

东京是世界级的大城市，集中了日本30%以上的银行总部、50%的大公司总部和 20% 的世界 500 强总部，2007 年《国际先驱论坛报》和《单片眼镜》根据 11 项宜居城市化指标将东京评为世界第四位的宜居城市，主要理由就是东京犯罪率低、公共交通系统设计合理、服务设施完善等，因此东京可以被视为安全宜居型城市的代表。东京安全城市的基础在于高效运行的城市管理体制。东京的城市管理组织架构中结构主体较为多元，且主体之间协同运行高效灵活，由地方自治政府管理系统、承担城市管理职能的企业系统以及承担城市管理职能的民间组织系统组成基本架构，形式多样的同时还互为补充，很好地执行和完成了东京城市管理的多重目标及复杂任务。例如，"青色灯"民间岗亭的出现就体现出东京城市管理组织的多元化和协同高效。为应对日本社会安全问题、保障城市居民的出行和生活安全，自 2004 年开始，东京市民自发建立岗亭开始 24 小时值班巡逻，这些岗亭门口安装旋转式的蓝色警示灯，并配置专用的带有蓝色顶灯的巡逻车，区别于政府公共部门提供的安全保障，其更加机动灵活，也更好地补充了政府提供公共产品的不足和短缺。此外，东京政府和市民都拥有卓越的危机防范意识和安全意识，这也为东京安全城市建设提供了思想和理念的引领。基于日本特有的国土狭小，且自然环境恶劣、自然灾害频发的特点，东京积累了丰富的城市公共危机处理的实践经验和制度保障，形成了较为完备和健全的城市应急管理体系，政府高效公共危机管理机构与国民强烈的危机意识互相配合，再加上不断发展和丰富的城市公共危机管理法律法规，打造出了人口密度最高、生活最安全的世界级城市之一——东京。

（二）国内典型宜居城市建设特征

1. 环境宜居型——杭州

享有"东方休闲之都"美誉的杭州，曾多次被联合国授予"最佳人居奖"和"国际花园城市"的称号。杭州自然环境浪漫秀丽，又具备和谐开放的城市人文环境，是国内环境宜居城市建设的先锋。杭州建设宜居城市的重点是围绕城市中心景区——西湖展开整个城市的空间布局和建设部署。2001 年底开始，杭州就着力实施了"西湖保护工程"，本着"还湖于民"的宗旨，以提升西湖环境综合品质为目标，通过改善西湖环境质量带动周边及整个城市环境的提升改造。尤其是西湖的免费开放让其作为城市综合载体功能的公共效应和社会效应实现了最优化。2009 年，杭州又成立了西湖风景名胜区管理委员会，风景区内所有的街道、社区和乡村都由管委会托管，对西湖的自然、人文、历史等多重价值进行综合的利用开发和保护增值，不仅优化了城市景观与自然环境的空间布局，更重要的是很好地提升了杭州以环境宜居为核心的城市生活品质。

2. 人文宜居型——北京

北京的丰富历史文物资源不仅表征着北京历史文化名城的根基与地位，更体现出其在人文宜居方面的巨大优势。作为传统文化与现代文明交相辉映的代表性城市，北京对中国文化和艺术创新的作用不言而喻。自 20 世纪 90 年代以来，北京大力进行产业的生态化、绿色化转型，三次产业的比例由 2009 年的 0.94：23.0：76.1 变化为 2021 年的 0.3：18.0：81.7，第三产业比重不断上升，十年间上升了近 5.6 个百分点，第一、第二产业则显著下降，以高新技术、文化创意、绿色环保等为代表的新兴产业成为拉动北京经济增长的主要动力。尤其是北京文化创意产业更是"领跑"全国，2013~2018 年，北京文化产业增加值年均增速达到 13.3%，占地区生产总值的比重也从 8.1% 提高到了 9.3%，文化产业占地区生产总值的比重居全国之首，这充分展示了北京依托文化资源的绝对资源禀赋优势，同时发挥产业创新和高质量发展的相对优势，形成了人文宜居城市建设的内涵式、集约型和高端化发展路径。

3. 生态宜居型——成都

成都素有"天府之国""蜀中江南""蜀中苏杭"的美称，2006 年建设部正式授予成都"国家森林城市"牌匾，2007 年成都正式成为首批中国最佳旅游城市，2011 年在"中国休闲城市发展综合评价成果发布会"上荣膺"最佳休闲城市"称号，这些都显示出成都生态宜居城市建设的成就。宣传弘扬具有魅力的城市精神是成都宜居城市建设的基本理念，"雍容大度，张弛有道，追求卓越"的城市精神不仅体现了成都的胸襟与气度，而且是城市个性和品牌的彰显，更是城市生产与生活方式继承与革新的基本格调。成都提出的生态宜居发展战略具体体现为实现"田园风格、水网绿楔、多廊发展"的生态网络城市目标。措施包括：构建"区域生态屏障"；发展"生态轴线"，建立各组团间的多组"生态隔离带"；打造畅通的交通体系；实施宜居家园工程等。

4. 社会宜居型——上海

上海作为中国经济最发达的城市，在向后工业社会和信息社会演进过程中正在形成稳定的新城市形态与新城市文化。2002 年上海获得联合国颁发的"城市可持续发展贡献奖"、2005 年获得联合国经济与社会事务部颁发的"城市信息建设杰出贡献奖"。上海宜居城市建设的主要成就集中在社会宜居方面，这表现为：首先，通过全面的规划促进宜居建设。借助 2010 年世博会的良好契机，上海提出并实施了"平、缓、特"的交通规划、强调"正生态和快乐生态"的生态系统规划以及"叠合城市"的地下空间规划、完善的安全体系规划和信息交流规划，围绕"城市让生活更美好"的主题推动宜居城市建设。其次，上海作为一个多元文化要素高度聚集的城市，由消费群体的多样化、社会阶层的多元化以及生活方式的叠加化形成了个性化城市标签，在城市社区等微观单元上也展现出了多层次的供给形态和标准。以城市社区住宅设计为代表的城市生活新理念表达，不仅对提高城市居住环境质量和生活服务水平具有一定的促进作用，更为重要的是其在很大程度上满足了以住宅为微观载体的现代社会人文精神寄托需求，特色化、差异化、艺术化、精致化的社区动态住宅设计和建设不仅成为海派城市文化魅力的集中展示窗口，更是上海社会宜居城市建设的最鲜明特征。

四、典型宜居城市建设经验启示与借鉴

（一）经验启示

综合上述特征可以发现，国内外宜居城市建设在理念规划、执行力度、系统推进、落地方式等方面都存在一定的差异，具体表现在宜居理念超前性、先期规划前瞻性、城市风貌完整性、宜居建设系统性以及制度保障执行力几个方面。

第一，从宜居理念超前性来看，国外更重视"可持续发展"原则的贯彻和城市未来发展压力的释放，如温哥华的"宜居区域战略计划"（LRSP），即绿色地带保护专项计划。国内更关注短期内经济及生态效益的获取，更加重视建造出宜人的生活空间，如生态化的社区、绿色社区、智能建筑等。

第二，从先期规划前瞻性来看，国外规划更重视长期动态变化及对未来发展趋势的预判；国内规划多着眼于中长期的目标达成及可行性。国外宜居城市建设非常重视规划的重要作用，都设立了城市建设总体和专项规划，不仅考虑城市的当代性，而且考虑对未来和后代的影响，因此规划具有较强的延续性和功能性，通过制度化的途径保障城市建设成果的效力、不可更改性和非随意性，如西雅图提出的"都市集合"的发展规划以及超前合理的交通规划。相比而言，国内城市的居住环境和公共基础设施建设规划相对滞后，但也都在城市建设的过程中通过不同的方式和手段完成中长期的建设目标。

第三，从城市风貌完整性来看，国外宜居城市更重视以城市历史的传承来把握未来建设方向，特别注重人居环境的继承性改善，以自然环境宜人、经济环境繁荣、交通网络高效、公共设施网络完善为目标，充分利用和挖掘已有的城市资源，在保持历史风貌的基础上为居民提供多样性的生活选择、尽可能多的机会以及最大的方便，使居民可以就近工作并享受高品质的生活与娱乐。国内更关注在保持历史的基础上进行创造或革新，集中体现在宜居城市建设的特色和个性上，如上海在海派文化上下足了功夫；杭州大打"建设新天堂"的品牌，青岛的"红瓦、绿树、碧海、青山、黄墙"的城市色彩是国内仅有的；大连"不求最大，但求最好"的城市经营策略；珠海"海上云天，天下珠海"的建设特色，这些都是城市宜居性的重要体现。

第四，从宜居建设系统性来看，国外更重视宜居城市管理体系的可操作性、实施效果及与规划的契合度，主要通过社区等微观单元实现宜居的全覆盖，因此国外宜居城市大多将社区设施的不断完善与"精明增长"作为重塑城市宜居竞争力的基础环节，并以社区为载体整合各种资源参与到宜居城市建设中。例如，温哥华在社区的基础上，按照都市区、区域、自治市三个层级形成基于社区的多中心网络系统，促进经济与社区平衡发展。国内更关注宜居建设体系的完整性和配套程度，在宜居城市的建设中均较好地满足了公众对宜居的基本要求，即优美的居住环境和便利的公共基础设施（包括城市公共设施、交通、住房、安全、减灾、就业、就医、福利等方面）。

第五，从制度保障执行力来看，国外更加关注制度对于宜居城市建设的推动力。以新加坡为例，为了推动和保障宜居城市建设，新加坡确立了清晰明确和执行有力的政府管控体制，不仅使体系内各个规划的制定和执行部门之间进行紧密的协同配合，更充分保证了社会公众能够参与宜居城市规划和建设的全过程，增加了政府的公信力和执行力，并且能够加快涉及宜居城市建设重大政策及事项的决策速度，进一步提升政府决策效率。国内宜居城市建设则更关注对建设目标的可达性和规划执行的可操作性，例如，青岛在宜居城市建设的全过程中，更加强调规划编制环节的公众参与程度，通过提高规划透明度、提升公共监督与建议渠道的畅通度来强化宜居城市建设的执行力。

国内外宜居城市建设特征的比较如表9-1所示。

表 9-1　国内外宜居城市建设特征的比较总结

差异项	代表城市		划分类型	主要经验	差异来源
宜居理念超前性	国外	温哥华	环境宜居型	"宜居区域战略计划"（LRSP）；绿色地带保护专项计划	国外更重视"可持续发展"原则的贯彻和城市未来发展压力的释放；国内更关注短期内经济及生态效益的获取
	国内	杭州	环境宜居型	以西湖为核心的城市发展脉络	
先期规划前瞻性	国外	西雅图	社会宜居型	"都市集合"的发展规划；超前合理的交通规划	国外规划更重视长期动态变化及对未来发展趋势的预判；国内规划多着眼于中长期的目标达成及可行性
	国内	北京	人文宜居型	国内最早提出建设"宜居城市"；社区建设与生态建设并重	
城市风貌完整性	国外	维也纳	人文宜居型	精致的城市风貌建设：环城大街风格	国外更重视以城市历史的传承把握未来建设方向；国内更关注在保持历史的基础上创造或革新
	国内	成都	生态宜居型	"田园风格、水网绿楔、多廊发展"的网络城市发展目标	
宜居建设系统性	国外	东京	安全宜居型	高效运行的城市管理系统	国外更重视宜居城市管理体系的可操作性、实施效果及与规划的契合度；国内更关注宜居建设体系的完整性和配套程度
	国内	上海	社会宜居型	"平、缓、特"的交通规划；"正生态和快乐生态"的生态系统规划；"叠合城市"的地下空间规划	
制度保障执行力	国外	新加坡	生态宜居型	强有力的控制体制：专业规划者与企业的合作；违法行为的严厉惩处	国外更重视制度对城市宜居因素发挥的向好作用；国内更关注对城市建设目标的贡献及执行力度
	国内	青岛	生态宜居型	健全法律体系；规划编制的公众参与；全方位的公示	

　　从国内外宜居城市建设的实践对比来看，国内外宜居城市建设从产生背景到建设目标都存在一定的差异，具体来说：

　　国外宜居城市建设是根据城市可持续发展需求"应势而生"的，更加重视先期规划的科学性和后期发展的可持续性，保持城市风貌的连续完整性、城市人文个性的传承性和宜居制度保障的可靠性是国外宜居城市的关键。总体来看，国外宜居城市建设比较突出对"人"的关注，更加崇尚关注人与自然、生态及社会的和谐统一，通过提升城市的居住环境质量和营造人文环境，从自然宜居和社会宜居两个维度把握宜居城市建设的尺度。城市居民生活质量与居民参与城市发展决策能力的提升成为衡量城市宜居的重要指标。同时，城市发展的可持续性作为宜居城市建设的终极目标，不仅强调当前城市居民美好生活的创造，更加注重挖掘城市可持续发展的潜力。

相较而言，国内宜居城市建设一方面是源于国际宜居城市建设的热潮，是在城市化的推动下"应时而生"的，另一方面也是解决城市发展问题的必要手段。因此在借鉴已有国外经验的基础上，对于宜居城市建设的概念较为清晰，但是由于城市发展理念、城市规划、城市文化，甚至城市风貌与国外宜居城市存在差异，在把握未来宜居城市发展方向的前提下，如何结合自身城市发展特征进行宜居城市的规划与建设，是值得关注的问题。

（二）主要借鉴

依据上述国外宜居城市的建设经验，未来我国宜居城市建设应注意以下几个方面：

第一，通过专项规划保护城市自然环境。应重视规划对宜居城市建设，特别是城市自然环境保护的重要作用，设立专门的专项规划或在城市建设总体规划中突出自然环境保护部分，以贯彻可持续发展为原则，不仅仅体现当代自然环境保护的意义，同时超前考虑为后代保留有价值的自然环境遗产。此外，应加强规划的前期论证，增强规划的科学合理性，并注重公众的广泛参与，提升规划的延续性和功能性，通过强化制度保障城市自然环境保护的效力和长效性。

第二，注重城市人居环境的系统改善。从国内外宜居城市建设经验的比较来看，国外宜居城市建设之所以取得成功，关键在于城市发展以人为本、关注人的需要，因此城市建设应更加突出对"人的需要"的满足，以此为目标改善人居环境系统，这不仅是城市自然环境的宜居性提高，还涵盖了为城市居民提供良好的就业机会和公平的发展权利与机会、均等化的基本公共服务、高效通达的城市公共交通网络、舒适完善的城市公共设施等诸多方面。宜居城市应该尽可能地为城市居民赋予多样性的生活空间和机会选择，让城市居民在相对舒适的时空单元中享受高品质的生活。

第三，夯实宜居城市基础单元。国外宜居城市建设经验显示，城市社区是宜居城市建设与发展的"基础单元"，建设高水平的社区是实现城市"精明增长"的有效途径，也是城市宜居竞争力的最直接展现，因此宜居城市建设应加强社区建设品质，真正实现城市宜居建设的微观形态塑造。可以借鉴国外宜居城市成熟社区的有益建设经验，以社区为中心构建搭载多种城市服务功能和生活功能的多层次网络系统，并加快各种社会资源下沉社区的步伐，让宜居城市建设的目标和任务渗透分解至社会的基础群落中。超前探索社区居民的有效自治方式，优化宜居城市建设的微观治理方式，在宜居城市建设进程中实现更加均衡的城市经济社会结构性转型发展。

第四，塑造文化多元、开放包容的宜居人文环境。国内外宜居城市都具有较为开放和多元的文化氛围，兼容并蓄的发展方略不仅为城市文化提供了蓄养的"良田"，也为文化的发展提供了学习和吸收的途径。文化的多元性不仅能够有力推动宜居城市建设精神层面目标的实现，而且开放包容所体现的城市胸怀也是宜居城市应有的气质之一，因此宜居城市建设应将城市人文环境建设作为主要组成，通过加强宜居城市的文化内涵，提升城市文化实力和竞争力。

第五，强调制度建设与严格管理的突出作用。科学合理的规划是国内外宜居城市建设的重要法宝之一。虽然宜居城市是在城市发展过程中衍生出的一种城市高级进化状态，具有动态演化特征，城市发展阶段对宜居的定义和需求也存在差异，社会制度不同、发展道路不同、发展阶段不同的地区对宜居城市的建设要求也不尽相同，但是从一般规律上看，保障宜居城市建设最有力的工具之一就是严格的制度保障所提供的强大执行力。因此，未来我国宜居城市建设还需将制度建设作为最重要的支撑，健全相关法律和法规，切实有效地贯彻执行，这样才能最大限度地保障宜居城市建设目标的顺利实现。

第十章　未来方向：
京津冀世界级城市群的多重路径

　　世界级城市群的更迭崛起集中体现了全球经济重心的转移和国际分工格局的重塑，世界级城市群不仅是全球资源聚合、配置和创造的集中点，更是全球创新的策源中心，直接决定着全球经济竞合格局乃至世界政治的发展走向。因此，世界级城市群不仅是推动京津冀区域资源配置优化的最佳载体，更是京津冀发挥引领高质量发展动力源作用的重要引擎。

　　建设世界级城市群是对京津冀协同发展时代的需求的现实回应。新时代，京津冀区域发展的不平衡不充分集中体现为区域内部发展差距引起的"马太效应"和长期体制机制创新滞后等深层制度安排差异累积形成的"资源诅咒"。推动京津冀协同发展战略实施更加集约与高效，必然要求在承认区域内部差异的基础上突出不同地区的要素禀赋、发展基础与特色，更加张扬区域"个性"，制度供给更加"精细化"，这种梯次化、有差异、渐进式的区域战略布局需要有效的空间载体，世界级城市群将担此重任。

　　建设世界级城市群是跨越京津冀区域发展的"鸿沟"的必然选择。从实践来看，京津冀区域发展也遵循着类似于"库兹涅茨曲线"所呈现出的基本规律。在经济未充分发展阶段，区域发展将随经济发展趋于不平衡不充分，随后经历一段调整与转型的"阵痛期"，随着经济进入高质量发展阶段，区域之间的发展差距将逐渐消弭，逐渐步入平衡与充分发展阶段，区域发展的"鸿沟"最终被跨越。京津冀区域目前正处于"库兹涅茨曲线"的"阵痛期"。建设世界级城市群能够使资源要素在城市群内部实现有效集聚、共享和流动，通过技术外溢和创新转化提升整个城市群的资源配置效率和要素流动水平，使资源的辐射效应和联动效应实现最大化，有效促进区域平衡发展。

　　借鉴其他世界级城市群发展经验，建设京津冀世界级城市群：一是要以有序疏解北京非首都功能为"牛鼻子"，以雄安新区和北京副中心建设为牵引，在高度分工协同的基础上真正形成差别化的区域竞合发展格局。二是增强城市群核心城市的"赋能"效应，发挥其"能量核"的聚合作用，推动资源要素自由流动和合理配置。三是秉承绿色生态发展理念，实现生态环境联建、联防、联治。四是建设高度通达的现代化交通基础设施体系，打造城市群内部时空连接的有效通道。五是实现基本公共服务的区域均等化，提升城市群共享发展层次。

一、"疏解与重组"双向叠加发力，完善区域空间与功能整体布局

进一步疏解非首都功能、优化提升首都核心功能是未来京津冀协同发展取得更大突破性进展的"牛鼻子"。这看似在"做减法"，实质上是在"做加法"，让北京"减负前行"的同时为区域其他地区搭建了发展平台、让渡了更多的发展机遇与资源。"一减一加"之间不仅使北京在减轻一定负重的前提下腾出空间进行自身城市功能的存量调整、城市空间格局的重塑，同时也有效促进了资源要素在区域内部的加速流动，通过区域内部重组带动要素空间布局动态优化，缩小区域之间的发展差距。立足疏解北京非首都功能，依据三地功能定位，基于不同疏解地的承接条件和主要任务，以北京新两翼为原点，以京津、京保石、京唐秦为发展主轴，通过疏解转移加速区域产业链延伸、调整产业结构，形成产业疏解的"圈层放射弧"，实现区域产业结构横向集聚、纵向链化。雄安新区积极发挥北京非首都功能集中承载地的功能，加快转移承接在京国有企业总部及分支机构，重点吸引北京创新型、高成长性科技企业，通过推动区域产业结构调整优化逐渐发挥对河北周边地区的带动和辐射作用。北京推动副中心规划建设和老城区"重组"，在全面提高副中心的承载力和吸引力的同时优化整体空间布局和经济结构，提升北京"四个中心"的重要作用。天津突出"一基地三区"功能，加快建设高水平承接平台和产业创新平台，着力打造先进制造业集群，推动优势产业向产业链、价值链高端延伸。"疏解与重组"双向叠加发力，引导区域内部建立"增长极—增长带—增长圈"的辐射回路，逐步强化"点—轴"增长极的辐射扩散作用，带动区域空间与功能的整体布局不断完善。

二、深度塑造世界性城市群基本形态，提升区域要素集聚配置效率

从全球世界级城市群的发展历程和经验来看，城市群通过空间集聚获得了外部规模经济，从而产生规模效应和集聚效应，进一步演化为辐射和联动效应，带动城市群经济集聚溢出与扩散，能够较好地提升城市群内部集群效率，实现资源配置优化。京津冀建设世界级城市群首先需要克服城市群梯次结构不均衡引致的生产要素向京津过度聚集的问题，弱化京津两地强大的"虹吸"力量。以雄安新区和北京副中心建设为突破，将有效打破京津冀行政区划藩篱，削弱区域市场的行政阻碍和人为割裂。发挥城市群不同能级城市的功能，统筹区域生态空间、生活空间、生产空间，形成聚疏有序的城市群空间布局。增强城市群核心节点城市的"赋能"效应，发挥其"能量核"的聚合作用，使之成为优化区域资源配置的最佳载体。在疏解北京非首都功能的过程中逐步提升周边城市的承载能力，增强石家庄、唐山等区域性中心城市的集聚力，强化京津和区域其他中心城市的辐射作用。上述目标的实现需发挥市场的作用，因此要建立要素优化配置市场主导机制，让"看不见的手"和"看得见的手"协调一致起来，使用市场力量消除城市之间的同质化竞争、信息不对称以及创新资源浪费等不利因素，推动政府与政府、政府与企业、企业与企业之间的信息交流、知识共享和不完全竞争，实现城市群内部各能级城市间高端创新资源的集聚利用和优势互补，提升城市群的综合竞争实力和发展质量，推动京津冀城市群成为具有核心竞争力、可持续性发展的世界级城市群。

三、大力强化生态环境联建、联防、联治，凝聚区域生态建设合力

保护生态环境具有巨大的经济社会效益，将产生变革性力量，其重要意义主要体现为外部性效应的克服和资源使用交易成本的控制。京津冀区域生态空间分

异特征较为明显，需要平衡三地自身的利益，通过实施差别化发展战略，让三地主动参与生态保护和治理的行动，形成生态环境治理的合力。京津冀区域的生产空间和生活空间主要集中在人口稠密的城市化及半城市化地区，重点是按照使资源、生产、消费等要素相匹配的原则，以改善生态环境质量为核心，实现生态环境治理的联建、联防、联控，使绿色低碳循环汇聚成发展的新动能。一方面要合理控制开发强度，扩大区域生态空间，促进生产空间集约高效、生活空间宜居适度、生态空间"绿水青山"。另一方面要充分运用市场化手段提高环境治理水平，探索建设区域生态补偿市场化机制，完善资源环境价格机制，实现绿色发展的自我平衡与区域协同共进。

四、全方位推进交通一体化，实现区域基础设施互联互通

京津冀具备高密度人口容纳和高质量经济发展能力，区域发展须建立在强大、具有竞争力和低碳的交通运输系统基础上。弥补京津冀区域内部城市的要素短板，优化生产要素的空间配置，提升要素组合效率，将潜在优势转化为现实优势，前提就是实现资源要素在区域内外部的自由流动，这要求充分发挥区域综合交通枢纽和多层次立体交通网络的作用，立足人流、物流、信息流等要素市场一体化推动交通一体化，形成多方联动、融合发展、高效通达的区域现代化综合交通运输体系，满足区域要素通达方式便捷化、多样化和动态化的需求。一方面，依托北京新机场打造世界级机场群，建设以天津港为核心、以河北港口为两翼的世界级港口群，构建雄安新区快速便捷的综合交通网，形成世界级海陆空立体化动态交通运输网，提升城际交通体系运载能力和智能化管理水平。另一方面，全面建设京津冀轨道交通网络，架构"四纵四横一环"的城际铁路网，提高交通运输组织和区域一体化运输服务水平，发挥交通运输基础性、先导性、战略性和服务性的作用。

五、促进基本公共服务共建共享，
优化区域社会治理结构

　　长期以来，京津冀区域内部发展差距不断拉大，一体化进程的滞后不仅导致区域内部经济发展水平差异较大，更使基本公共服务供给的优势资源都向发达地区聚集，造成区域公共服务供给能力不均衡、社会资源缺乏有效配置，这成为协同发展的最大掣肘。通过实现区域社会服务一体化进而优化社会治理结构，是京津冀协同发展关键阶段的紧迫任务之一。构建公共服务型政府，推进基本公共服务均等化，使发展成果更多、更公平地惠及三地，是实现基本公共服务均等化的关键所在。因此，要强化三地政府社会管理和公共服务职能，保障三地公共服务均等化的统筹落实。大力挖掘公共资源潜能，集中力量优先提供基本民生、公共事业、公共安全和公益基础方面的服务，满足群众基本的公共服务需求。同时，加大对公共服务的投入，调整可支配财政资源的支出结构，根据公共服务的不同属性，采用不同的供给模式，丰富公共服务的供给数量和质量。

参考文献

［1］《创造》编辑部．城市群：融合与较量［J］．创造，2012（4）：30-31．

［2］薄文广，陈飞．京津冀协同发展：挑战与困境［J］．南开学报（哲学社会科学版），2015（1）：110-118．

［3］查晓鸣．关于城市生态廊道规划的思考［J］．上海建材，2015（3）：13-17．

［4］程恩富，王新建．京津冀协同发展：演进、现状与对策［J］．管理学刊，2015（1）：1-9．

［5］丁一文．环京津生态抑制型贫困带的现状、成因及对策建议［J］．生态经济，2013（9）：87-91．

［6］段丹洁．落实精准扶贫　实现共享发展［N］．中国社会科学报，2017-12-13（1351）．

［7］范红忠．市场规模、地区投资吸引力与地区经济差异的逻辑解释及实证［J］．财经研究，2004（11）：83-93．

［8］冯刚．北京—张家口区域生态与产业协调发展研究［J］．城市发展研究，2007（2）：71-75．

［9］高雪峰．背景链接：世界五大城市群［J］．中国城市经济，2003（9）：29-30．

［10］巩瑞波．论共享发展理念的内在理路与实践逻辑［J］．求实，2017（3）：76-85．

［11］缑倩雯．环境规制、技术创新与区域产业升级的关联机制研究［J］．现代商贸工业，2019（14）：11-13．

［12］顾朝林．城市群研究进展与展望［J］．地理研究，2011（5）：

771-784.

　　[13] 胡志平,甘芬.国内共享发展若干问题研究述评 [J].当代世界与社会主义,2016 (4):197-208.

　　[14] 蒋茜.论共享发展的重大意义、科学内涵和实现途径 [J].求实,2016 (10):62-69.

　　[15] 蒋奕廷,蒲波.基于引力模型的成渝城市群吸引力格局研究 [J].软科学,2017 (2):98-102

　　[16] 京津冀三地党刊联合课题组.京津冀协同发展的工作成果与未来展望 [J].前线,2017 (9):56-61.

　　[17] 京津冀携手建生态廊道　形成世界级城市群生态体系 [EB/OL].2015 - 07 - 21,中国新闻网,http://www.chinanews.com/gn/2015/07 - 21/7419101.shtml.

　　[18] 李国平,陈秀欣.京津冀都市圈人口增长特征及其解释 [J].地理研究,2009 (1):191-202.

　　[19] 李占才.共享发展的思想内涵和实践导向 [J].湖湘论坛,2016 (3):5-12.

　　[20] 廖宇航.京津冀产业结构升级能带动人口疏导吗?——基于动态面板的实证分析 [J].特区经济,2019 (2):72-76.

　　[21] 刘建朝,李丰琴.京津冀产业协同政策工具挖掘与量化评价 [J].统计与决策,2021 (20):76-80.

　　[22] 刘涛,周强,刘作丽,解永庆,宋健.国际大都市区空间发展规律与空间治理——兼论对北京的启示 [J].城市发展研究,2017 (11):64-69.

　　[23] 陆大道.京津冀城市群功能定位及协同发展 [J].地理科学进展,2015 (3):265-270.

　　[24] 路畅,王媛媛,于渤,刘立娜.制度环境、技术创新与传统产业升级——基于中国省际面板数据的门槛回归分析 [J].科技进步与对策,2019 (14):62-68.

　　[25] 吕静韦,金浩,李睿.我国战略性新兴产业影响因素研究 [J].商业经济研究,2016 (4):197-198.

　　[26] 马晓河.从国家战略层面推进京津冀一体化发展 [J].国家行政学院学报,2014 (4):28-31.

　　[27] 毛汉英.京津冀协同发展的机制创新与区域政策研究 [J].地理科学

进展，2017（1）：2-14.

［28］毛艳华，李敬子，蔡敏容．大珠三角城市群发展：特征、问题和策略
［J］．华南师范大学学报（社会科学版），2014（5）：108-115.

［29］苗瑞丹，代俊远．共享发展的理论内涵与实践路径探究［J］．思想教
育研究，2017（3）：94-98.

［30］倪文卿．京津冀产业一体化测度及可行性研究［J］．资源与产业，
2019（3）：31-37.

［31］秦婷婷．日本首都圈建设对我国京津冀协同发展的启示［J］．廊坊师
范学院学报（自然科学版），2014（5）：61-64.

［32］沈亚男．首都圈人口空间分布的形成机制及影响因素［D］．北京：
首都经济贸易大学，2016.

［33］盛广耀．城市群区域人口变动的时空演化模式——来自京津冀地区的
证据［J］．城市与环境研究，2018（2）：33-47.

［34］宋鸿，张培利．城市人才吸引力的影响因素及提升对策［J］．湖北社
会科学，2010（2）：43-45.

［35］孙久文，李坚未．京津冀协同发展的影响因素与未来展望［J］．河北
学刊，2015（4）：137-142.

［36］孙久文，原倩．京津冀协同发展战略的比较和演进重点［J］．经济社
会体制比较，2014（5）：1-11.

［37］孙丽文，曹璐，吕静韦．基于 DPSIR 模型的工业绿色转型评价研
究——以河北省为例［J］．经济与管理评论，2017（4）：120-127.

［38］孙铁山，李国平，卢明华．京津冀都市圈人口集聚与扩散及其影响因
素——基于区域密度函数的实证研究［J］．地理学报，2009（8）：956-966.

［39］宛群超，袁凌，王瑶．对外直接投资、区域创新与产业结构升级
［J］．华东经济管理，2019（5）：34-42.

［40］王大树．把握深刻内涵　坚持共享发展［EB/OL］．http：//
www. ce. cn/xwzx/gnsz/gdxw/201709/01/t20170901_ 25612859. shtml.

［41］王娟．中国城市群演进研究［D］．成都：西南财经大学，2012.

［42］王双，董微微．深入推动京津冀协同发展的思路与举措［J］．求知，
2019（2）：13-15.

［43］王双，张雪梅．中外宜居城市建设特征的比较和启示［J］．前沿，
2014（21）：137-138.

［44］王双．加快京津冀资源要素合理流动［EB/OL］.http：//www. cssn. cn/jjx/xk/jjx_ yyjjx/csqyhjjjx/201703/t20170330_ 3472116. shtml.

［45］王双．借鉴国外经验　建设宜居城市［EB/OL］.http：//ethn. cssn. cn/mzxy.

［46］王双．京津冀蒙跨区域生态补偿市场化机制初探［J］.经济界，2014（5）：55-57.

［47］王双．京津冀区域共享发展：内涵、现状与问题［J］.城市，2018（3）：3-9.

［48］王双．京津冀生态功能分异与协同的实现逻辑与路径［J］.生态经济，2015（7）：124-127+151.

［49］王双．全面塑造区域协调发展新格局［EB/OL］.http：//www. cssn. cn/zx/201903/t20190306_ 4843818_ 1. shtml.

［50］王双．提升要素配置效率汇聚京津冀协同发展新动能［EB/OL］.http：//www. cssn. cn/.

［51］王双．我国城市经济现实问题研究进展述评［J］.兰州商学院学报，2014（4）：79-86.

［52］王双．我国海洋经济的区域特征分析及其发展对策［J］.经济地理，2012（6）：80-84.

［53］王双．我国主要海洋经济区的发展现状及潜力比较［J］.经济体制改革，2012（5）：52-56.

［54］王双．协同创新打造京津冀生态廊道［EB/OL］.https：//news. nongmiao. com/hangye/163964. html.

［55］王双．新公共管理框架下的城市管理体系［J］.财经科学，2011（5）：96-103.

［56］王双．中外宜居城市建设的比较及借鉴［J］.经济与管理，2017（1）：38-44.

［57］王旭．美国西海岸大城市研究［M］.长春：东北师范大学出版社，1994.

［58］王旭．美国城市化发展模式从城市化到大都市区化［M］.北京：清华大学出版社，2006.

［59］王宇，王立，张长安，树伟．京津冀协同发展研究的回顾与前瞻［J］.城市，2015（8）：12-16.

［60］魏进平，刘鑫洋，魏娜．京津冀协同发展的历程回顾、现实困境与突破路径［J］．河北工业大学学报（社会科学版），2014（2）：1-6+12.

［61］武义青，田学斌，张云．京津冀协同发展三年回顾与展望［J］．经济与管理，2017（2）：1-7.

［62］徐宇祥．对京津冀科技协同创新的思考［J］．统计与管理，2017（11）：57-59.

［63］许文建．关于"京津冀协同发展"重大国家战略的若干理论思考——京津冀协同发展上升为重大国家战略的解读［J］．中共石家庄市委党校学报，2014（4）：14-19.

［64］薛惠娟，田学斌，高钟．加快推进京津冀世界级城市群建设——"加快京津冀城市群建设"专家座谈会综述［J］．经济与管理，2014（4）：10-13.

［65］余达淮，刘沛妤．共享发展的思维方式、目标与实践路径［J］．南京社会科学，2016（5）：62-68.

［66］张殿波，王双，冯宇．国外宜居城市建设对我国的启示［J］．经济纵横，2014（10）：106-109.

［67］张京祥．城镇群体空间组合［M］．南京：东南大学出版社，2004.

［68］张鹏．京津冀人口分布与产业布局的特征及关联分析［D］．北京：首都经济贸易大学，2017.

［69］张蕊，李安林，李根．我国产业结构升级与经济增长关系研究——基于地区和时间异质性的半参数平滑系数模型［J］．经济问题，2019（5）：19-27.

［70］张亚明，刘海鸥．京津冀晋蒙生态一体化互动发展模式研究［J］．北京行政学院学报，2013（3）：69-72.

［71］张艳涛，张瑶．"共享发展"：当代中国发展的目标和归宿［J］．前线，2017（6）：12-16.

［72］张永安，张彦军，马昱．产业结构升级对经济发展的影响与机制研究——基于固定效应与面板分位数回归模型的估计［J］．当代经济管理，2019（9）：55-59.

［73］张云，张贵祥．基于区域一体化的生态经济发展研究——以京津冀北为例［J］．经济与管理，2009（3）：63-67.

［74］张云辉，赵佳慧．绿色信贷、技术进步与产业结构优化——基于PVAR模型的实证分析［J］．金融与经济，2019（4）：43-48.

［75］赵弘．北京大城市病治理与京津冀协同发展［J］．经济与管理，2014（3）：5-9.

［76］赵金丽，盛彦文，张璐璐，宋金平．基于细分行业的中国城市群金融网络演化［J］．地理学报，2019（4）：723-736.

［77］赵满华．共享发展的科学内涵及实现机制研究［J］．经济问题，2016（3）：7-13+66.

［78］中国社会科学院京津冀协同发展智库京津冀协同发展指数课题组，黄群慧，叶振宇，姚鹏，王宁，崔志新．基于新发展理念的京津冀协同发展指数研究［J］．区域经济评论，2017（3）：44-50.

［79］周学江，吴唯佳．空间功能整合与规划制度保障——面向京津冀地区的区域空间协调合作［C］//生态文明视角下的城乡规划——2008 中国城市规划年会论文集［A］．大连：大连出版社，2008.

［80］祝尔娟．"十二五"时期京津冀发展阶段与趋势特征分析［J］．经济与管理研究，2010（10）：122-128.

［81］邹正方，李兆洁．低碳经济视角下的京津冀晋蒙区域经济合作：挑战与选择［J］．重庆工商大学学报（社会科学版），2012（5）：37-40.

［82］耿建扩．河北绿色廊道成生态新屏障［N］．光明日报，2014-11-06（06）.

附录一

中共中央　国务院关于建立更加有效的区域协调发展新机制的意见①
（2018 年 11 月 18 日）

实施区域协调发展战略是新时代国家重大战略之一，是贯彻新发展理念、建设现代化经济体系的重要组成部分。党的十八大以来，各地区各部门围绕促进区域协调发展与正确处理政府和市场关系，在建立健全区域合作机制、区域互助机制、区际利益补偿机制等方面进行积极探索并取得一定成效。同时要看到，我国区域发展差距依然较大，区域分化现象逐渐显现，无序开发与恶性竞争仍然存在，区域发展不平衡不充分问题依然比较突出，区域发展机制还不完善，难以适应新时代实施区域协调发展战略需要。为全面落实区域协调发展战略各项任务，促进区域协调发展向更高水平和更高质量迈进，现就建立更加有效的区域协调发展新机制提出如下意见。

一、总体要求

（一）指导思想。以习近平新时代中国特色社会主义思想为指导，全面贯彻党的十九大和十九届二中、三中全会精神，认真落实党中央、国务院决策部署，坚持新发展理念，紧扣我国社会主要矛盾变化，按照高质量发展要求，紧紧围绕

---

① 摘自政府文件，全文只进行了体例上的调整，内容与原文保持一致。具体来源于中华人民共和国中央人民政府网站（www.gov.cn）。

统筹推进"五位一体"总体布局和协调推进"四个全面"战略布局，立足发挥各地区比较优势和缩小区域发展差距，围绕努力实现基本公共服务均等化、基础设施通达程度比较均衡、人民基本生活保障水平大体相当的目标，深化改革开放，坚决破除地区之间利益藩篱和政策壁垒，加快形成统筹有力、竞争有序、绿色协调、共享共赢的区域协调发展新机制，促进区域协调发展。

（二）基本原则

——坚持市场主导与政府引导相结合。充分发挥市场在区域协调发展新机制建设中的主导作用，更好发挥政府在区域协调发展方面的引导作用，促进区域协调发展新机制有效有序运行。

——坚持中央统筹与地方负责相结合。加强中央对区域协调发展新机制的顶层设计，明确地方政府的实施主体责任，充分调动地方按照区域协调发展新机制推动本地区协调发展的主动性和积极性。

——坚持区别对待与公平竞争相结合。进一步细化区域政策尺度，针对不同地区实际制定差别化政策，同时更加注重区域一体化发展，维护全国统一市场的公平竞争，防止出现制造政策洼地、地方保护主义等问题。

——坚持继承完善与改革创新相结合。坚持和完善促进区域协调发展行之有效的机制，同时根据新情况新要求不断改革创新，建立更加科学、更加有效的区域协调发展新机制。

——坚持目标导向与问题导向相结合。瞄准实施区域协调发展战略的目标要求，破解区域协调发展机制中存在的突出问题，增强区域发展的协同性、联动性、整体性。

（三）总体目标

——到 2020 年，建立与全面建成小康社会相适应的区域协调发展新机制，在建立区域战略统筹机制、基本公共服务均等化机制、区域政策调控机制、区域发展保障机制等方面取得突破，在完善市场一体化发展机制、深化区域合作机制、优化区域互助机制、健全区际利益补偿机制等方面取得新进展，区域协调发展新机制在有效遏制区域分化、规范区域开发秩序、推动区域一体化发展中发挥积极作用。

——到 2035 年，建立与基本实现现代化相适应的区域协调发展新机制，实现区域政策与财政、货币等政策有效协调配合，区域协调发展新机制在显著缩小区域发展差距和实现基本公共服务均等化、基础设施通达程度比较均衡、人民基本生活保障水平大体相当中发挥重要作用，为建设现代化经济体系和满足人民日益增长的美好生活需要提供重要支撑。

——到本世纪中叶，建立与全面建成社会主义现代化强国相适应的区域协调发展新机制，区域协调发展新机制在完善区域治理体系、提升区域治理能力、实现全体人民共同富裕等方面更加有效，为把我国建成社会主义现代化强国提供有力保障。

二、建立区域战略统筹机制

（四）推动国家重大区域战略融合发展。以"一带一路"建设、京津冀协同发展、长江经济带发展、粤港澳大湾区建设等重大战略为引领，以西部、东北、中部、东部四大板块为基础，促进区域间相互融通补充。以"一带一路"建设助推沿海、内陆、沿边地区协同开放，以国际经济合作走廊为主骨架加强重大基础设施互联互通，构建统筹国内国际、协调国内东中西和南北方的区域发展新格局。以疏解北京非首都功能为"牛鼻子"推动京津冀协同发展，调整区域经济结构和空间结构，推动河北雄安新区和北京城市副中心建设，探索超大城市、特大城市等人口经济密集地区有序疏解功能、有效治理"大城市病"的优化开发模式。充分发挥长江经济带横跨东中西三大板块的区位优势，以共抓大保护、不搞大开发为导向，以生态优先、绿色发展为引领，依托长江黄金水道，推动长江上中下游地区协调发展和沿江地区高质量发展。建立以中心城市引领城市群发展、城市群带动区域发展新模式，推动区域板块之间融合互动发展。以北京、天津为中心引领京津冀城市群发展，带动环渤海地区协同发展。以上海为中心引领长三角城市群发展，带动长江经济带发展。以香港、澳门、广州、深圳为中心引领粤港澳大湾区建设，带动珠江-西江经济带创新绿色发展。以重庆、成都、武汉、郑州、西安等为中心，引领成渝、长江中游、中原、关中平原等城市群发展，带动相关板块融合发展。加强"一带一路"建设、京津冀协同发展、长江经济带发展、粤港澳大湾区建设等重大战略的协调对接，推动各区域合作联动。推进海南全面深化改革开放，着力推动自由贸易试验区建设，探索建设中国特色自由贸易港。

（五）统筹发达地区和欠发达地区发展。推动东部沿海等发达地区改革创新、新旧动能转换和区域一体化发展，支持中西部条件较好地区加快发展，鼓励国家级新区、自由贸易试验区、国家级开发区等各类平台大胆创新，在推动区域高质量发展方面发挥引领作用。坚持"输血"和"造血"相结合，推动欠发达地区加快发展。建立健全长效普惠性的扶持机制和精准有效的差别化支持机制，加快补齐基础设施、公共服务、生态环境、产业发展等短板，打赢精准脱贫攻坚战，确保革命老区、民族地区、边疆地区、贫困地区与全国同步实现全面建成小康社会。健全国土空间用途管制制度，引导资源枯竭地区、产业衰退地区、生态严重退化地区积极探索特色转型发展之路，推动形成绿色发展方式和生活方式。以承接产业转移示范区、跨省合作园区等为平台，支持发达地区与欠发达地区共建产业合作基地和资源深加工基地。建立发达地区与欠发达地区区域联动机制，先富带后富，促进发达地区和欠发达地区共同发展。

（六）推动陆海统筹发展。加强海洋经济发展顶层设计，完善规划体系和管理机制，研究制定陆海统筹政策措施，推动建设一批海洋经济示范区。以规划为引领，促进陆海在空间布局、产业发展、基础设施建设、资源开发、环境保护等方面全方位协同发展。编制实施海岸带保护与利用综合规划，严格围填海管控，促进海岸地区陆海一体化生态保护和整治修复。创新海域海岛资源市场化配置方式，完善资源评估、流转和收储制度。推动海岸带管理立法，完善海洋经济标准体系和指标体系，健全海洋经济统计、核算制度，提升海洋经济监测评估能力，强化部门间数据共享，建立海洋经济调查体系。推进海上务实合作，维护国家海洋权益，积极参与维护和完善国际和地区海洋秩序。

三、健全市场一体化发展机制

（七）促进城乡区域间要素自由流动。实施全国统一的市场准入负面清单制度，消除歧视性、隐蔽性的区域市场准入限制。深入实施公平竞争审查制度，消除区域市场壁垒，打破行政性垄断，清理和废除妨碍统一市场和公平竞争的各种规定和做法，进一步优化营商环境，激发市场活力。全面放宽城市落户条件，完善配套政策，打破阻碍劳动力在城乡、区域间流动的不合理壁垒，促进人力资源优化配置。加快深化农村土地制度改革，推动建立城乡统一的建设用地市场，进一步完善承包地所有权、承包权、经营权三权分置制度，探索宅基地所有权、资格权、使用权三权分置改革。引导科技资源按照市场需求优化空间配置，促进创新要素充分流动。

（八）推动区域市场一体化建设。按照建设统一、开放、竞争、有序的市场体系要求，推动京津冀、长江经济带、粤港澳等区域市场建设，加快探索建立规划制度统一、发展模式共推、治理方式一致、区域市场联动的区域市场一体化发展新机制，促进形成全国统一大市场。进一步完善长三角区域合作工作机制，深化三省一市在规划衔接、跨省际重大基础设施建设、环保联防联控、产业结构布局调整、改革创新等方面合作。

（九）完善区域交易平台和制度。建立健全用水权、排污权、碳排放权、用能权初始分配与交易制度，培育发展各类产权交易平台。进一步完善自然资源资产有偿使用制度，构建统一的自然资源资产交易平台。选择条件较好地区建设区域性排污权、碳排放权等交易市场，推进水权、电力市场化交易，进一步完善交易机制。建立健全用能预算管理制度。促进资本跨区域有序自由流动，完善区域性股权市场。

四、深化区域合作机制

（十）推动区域合作互动。深化京津冀地区、长江经济带、粤港澳大湾区等合作，提升合作层次和水平。积极发展各类社会中介组织，有序发展区域性行业协会商会，鼓励企业组建跨地区跨行业产业、技术、创新、人才等合作平台。加强城市群内部城市市间的紧密合作，推动城市间产业分工、基础设施、公共服务、环境治理、对外开放、改革创新等协调联动，加快构建大中小城市和小城镇协调发展的城镇化格局。积极探索建立城市群协调治理模式，鼓励成立多种形式的城市联盟。

（十一）促进流域上下游合作发展。加快推进长江经济带、珠江-西江经济带、淮河生态经济带、汉江生态经济带等重点流域经济带上下游间合作发展。建立健全上下游毗邻省市规划对接机制，协调解决地区间合作发展重大问题。完善流域内相关省市政府协商合作机制，构建流域基础设施体系，严格流域环境准入标准，加强流域生态环境共建共治，推进流域产业有序转移和优化升级，推动上下游地区协调发展。

（十二）加强省际交界地区合作。支持晋陕豫黄河金三角、粤桂、湘赣、川渝等省际交界地区合作发展,探索建立统一规划、统一管理、合作共建、利益共享的合作新机制。加强省际交界地区城市间交流合作,建立健全跨省城市政府间联席会议制度,完善省际会商机制。

(十三)积极开展国际区域合作。以"一带一路"建设为重点,实行更加积极主动的开放战略,推动构建互利共赢的国际区域合作新机制。充分发挥"一带一路"国际合作高峰论坛、上海合作组织、中非合作论坛、中俄东北-远东合作、长江-伏尔加河合作、中国-东盟合作、东盟与中日韩合作、中日韩合作、澜沧江-湄公河合作、图们江地区开发合作等国际区域合作机制作用,加强区域、次区域合作。支持沿边地区利用国际合作平台,积极主动开展国际区域合作。推进重点开发开放试验区建设,支持边境经济合作区发展,稳步建设跨境经济合作区,更好发挥境外产能合作园区、经贸合作区的带动作用。

五、优化区域互助机制

(十四)深入实施东西部扶贫协作。加大东西部扶贫协作力度,推动形成专项扶贫、行业扶贫、社会扶贫等多方力量多种举措有机结合互为支撑的"三位一体"大扶贫格局。强化以企业合作为载体的扶贫协作,组织企业到贫困地区投资兴业、发展产业、带动就业。完善劳务输出精准对接机制,实现贫困人口跨省稳定就业。进一步加强扶贫协作双方党政干部和专业技术人员交流,推动人才、资金、技术向贫困地区和边境地区流动,深化实施携手奔小康行动。积极引导社会力量广泛参与深度贫困地区脱贫攻坚,帮助深度贫困群众解决生产生活困难。

(十五)深入开展对口支援。深化全方位、精准对口支援,推动新疆、西藏和青海、四川、云南、甘肃四省藏区经济社会持续健康发展,促进民族交往交流交融,筑牢社会稳定和长治久安基础。强化规划引领,切实维护规划的严肃性,进一步完善和规范对口支援规划的编制实施和评估调整机制。加强资金和项目管理,科学开展绩效综合考核评价,推动对口支援向更深层次、更高质量、更可持续方向发展。

(十六)创新开展对口协作(合作)。面向经济转型升级困难地区,组织开展对口协作(合作),构建政府、企业和相关研究机构等社会力量广泛参与的对口协作（合作）体系。深入开展南水北调中线工程水源区对口协作，推动水源区绿色发展。继续开展对口支援三峡库区，支持库区提升基本公共服务供给能力，加快库区移民安稳致富，促进库区社会和谐稳定。进一步深化东部发达省市与东北地区对口合作，开展干部挂职交流和系统培训，建设对口合作重点园区，实现互利共赢。

六、健全区际利益补偿机制

（十七）完善多元化横向生态补偿机制。贯彻绿水青山就是金山银山的重要理念和山水林田湖草是生命共同体的系统思想，按照区际公平、权责对等、试点先行、分步推进的原则，不断完善横向生态补偿机制。鼓励生态受益地区与生态保护地区、流域下游与流域上游通过资金补偿、对口协作、产业转移、人才培训、共建园区等方式建立横向补偿关系。支持在具备重要饮用水功能及生态服务价值、受益主体明确、上下游补偿意愿强烈的跨省流域开展省际横向生态补偿。在京津冀水源涵养区、安徽浙江新安江、广西广东九洲江、福建广东汀江－韩江、江西广东东江、广西广东西江流域等深入开展跨地区生态保护补偿试点，推广可复制的经验。

（十八）建立粮食主产区与主销区之间利益补偿机制。研究制定粮食主产区与主销区开展产销合作的具体办法，鼓励粮食主销区通过在主产区建设加工园区、建立优质商品粮基地和建立产销区储备合作机制以及提供资金、人才、技术服务支持等方式开展产销协作。加大对粮食主产区的支持力度，促进主产区提高粮食综合生产能力，充分调动主产区地方政府抓粮食生产和农民种粮的积极性，共同维护国家粮食安全。

（十九）健全资源输出地与输入地之间利益补偿机制。围绕煤炭、石油、天然气、水能、风能、太阳能以及其他矿产等重要资源，坚持市场导向和政府调控相结合，加快完善有利于资源集约节约利用和可持续发展的资源价格形成机制，确保资源价格能够涵盖开采成本以及生态修复和环境治理等成本。鼓励资源输入地通过共建园区、产业合作、飞地经济等形式支持输出地发展接续产业和替代产业，加快建立支持资源型地区经济转型长效机制。

七、完善基本公共服务均等化机制

（二十）提升基本公共服务保障能力。在基本公共服务领域，深入推进财政事权和支出责任划分改革，逐步建立起权责清晰、财力协调、标准合理、保障有力的基本公共服务制度体系和保障机制。规范中央与地方共同财政事权事项的支出责任分担方式，调整完善转移支付体系，基本公共服务投入向贫困地区、薄弱环节、重点人群倾斜，增强市县财政特别是县级财政基本公共服务保障能力。强化省级政府统筹职能，加大对省域范围内基本公共服务薄弱地区扶持力度，通过完善省以下财政事权和支出责任划分、规范转移支付等措施，逐步缩小县域间、市地间基本公共服务差距。

（二十一）提高基本公共服务统筹层次。完善企业职工基本养老保险基金中央调剂制度，尽快实现养老保险全国统筹。完善基本医疗保险制度，不断提高基本医疗保险统筹层级。巩固完善义务教育管理体制，增加中央财政对义务教育转移支付规模，强化省、市统筹作用，加大对"三区三州"等深度贫困地区和集中连片特困地区支持力度。

（二十二）推动城乡区域间基本公共服务衔接。加快建立医疗卫生、劳动就业等基本公共服务跨城乡跨区域流转衔接制度，研究制定跨省转移接续具体办法和配套措施，强化跨区域基本公共服务统筹合作。鼓励京津冀、长三角、珠三角地区积极探索基本公共服务跨区域流转衔接具体做法，加快形成可复制可推广的经验。

八、创新区域政策调控机制

（二十三）实行差别化的区域政策。充分考虑区域特点，发挥区域比较优势，提高财政、产业、土地、环保、人才等政策的精准性和有效性，因地制宜培育和激发区域发展动能。坚持用最严格制度最严密法治保护生态环境的前提下，进一步突出重点区域、行业和污染物，有效防范生态环境风险。加强产业转移承接过程中的环境监管，防止跨区域污染转移。对于生态功能重要、生态环境敏感脆弱区域，坚决贯彻保护生态环境就是保护生产力、改善生态环境就是发展生产力的政策导向，严禁不符合主体功能定位的各类开发活动。相关中央预算内投资和中央财政专项转移支付继续向中西部等欠发达地区和东北地区等老工业基地倾斜，研究制定深入推进西部大开发和促进中部地区崛起的政策措施。动态调整西部地区有关产业指导目录，对西部地区优势产业和适宜产业发展给予必要的政策倾斜。在用地政策方面，保障跨区域重大基础设施和民生工程用地需求，对边境和特殊困难地区实行建设用地计划指标倾斜。研究制定鼓励人才到中西部地区、东北地区特别是"三区三州"等深度贫困地区工作的优惠政策，支持地方政府根据发展需要制定吸引国内外人才的区域性政策。

（二十四）建立区域均衡的财政转移支付制度。根据地区间财力差异状况，调整完善中央对地方一般性转移支付办法，加大均衡性转移支付力度，在充分考虑地区间支出成本因素、切实增强中西部地区自我发展能力的基础上，将常住人口人均财政支出差异控制在合理区间。严守生态保护红线，完善主体功能区配套政策，中央财政加大对重点生态功能区转移支付力度，提供更多优质生态产品。省级政府通过调整收入划分、加大转移支付力度，增强省以下政府区域协调发展经费保障能力。

（二十五）建立健全区域政策与其他宏观调控政策联动机制。加强区域政策与财政、货币、投资等政策的协调配合，优化政策工具组合，推动宏观调控政策精准落地。财政、货币、投资政策要服务于国家重大区域战略，围绕区域规划及区域政策导向，采取完善财政政策、金融依法合规支持、协同制定引导性和约束性产业政策等措施，加大对跨区域交通、水利、生态环境保护、民生等重大工程项目的支持力度。对因客观原因造成的经济增速放缓地区给予更有针对性的关心、指导和支持，在风险可控的前提下加大政策支持力度，保持区域经济运行在合理区间。加强对杠杆率较高地区的动态监测预警，强化地方金融监管合作和风险联防联控，更加有效防范和化解系统性区域性金融风险。

九、健全区域发展保障机制

（二十六）规范区域规划编制管理。加强区域规划编制前期研究，完善区域规划编制、审批和实施工作程序，实行区域规划编制审批计划管理制度，进一步健全区域规划实施机制，加强中期评估和后评估，形成科学合理、管理严格、指导有力的区域规划体系。对实施到期的区域规划，在后评估基础上，确需延期实施的可通过修订规划延期实施，不需延期实施的要及时废止。根据国家重大战略和重大布局需要，适时编制实施新的区域规划。

（二十七）建立区域发展监测评估预警体系。围绕缩小区域发展差距、区域一体化、资源环境协调等重点领域，建立区域协调发展评价指标体系，科学客观评价区域发展的协调性，为区域政策制定和调整提供参考。引导社会智库研究发布区域协调发展指数。加快建立区域发展风险识别和预警预案制度，密切监控突出问题，预先防范和妥善应对区域发展风险。

（二十八）建立健全区域协调发展法律法规体系。研究论证促进区域协调发展的法规制度，明确区域协调发展的内涵、战略重点和方向，健全区域政策制定、实施、监督、评价机制，明确有关部门在区域协调发展中的职责，明确地方政府在推进区域协调发展中的责任和义务，发挥社会组织、研究机构、企业在促进区域协调发展中的作用。

十、切实加强组织实施

（二十九）加强组织领导。坚持和加强党对区域协调发展工作的领导，充分发挥中央与地方区域性协调机制作用，强化地方主体责任，广泛动员全社会力量，共同推动建立更加有效的区域协调发展新机制，为实施区域协调发展战略提供强有力的保障。中央和国家机关有关部门要按照职能分工，研究具体政策措施，协同推动区域协调发展。各省、自治区、直辖市要制定相应落实方案，完善相关配套政策，确保区域协调发展新机制顺畅运行。

（三十）强化协调指导。国家发展改革委要会同有关部门加强对区域协调发展新机制实施情况跟踪分析和协调指导，研究新情况、总结新经验、解决新问题，重大问题要及时向党中央、国务院报告。

附录二

北京市"十四五"时期重大基础设施发展规划①
（2022 年 2 月 22 日）

前　言

　　"十四五"时期是我国全面建成小康社会、实现第一个百年奋斗目标之后，乘势而上开启全面建设社会主义现代化国家新征程、向第二个百年奋斗目标进军的第一个五年。北京作为首都，要在新发展阶段的奋斗征程上走在全国前列，完整、准确、全面贯彻新发展理念，主动服务和融入新发展格局，对全市基础设施发展提出了更高的要求。

　　交通、水务、能源、园林绿化及市政等基础设施，是经济社会发展的重要支撑，具有战略性、基础性、先导性作用。推动基础设施高质量发展是落实首都城市战略定位，建设国际一流的和谐宜居之都的重要保障。

　　《北京市"十四五"时期重大基础设施发展规划》（以下简称《规划》）依据《北京城市总体规划（2016 年—2035 年）》《北京市国民经济和社会发展第十四个五年规划和二〇三五年远景目标纲要》等编制，是全市"十四五"规划体系的重点专项规划，系统总结了"十三五"时期基础设施的发展成效，全面

---

　　① 摘自政府文件，全文只进行了体例上的调整，内容与原文保持一致。具体来源于北京市人民政府网站（www. beijing. gov. cn）。

分析了"十四五"时期基础设施的发展形势，提出了规划思路、主要任务、保障措施，并按照清单化管理、项目化推进的要求编制了"十四五"时期重大项目建设计划，是指导"十四五"时期全市基础设施建设的行动指南。

一、规划背景

（一）发展基础

"十三五"时期是北京发展史上具有重要里程碑意义的五年。面对错综复杂的国际形势和新冠肺炎疫情冲击，全市深入贯彻习近平总书记对北京一系列重要讲话精神，认真落实京津冀协同发展战略和《北京城市总体规划（2016 年—2035 年）》，紧紧围绕"建设一个什么样的首都，怎样建设首都"这一重大时代课题，全力推动首都发展、减量发展、创新发展、绿色发展和以人民为中心的发展，城市发展正在实现深刻转型，基础设施发展开启了向高质量迈进的新阶段。五年来，全市基础设施累计投入 12568.5 亿元，是"十二五"时期的 1.4 倍，一批重大基础设施项目建成投运，全市基础设施的综合承载能力不断提高。

1. 京津冀协同发展重点领域实现率先突破

交通领域率先突破取得新进展。区域交通一体化深入推进，北京大兴国际机场顺利建成投运，北京迈入航空"双枢纽"时代。北京大兴国际机场高速、轨道交通大兴机场线等配套骨干交通项目同步投用，机场外围综合交通体系基本成型。"轨道上的京津冀"加速建设，铁路客运枢纽布局逐步优化，京沈高铁、京张高铁、京雄城际开通运营，市域内铁路运营总里程达到 1351 公里，京津冀城市群轨道快速联系进一步加强。环首都"一小时交通圈"逐步扩大，京台高速、京秦高速、首都地区环线高速（通州—大兴段）等建成通车，高速公路通车总里程达到 1173 公里，市域内国家高速公路网"断头路"清零。

生态领域率先突破取得新进展。重点生态工程和平原造林加快推进，完成 100 万亩造林任务，实施京冀生态水源林建设 40 万亩，完成坝上地区 122 万亩退化林分改造，支持雄安新区生态建设，在廊坊、保定等地完成造林绿化 4 万亩。全方位扎实合作推进协同治水，西部引黄补水通道正式打通，祖国母亲河黄河与北京母亲河永定河实现历史性连通，京津冀三地水路贯通，首都多源共济的水资源保障格局加快形成。积极推动跨界河流治理，完成拒马河北京境内平原段治理等工程，全面启动永定河综合治理与生态修复工程，开工建设北运河（通州段）综合治理工程，界河段水生态环境不断修复向好，出境断面全面消除劣Ⅴ类水体。创新开展与张承地区水生态保护合作，支持密云水库上游河北省两市五县完成600平方公里生态清洁小流域建设，改善张承地区生态环境，保护饮用水源，协同推动密云水库水质达到饮用水源要求。

2. 基础设施承载能力显著提高

综合交通体系进一步完善。有序推进轨道交通发展，市郊铁路城市副中心线（含西延）、怀密线、通密线开通运营，累计开通市郊铁路线路4条，市郊铁路运营总里程达到365公里，轨道交通旅行速度进一步提升、服务范围进一步拓展，廊道式发展效应初步显现；地铁6号线西延、燕房线等建成通车，城市轨道交通运营总里程达到727公里，线网不断加密、形态不断完善。全面提升地面公交服务能力，《北京市地面公交线网总体规划》发布实施，广渠路快速公交系统加快建设，公交专用道里程超过1000公里；服务模式更加丰富，多样化公交线路总数达到455条，公交服务水平持续改善。城市道路网不断完善，广渠路二期、长安街西延、西三旗南路等城市干道建成通车，城市快速路及主干路里程达到1396公里，丰盛胡同西段、未央胡同、华远街等次支路建成通车，累计新建次支路136条，进一步畅通道路微循环。改善慢行出行环境，完成中心城区次干路及以上道路3200公里慢行系统治理，建设CBD西北区、回龙观等9处慢行系统示范区，开展共享自行车专项治理，中心城区和城市副中心施划自行车停放区1.5万个，管理更加规范。

水资源保障能力不断增强。南水北调配套工程通州支线建成通水，大兴支线主干线建设完工，累计调水量突破60亿立方米。第十水厂、通州水厂等4座水厂建成投用，新建及改造供水管网约1300公里，全市供水能力达到920万立方米/日，城镇供水安全系数达到1.2至1.3。全市16个区全部建成节水型区，单位地区生产总值用水量下降15%左右，节水目标全面实现。饮用水源地保护力度不断加大，密云水库、怀柔水库、京密引水渠实现全封闭管理；小流域治理持续推进，全市已建成生态清洁小流域401个，山区生态清洁小流域建成率达到67%；河道综合治理迈出新步伐，永定河、北运河等河道综合治理和生态修复启动实施，永定河北京境内河段25年来首次全线通水；持续开展水生态健康状况监测评价，初步建立河流、水库、湖泊水生态监测站网体系，全市水生态健康状况持续改善。

园林绿化水平持续提高。城区生态环境质量持续改善，实施疏解建绿、留白增绿，新增城市绿地 3773 公顷，新建城市休闲公园 190 处、小微绿地和口袋公园 460 处、城市森林 52 处、健康绿道 597 公里，公园绿地 500 米服务半径覆盖率达到 86.8%。平原地区生态容量进一步拓展，启动实施新一轮百万亩造林绿化工程，新增大尺度森林 59 万亩，平原地区森林面积达到 245 万亩，全市森林覆盖率达到 44.4%。绿隔地区两条"绿色项链"基本形成，一道绿隔地区各类公园达到 102 个，二道绿隔地区建成郊野公园 40 个。山区绿色屏障不断加固，持续推进京津风沙源治理等国家重点工程，完成人工造林 21.9 万亩、低效林改造 32.5 万亩，山区森林覆盖率达到 60%。完成乡村绿化美化 2.42 万亩，创建首都森林城镇 30 个、首都绿色村庄 250 个。湿地保护恢复与建设稳步推进，恢复建设湿地 1.1 万公顷，建成湿地自然保护区 6 处、湿地公园 12 处、湿地自然保护小区 10 处，生物多样性显著提高。

能源保障体系更加完善。能源结构持续调整优化，优质能源比重提高到 98.6%，单位地区生产总值能耗比 2015 年累计下降 24% 左右。城乡供电能力持续提升，建成投运四大燃气热电中心，实现本地电力生产清洁化，全市供电可靠率达到 99.995%。燃气供应保障能力不断增强，建成陕京四线"一干三支"北京段工程，新建天然气门站 2 座、高压 A 调压站 4 座、高压 B 调压站 12 座，16 个区全部连通管道天然气，平原地区燃气管网实现"镇镇通"。清洁供热规模不断扩大，完成北辰供热厂、宝能供热厂等清洁能源改造和国华电厂等应急热源改造，全面实施市域燃煤锅炉、农村散煤清洁能源替代，全市城镇地区基本实现清洁供热。

3. 城市治理能力持续增强

交通综合治理有序实施。分级治理堵点 943 处，打造 24 处中心城区缓堵示范区，全面实施道路停车改革，全市支路以上道路路侧停车全部实现电子收费，"停车入位、停车付费、违停受罚"观念深入人心，交通拥堵得到一定缓解。

水污染治理取得显著成效。完成第二个污水治理三年行动计划，启动实施第三个污水治理三年行动计划，污水收集处理设施建设加快，全市新建再生水厂 26 座，升级改造污水处理厂 8 座，城镇地区基本实现污水全收集全处理，农村治污有序推进，全市污水处理率达到 95%，污泥基本实现无害化处理；加快实施水环境治理，再生水利用位居全国先进水平，国考断面全面消除劣 V 类水体，实施清河、坝河、通惠河等重点河流综合治理与景观提升工程，改善河道水环境，实现河道初步还清。

智慧化治理手段不断升级。国内首个交通绿色出行一体化服务平台（MaaS）上线运行，城市环境建设、地下管线、环境卫生等信息化管理平台完成建设，政务服务实现线上"一网通办"，智慧化管理成效初显。

精细化治理深入开展。垃圾管理体系进一步完善，颁布实施新修订的《北京市生活垃圾管理条例》，垃圾分类示范片区建设覆盖率达到99%，生活垃圾回收利用率达到35%，累计创建1500个垃圾分类示范村，实现全市99%的行政村的生活垃圾得到有效处理，垃圾分类新局面基本形成。背街小巷环境整治成效显著，核心区背街小巷环境整治提升三年行动顺利收官，完成3500条背街小巷环境整治，城市面貌从细节处得到提升。架空线入地改造持续推进，完成1400余公里各类架空线和近3.1万个各类线杆整治，城市公共空间更加清朗有序。美丽乡村建设取得重要进展，完成3254个村庄人居环境整治任务，农村人居环境持续改善。

4. 重点区域保障更加坚实

核心区基础设施不断提质升级。轨道交通持续织补、加密、优化，地铁8号线二期开通运行，宣武门站、安定门站等既有车站完成扩能改造。加快推进微循环道路建设，加大资金支持力度，简化审批程序，建成北新华街南段、地兴居路、西兴隆街等多条道路，缓解前门、天坛等区域交通拥堵。多措并举增加城市绿意，推进林荫街巷建设，完成平安大街等街道改造提升；充分利用疏解腾退空间建设小微绿地，完成校尉胡同、东福寿里、京韵园等口袋公园及小微绿地建设，持续推进百姓身边增绿，满足市民对绿色生态空间的需求。

城市副中心基础设施主框架基本形成。地铁7号线东延、八通线南延建成通车，市郊铁路城市副中心线正式运营，广渠路二期、壁富路等对外交通干道建成通车，内外交通更加便捷；市政保障能力显著增强，建成13座变电站，供电保障能力提升30%以上，南水北调通州水厂投入使用，城市污水处理率达到99%，优质能源使用比例基本达到100%，生活垃圾无害化处理率达到100%；生态品质大幅提升，53条段黑臭水体治理全部完成，国考断面水质全部达标，累计实施绿化建设25.1万亩，公园绿地500米服务半径覆盖率达到91.2%。

南部地区基础设施加快发展。综合交通体系持续完善，地铁8号线四期、房山线北延等建成通车，柳村路南段和通久路一期、二期等主干路加快建设，郭公庄、二通厂等一批立体化公交场站相继建成。加强资源能源供应，实现丰台站、良乡大学城等220千伏输变电工程建设投用，完成黄村水厂、良乡水厂等供水设施建设，建成北京燃气天津南港LNG应急储备工程（城南末站）。绿色生态空间持续扩大，青龙湖森林公园（二期）、南海子公园（二期）等建成开园，南苑森林湿地公园加快建设，永定河、马草河等河道综合整治和生态修复工程有序推进。

回天地区基础设施保障取得积极成效。区域交通骨架已具雏形，"一纵一横、五通五畅"的主干路网架构初步搭建，林萃路断点打通，陈家营东桥、北郊农场桥等重要堵点有效疏解，国内首条通勤自行车专用路开通，通行量超过 270 万辆次，因地制宜缓解停车难问题，新增停车位 6400 余个；市政基础设施承载能力逐步提升，实施天通苑地区雨污合流管网改造一期工程，逐步实现雨污分流，完成 64 处自备井改造，12 万居民喝上放心市政水，建成 TBD 再生水厂，增加 10 万立方米/日处理能力，建设配网设施，电网接入负荷能力提高 25%；社区面貌明显改善，东小口城市休闲公园、TBD 城市休闲公园、贺新公园建成开放，为周边居民增加天然氧吧，织补 14 处口袋公园，实现"开窗见绿、转角有绿"。

5. 改革创新取得新突破

加强城市规划建设管理顶层设计。贯彻落实中央城镇化工作会议、中央城市工作会议精神，制定出台《关于全面深化改革提升城市规划建设管理水平的意见》，为进一步做好新时期全市城市工作做出全局性指导。

深入推进供给侧结构性改革。成立永定河流域投资公司，采用投资主体一体化带动流域治理一体化的模式，形成"河长"与"河工"良性互动关系，促进政府与市场两手发力。组建京津冀城际铁路投资公司，主动融入国家铁路投资体制改革大局，统筹开展京津冀城际铁路投融资与建设、运营、管理，跨省合作取得新成效。

建立市郊铁路协调机制。组建市郊铁路工作专班，构建多层次协调机制和常态化工作调度机制，实现路市领导高位协调、专班统筹协调、部门对口协调，为统筹推进市郊铁路发展各项工作提供保障。印发《关于促进市域（郊）铁路发展的指导意见（试行）》，推动加强规划统筹，创新建设运营模式，促进市郊铁路投融资机制改革。分年度制定重点工作计划，不断推进重点项目建设，建立运营标准规范，加强客流宣传培育，完善交通接驳设施。

加快推进投融资改革。完善投资引导政策，出台《关于支持北京市基础设施领域不动产投资信托基金（REITs）产业发展的若干措施》等文件，鼓励社会资本参与基础设施建设与运营。轨道交通领域创新采取 ABO 模式，明晰政企职责，充分发挥市场化主体作用。有序推行 PPP 模式，高速公路吸引社会资本 470 亿元，轨道交通领域吸引社会资本 300 亿元，污水处理领域按照"厂网分离"模式推进特许经营。全面完成国有林场改革，进一步深化集体林权制度改革，启动 42 个新型集体林场建设试点工作。

总的来看，"十三五"时期，首都城市发展进入增量建设和存量提升的新阶段，基础设施建设成效符合预期，发展基础更为坚实，各领域的统筹更加有力，机制体制优势更加彰显，为首都功能提升和北京城市发展提供了坚实支撑。同时，发展中的难题依然存在，基础设施发展的不均衡不充分问题依然存在，供给保障能力和运行效率有待进一步提升，精细化管理水平仍有较大提升空间，服务品质与人民日益增长的美好生活需要存在一定差距，需要在"十四五"时期加大改革创新力度，加强供给保障，进一步推动基础设施高质量发展。

（二）发展形势

"十四五"时期是我国全面建成小康社会、实现第一个百年奋斗目标之后，乘势而上开启全面建设社会主义现代化国家新征程、向第二个百年奋斗目标进军的第一个五年，也是北京落实首都城市战略定位、建设国际一流的和谐宜居之都的关键时期，新的形势和新的使命对基础设施发展提出了更高的要求。

构建发展新格局要求基础设施提供更坚实的保障。当今世界正经历百年未有之大变局，我国发展环境日趋复杂，不稳定性不确定性明显增加，首都与国家命运联系更加紧密。国家在构建以国内大循环为主体、国际国内双循环相互促进的新发展格局中，赋予北京更大责任，对培育城市竞争优势、提升城市吸引力提出了更高要求。基础设施发展要主动服务和融入新发展格局，增强风险意识和机遇意识，加强全局性谋划和战略性部署，支持保障首都经济社会高质量发展。

落实首都战略定位要求基础设施发挥更强的引导支撑作用。京津冀协同发展带来广阔前景，《北京城市总体规划（2016年—2035年）》的深入实施，对优化首都功能、提升城市品质提出了更高要求。目前本市区域协同发展和城市空间格局的不均衡问题依然突出，"十四五"时期，基础设施发展需要突破行政区划以更宽广的视角优化资源配置，深入落实北京城市总体规划，推进京津冀协同发展，高标准建设北京城市副中心，加强整体保障的同时突出重点，充分发挥基础设施的引导作用。

人民群众对美好生活的向往对基础设施提出新需求。随着经济社会不断发展，城市发展方式深刻转型，广大市民对美好生活的期待变得更加多层次、多样化。"十四五"时期基础设施的发展要以制约首都可持续发展的重大问题和群众关心的热点难点问题为导向，在发展中保障和改善民生，响应人民需求，紧扣和谐宜居，加大差异化和高端化供给，提升基础设施品质，推动城市全面发展、社会全面进步。

新一轮科技革命为基础设施发展提供新动能。"十四五"时期，以5G、人工智能等为代表的新技术加速应用，新一轮科技革命和产业变革深入发展，面对新的科技发展形势，要以技术创新为驱动，加快新型基础设施建设，推动互联网、大数据、人工智能等技术的深度应用，支撑传统基础设施转型升级，推动基础设施融合发展，提升信息化智能化水平。

二、规划思路

（一）指导思想

坚持以习近平新时代中国特色社会主义思想为指导，全面贯彻党的十九大和十九届历次全会精神，深入贯彻习近平总书记对北京一系列重要讲话精神，完整、准确、全面贯彻新发展理念，主动服务和融入新发展格局，以首都发展为统领，以推动高质量发展为主题，以深化供给侧结构性改革为主线，以改革创新为根本动力，以满足人民日益增长的美好生活需要为根本目的，统筹发展和安全，加强"四个中心"功能建设，提高"四个服务"水平，支撑"五子"联动落地，系统谋划基础设施各领域、各环节的发展，加快关系全局和长远发展的重大基础设施建设，提升基础设施供给质量和服务品质，构建系统完备、高效实用、智能绿色、安全可靠的现代化城市基础设施体系，为建设国际一流的和谐宜居之都奠定坚实基础。

重点把握以下基本要求：

突出绿色低碳。坚持绿水青山就是金山银山理念，围绕碳达峰、碳中和总体目标，推动城市绿色低碳发展，持续改善环境质量，让青山绿水蓝天成为大国首都底色。

突出融合联动。秉持系统观念，正确处理基础设施间替代、互补、协调、制约关系，加强资源整合，优化布局结构和功能配置，推动基础设施与城市功能融合发展。

突出以人为本。紧扣"七有"要求和"五性"需求，以市民关心、群众需要为导向，努力提升基础设施服务品质，更好满足人民群众日益增长的美好生活需要。

突出安全韧性。牢固树立总体国家安全观，强化底线思维，系统构筑安全防线，妥善防范化解现代化进程中的各种风险，提升基础设施韧性，坚决维护首都安全稳定。

突出智慧高效。注重科技赋能，加强统筹整合与共享共用，坚持以创新推动信息化水平提升，进一步提高基础设施运行效率，并注重支撑新型基础设施建设。

（二）规划目标

2035 年的远景目标为：到 2035 年，基础设施发展方式实现根本性转变，率先建成具有全球竞争力的现代化基础设施体系，推动京津冀世界级城市群构架基本形成，安全、韧性基础设施体系建设取得重大进展，天蓝、水清、森林环绕的生态城市基本建成，推动实现生态环境根本好转，市民"七有""五性"需求在更高水平上有效满足。

"十四五"时期主要目标：按照首都发展要求，锚定 2035 年远景目标，综合考虑未来发展趋势和条件，坚持目标导向和问题导向有机统一，2025 年以前努力实现以下主要目标：

基础设施网络布局更加完善，绿色集约、智慧精细水平不断提高，城市品质稳步提升，人民群众的需求得到更好满足，以首都为核心的世界级城市群主干构架基本形成，国际一流的和谐宜居之都建设取得重大进展。

——保障能力更加充裕。京津冀交通互联互通水平进一步提升，初步构建京津冀城市群 2 小时交通圈和北京都市区 1 小时通勤圈，轨道交通（含市郊铁路）总里程达到 1600 公里，高速公路总里程达到 1300 公里，全市供水能力达到 1000 万立方米/日。基础设施基本适应经济社会发展和人民需要，综合承载能力显著提升。

——服务水平更加优质。交通出行便捷性和效率大幅提升，中心城区 45 分钟通勤出行比例达到 60%，公园绿地 500 米服务半径覆盖率达到 90%，全市建成区人均公园绿地面积达到 16.7 平方米，使城市更加和谐宜居。

——发展方式更加绿色。单位地区生产总值能耗和二氧化碳排放降幅达到国家要求，碳排放稳中有降，碳中和迈出坚实步伐，中心城区绿色出行比例达到76.5%，可再生能源消费占比超过 14.4%，城市生产生活方式更加环保低碳。

——智慧创新更加显著。5G 用户普及率大幅提高，千兆宽带接入端口占比达到 50%，智慧化治理水平有效提升，城市重要功能区域信号灯联网率达到

100%，数据开放和应用水平进一步提高，城市数字底座稳固夯实。

——运行保障更加强韧。中心城区和城市副中心供水安全保障系数超过1.3，全市供电可靠率达到99.996%，建成区海绵城市达标面积比例达到40%以上，主城区积水点实现动态清零，基础设施日常运行更加平稳高效，应急保障更加坚韧有力，城市运行更加安全可靠。

"十四五"时期基础设施发展主要指标

分类	序号	指标	现状值（2020年）	目标值（2025年）	属性
保障能力	1	轨道交通（含市郊铁路）总里程（公里）	1092	1600	预期性
	2	高速公路总里程（公里）	1173	1300	预期性
	3	全市供水能力（万立方米/日）	920	1000	预期性
	4	生产生活用水总量（亿立方米）	26.4	30以内	约束性
	5	全市森林蓄积量（万立方米）	2520	3450	预期性
服务品质	6	中心城区45分钟以内通勤出行比例（%）	54	60	预期性
	7	中心城区轨道交通出行比例（%）	14.7	18.7以上	预期性
	8	全市建成区人均公园绿地面积（平方米）	16.5	16.7	约束性
	9	公园绿地500米服务半径覆盖率（%）	86.8	90	预期性
绿色发展	10	全市森林覆盖率（%）	44.4	45	约束性
	11	林地绿地年碳汇量（万吨）	800	1000	预期性
	12	能源消费总量（万吨标准煤）	6762	8050	预期性
	13	可再生能源消费占比（%）	10.4	14.4以上	约束性
	14	中心城区绿色出行比例（%）	73.1	76.5	约束性
	15	单位地区生产总值水耗（立方米/万元）	11.25	10以内	约束性
	16	单位地区生产总值能耗降幅（%）	—	达到国家要求	约束性
	17	单位地区生产总值二氧化碳排放降幅（%）	—	达到国家要求	约束性
	18	全市污水处理率（%）	95	98	约束性
	19	生活垃圾回收利用率（%）	35左右	37.5	预期性
智慧创新	20	5G有效面积覆盖率（%）	—	95	预期性
	21	千兆宽带接入端口占比（%）	5	50	预期性
	22	城市重要功能区域信号灯联网率（%）	20	100	预期性
安全运行	23	中心城区和城市副中心供水安全保障系数	1.2~1.3	1.3以上	预期性
	24	全市供电可靠率（%）	99.995	99.996	预期性
	25	建成区海绵城市达标面积比例（%）	20	40以上	约束性

三、主要任务

（一）加快京津冀基础设施一体化发展

全面落实京津冀协同发展国家战略，大力推进区域交通一体化和能源安全保障体系建设，加强生态环境协同治理，助力推动形成以首都为核心的世界级城市群主干构架。

1. 加强京津冀交通互联互通。交通一体化是京津冀协同发展的先行领域，加快构建三地快速、便捷、高效、安全、大容量、低成本的互联互通综合交通网络，为京津冀协同发展提供坚实基础和保障条件。

打造面向全球的世界级机场群。统筹"一市两场"资源配置，强化京津冀机场群分工协同，形成协调发展、适度竞争、具有国际一流竞争力的"双枢纽"机场格局，推动京津冀机场建设成为世界级机场群。持续拓展国际航权航线网络资源，优化航线网络，强化多式联程联运，初步构建枢纽航班波。按照客货并举的发展原则，提升航空货运专业化运营和国际航空物流服务保障能力。制定激励政策，鼓励机场、航司加大对"双枢纽"机场全货机投放力度，优化流程标准，发挥航空货运对航空产业发展的有力支撑作用，推动北京大兴国际机场打造全货机优先保障的货运跑道。实施北京大兴国际机场卫星厅及配套工程和首都国际机场"再造国门"等工程，加快建设轨道交通大兴机场线北延、城际铁路联络线，进一步完善机场集疏运体系，实现北京大兴国际机场与中心城区"1 小时通达、一站式服务"，与周边城市 2 小时通达。建设丽泽城市航站楼，推广应用东直门枢纽"一次值机、一次安检、一次托运"等经验，合理布局市内微型值机点，推进航空服务向城市端延伸。

巩固提升"轨道上的京津冀"。落实《京津冀核心区铁路枢纽总图规划》，持续推进干线铁路、城际铁路、市郊铁路建设，加快构建圈层式、一体化轨道交通网络，扩大轨道交通的辐射范围。加强干线铁路建设，实施京港台高铁（丰雄商段）工程，促进北京与雄安新区快捷联系。加强区域城际铁路建设，实施京唐城际、京滨城际、城际铁路联络线等工程，完善京津冀城际铁路网络。发挥市郊铁路的区域连通功能，逐步推动市郊铁路京九线、城市副中心线等向重点环京地区延伸服务，提高北京与环京地区快速轨道交通联系能力。优化铁路枢纽功能及布局，推动铁路货运外环线建设，推进丰西、双桥编组站外迁，疏解过境客货运输功能，释放更多的铁路资源服务城市交通。积极推进"公转铁"，有效整合物流运输信息资源，大力提升建材等生产材料、商品车、电商快递等大宗物资铁路运输比例，支持具备条件的物流园区和重点企业引入铁路专用线，加快研究实施平谷地方铁路改造、市郊铁路亦庄线等工程。

完善综合交通枢纽空间布局。推进国家级铁路客运枢纽建设，建成北京丰台站、北京朝阳站，加快区域性城际铁路枢纽建设，建成城市副中心站，进一步提升城市对外交通联络水平。在京津冀地区优化北京铁路枢纽功能布局，同步开展火车站配套城市交通枢纽建设，逐步实现高铁、城际铁路、市郊铁路与城市轨道交通在重要枢纽节点的同站换乘。

完善便捷畅通的公路网。建成承平高速，推进首都地区环线高速全线绕出北京，协同推进首都地区环线高速天津、河北段工程。完成东六环路入地改造，实现六环路国家高速公路功能外移。建成京雄高速，促进北京与雄安新区直连直通。加快建设国道109新线高速，完善北京西向高速公路通道。建成京哈高速拓宽改造、大兴国际机场北线高速西延及东延等工程，完善北京城市副中心、北京大兴国际机场临空经济区等重点区域对外交通网络。加快实现厂通路、通宝路等北京城市副中心与北三县道路连接，推进通清路、西太路等跨界道路建设，进一步提升京津冀公路互联互通水平。到2025年，全市公路网总里程达到22500公里，高速公路总里程达到1300公里。

专栏1　共建北京城市副中心与北三县高效一体的综合交通网络

按照"政府引导、市场运作、合作共建"原则，落实北京城市副中心与北三县协同发展规划，打造高效一体的综合交通网络。坚持公共交通优先，完善公交网络，打通道路堵点，提高运行效率，完成轨道交通平谷线建设，探索跨区域共同运营模式。加快骨干道路对接，与北三县共建区域快速公交走廊，开通大站快车，保障跨市域公交线路常态化运行

---

2. 加强京津冀生态协同治理深化区域污染联防联控联治机制，加强生态环境保护和治理，共筑绿色生态屏障。筑牢首都绿色生态屏障。开展环京绿色生态带建设，打造西部、北部山区自然保护地体系，推动东部、南部平原区森林湿地保护发展，构建综合生态安全格局，筑牢首都生态安全屏障。扎实推进水源保护区植被恢复、风沙源治理等重大生态工程，集中连片营造高标准水源涵养林和生

态防护林。共建张承地区生态水源林，支持张家口市和承德坝上地区植树造林100万亩，实施森林精准提升109万亩。持续推进永定河流域生态修复，在永定河流域范围内，新增造林2.5万亩，实施质量精准提升8万亩。稳步推进森林城市建设，到2025年前，除核心区外各区全部创建成为国家森林城市，引领京津冀国家级森林城市群建设。

专栏2　京津风沙源治理二期

工程背景：国家级工程，一期工程于2003-2012年完成，二期工程于2013年启动，计划2022年完成。主要针对京津地区风沙源，进行生态工程治理，包含林业工程、农业工程、水利工程等多项措施。实施以来，取得良好成效，北京地区风沙天气特别是沙尘暴已经较大程度缓解。工程内容：林业工程包括荒山造林、困难立地造林、低效林改造、封山育林等。"十四五"期间计划完成京津风沙源治理二期工程困难立地造林1万亩、封山育林60万亩、人工种草10万亩

深化区域水环境协同治理。健全区域水环境协同治理机制，建立永定河流域生态修复补偿机制，完善密云水库上游水源涵养区生态保护补偿机制。深入开展海河流域"六河五湖"综合治理，打造贯穿京津冀区域的绿色生态河流廊道，协同改善京津冀生态环境状况，保障流域防洪安全、供水安全、生态安全。加强水生态协同一体化保护，支持张家口首都水源涵养功能区和生态环境支撑区建设，推动官厅水库水质稳步提升；实施京冀密云水库水源保护共同行动方案。推进地下水超采综合治理，压减地下水超采量，逐步建立管网与地下水源地补给调送机制，提升水资源水环境承载力。加强区域水系连通及生态修复，依托整合现有河流、湿地、林地等资源，实施永定河、潮白河、拒马河等跨境河流综合治理与生态修复，推进潮白河国家森林公园建设。

专栏3　永定河生态修复

在永定河空间管控和水源保障的基础上，通过生态保护、生态修复、生态设施建设使受损的生态系统得以恢复，使永定河恢复为具有自我修复功能的近自然河流廊道，最终将永定河治理成"流动的河、绿色的河、清洁的河、安全的河"，还永定河以自然、宁静、和谐、美丽。

流动的河——通过山峡段既有河流通道及沿线串连的水库大坝放水、平原北段"五湖一线"以及平原南段生态水流通道，推动永定河北京段河道水体自然流动。

绿色的河——开展山峡段河道生态修复及提升，实施山峡段小流域治理，完善永定河山峡段的水源涵养与保护功能；实施永定河南段治理，打造永定河平原段绿色生态廊道，开展平原段造林，营造城市绿色空间。

　　清洁的河——在溯源治污的前提下，加强清洁小流域建设，形成近自然型河流湿地，营造多元生境，构建理想的水生态系统，并加以后期监管维护。

　　安全的河——系统完善永定河防洪体系，全线堤防达标，山峡段镇域实现20年一遇防洪标准，平原段实现100~200年一遇防洪标准，同时加强泛区安全建设和重点发展区域治涝

　　3. 加强京津冀能源一体化发展坚持优势互补、互利共赢，加强区域能源设施建设，加快机制标准、要素市场一体化协同发展，推动区域能源结构低碳化转型，提升区域能源绿色发展水平。共建共享区域能源设施。实施京津冀能源协同发展行动计划，优化完善区域能源设施布局，建设跨区域重点能源项目，构建互联互通能源设施体系。持续推进区域电源支撑能力建设，全面整合现状存量资源，形成应急备用与调峰电源能力3600万千瓦。构建华北地区"四横三纵"特高压网架，形成环北京特高压双环网，不断完善京津冀区域外受电力保障格局。增强区域天然气应急储气能力，优化京津冀上下游天然气资源设施配置，投运唐山LNG应急调峰保障工程、天津南港LNG应急储备项目，推进大港、华北等周边地下储气库群达容扩容，构建形成多源多向、互联互通、能力充足的区域天然气储气调峰系统。提升区域能源绿色水平。深化区域可再生能源开发利用互惠合作，用好冀北风光发电资源，提高张北柔性直流输电线路送电水平。探索推动区域可再生能源电力多元化、规模化应用，协同推进张家口可再生能源应用示范区建设。以大兴、房山及燕山石化、北京经济技术开发区、昌平、延庆等区域为重点，积极参与京津冀氢燃料电池汽车示范城市群建设，合力打造氢能与氢燃料电池全产业链。推动建立标准统一的区域高速公路充电服务网络。到2025年，外调绿电力争达到300亿千瓦时。

　　加强区域能源发展协作。完善多层次、常态化区域能源交流合作平台和机制，加强规划政策及重大项目协调对接，推动区域能源运行监测平台共建共享，促进区域能源一体化发展。强化三地能源主管部门常态化、机制化对接沟通，共同推动规划政策衔接、重大项目落地。

（二）建立更加完善的基础设施体系

　　进一步完善基础设施空间结构和功能布局，更好发挥基础设施的先行引导作

用，持续提升基础设施的系统性、安全性和可靠性。

1. 打造便捷高效的城市交通体系

继续大力发展轨道交通，推动"四网融合"，持续优化地面公交线网和场站布局，完善城市路网层级结构，推动构建综合、绿色、安全、智能的立体化、现代化城市交通系统。

高水平发展市域（郊）铁路。充分利用既有铁路资源，合理规划新建线路，加快构建"一干多支"的市域（郊）铁路主骨架。组建路市合作平台公司，实现路市合作从行政协调向市场引导转变。出台市域（郊）铁路功能布局规划，实施市域（郊）铁路建设行动计划，启动城市副中心线、东北环线等通勤线路整体提升工程，基本实现公交化运营，围绕中心城区实现30公里圈层45分钟通勤。推进门大线、良陈线等旅游线路适应性改造，促进生态涵养区旅游产业发展。到2025年，市域（郊）铁路运营里程力争达到600公里。

专栏4　加快市郊铁路建设

1. 市郊铁路骨架结构

"一干多支"。"一干"指城市副中心线，是本市市郊铁路线网中的东西向核心干线，"多支"指与城市副中心线相连通的东北环线、通密线、京门线等线路。

2. 市郊铁路重大项目

城市副中心线（西段）整体提升工程。工程起自北京西站，利用既有铁路西长线和京广线廊道，经石景山区、丰台区、房山区，终至琉璃河站，线路长度约50公里，设站8座。主要工程为：长阳至南关新建复线7.2公里，新建窦店车辆基地及走行线，改建车站4座（后吕村、良乡、窦店、琉璃河），新建车站3座（衙门口、长阳站、南关站）。

市郊铁路东北环线整体提升工程。工程北起昌平南口，南至光华路与北京东站，线路全长59.6公里，共设置南口、昌平、沙河北、沙河、生命科学园、新龙泽、霍营（黄土店）、立水桥、北苑、望京、酒仙桥、北京朝阳、石佛营东、四惠、光华路、北京东16座车站。主要工程包括霍营至昌平段复线化改造、昌平至南口段电气化改造、新建光华路地下支线、新建昌平车辆基地、新建及改建车站等工程

继续完善城市轨道交通线网。编制实施轨道交通第三期建设规划，建设"轨

道上的北京城"。优化中心城区线网，适度加密；完善城市副中心线网，形成放射性廊道，辐射周边区域。开工建设 M101 线、11 号线一期、19 号线北延等线路，基本完成地铁 3 号线一期、12 号线、17 号线、13 号线扩能提升等 15 条（段）在建项目建设。开展既有线网改造提升，完成轨道交通 1 号线与八通线贯通运营，实现轨道交通 1 号线福寿岭站开通等工程。优化运营组织，通过扩大编组、实行快慢线交叉运行、缩短行车间隔等方式，提高运输效能。推动具备条件的线路进行同台换乘改造，优化交通引导标志标识设置，提高换乘便捷性。到 2025 年，城市轨道交通运营总里程力争达到 1000 公里，中心城区轨道交通出行比例达到 18.7% 以上。

打造"四网融合"的轨道交通新格局。推动干线铁路、城际铁路、市域（郊）铁路、城市轨道交通"四网融合"。优化改造既有线网，科学分配铁路运行时刻资源，推进部分铁路线路承担城市内通勤服务功能，着力突破线网瓶颈、释放线路运输能力，推动轨道交通全网资源共享，实现高质量、网络化运营。推动统一各层级网络接口标准，实现一套体系、一网运营、一票通行、一站安检。建成丰台站、霍营（黄土店）等大型交通枢纽，充分发挥北京朝阳站、清河站等外围站点客流转换作用。建立轨道站点一体化开发的用地和建筑规模指标优先保障制度，实现轨道交通与城市协调融合发展，让市民乐享"轨道上的都市生活"。

全面提升地面公交服务水平。围绕轨道交通优化地面公交线网。全面实施公交线网规划，构建"3+1"线网层级体系，打造"八横、六纵、三环、十放射"的网络结构，减少长距离、长时间运行线路，加密微循环线路。加强公交路权保障，重点推进匝道、桥区、路口等关键节点公交专用道施划，实现中心城区、城市副中心公交专用道连片成网。优化公交场站布局，疏解永定门、广安门、阜成门等核心区公交场站驻车保养功能，建成康家沟、王佐、东小营等一批立体化公交场站。

专栏 5　公交线网层级体系

"十四五"时期，北京市根据《北京市地面公交线网总体规划》实施方案，围绕构建"3+1"线网层级体系，推进地面公交建设。

"3"即干线、普线和微循环线，统称常规线路。干线构成公交线网的骨干网络，根据服务空间范围的不同，分为服务远郊区与中心城区之间的市郊干线，以及主要服务于中心城区的市区干线，采取快慢结合的运营模式，弥补轨道的不足和分担轨道压力。普线主要服务中心城区，服务对象包括从居住区去往医院、公园、商场等分散的中短距离出行，主要布设在快速路辅路、主干路和次干路等次要客流通道，可以弥补轨道服务的空白。夜班公交线路独立成网，连接交通枢纽、医院、工厂和住宅区，保证城市昼夜延续的各类活动的正常进行。微循环线主要服务轨道和公交干线站点周边，提供居住区、就业区与轨道站点、公交干线站点之间的接驳服务或者短距离通勤通学服务，主要布设在次干路、支路和小区道路等分散客流通道，起到为轨道和公交干线接驳客流的作用。

"1"即定制公交。定制公交是常规公交的补充和服务升级，通过线上预约、拼车同行、智能调度等创新手段，满足市民不同场景下的精准需求，提供多元化、集约化、高品质的新型地面公交服务

完善城市道路层级结构。在推进快速路、主干路建设的同时，重点加强次干路、支路建设，形成级配合理的路网结构。优化城市骨干路网，建成京密路、安立路等快速路，实现新城与中心城区快速连接。加快推进西大望路南延、巴沟路等工程建设，完善"三环半"主干路系统，到 2025 年，建设快速路 80 公里、主干路 340 公里，中心城区主干路实施率达到 85%。按照"窄马路、密路网"理念，推进次干路、支路建设。围绕骨干道路建设同步实施周边次干路、支路，打通一批跨区断头路、瓶颈路，加强代征道路移交管理，畅通道路微循环。

2. 完善多源共济的水资源保障体系

坚持"节水优先、空间均衡、系统治理、两手发力"治水方针，强化水资源约束引导作用，建设多源共济、兼容并蓄、精细调配、弹性适应的水资源保障体系，促进水与城市协调发展。

完善多源外调水格局。按照国家南水北调工程总体布局，研究制定本市南水北调后续工程水资源配置方案。用足南水北调中线，优先推动中线扩能工程。强化西部输水通道，推动引黄工程向永定河生态补水常态化，研究推进官厅水库恢复饮用水战略储备功能，研究推动长江、黄河两大流域共同保障首都水资源安全。优化东线进京通道，保障市内水资源高效调配和利用。"十四五"期间，南水北调总调水量力争达到 60 亿立方米。完善南水北调供水网络结构，推进河西支线、大兴支线等配套干支线工程，实施大兴国际机场、温泉等配套水厂建设。

涵养地下水资源。坚持控采、压采地下水，持续推进自备井置换，实施自备井置换清单式管理，实现精确计量和调控，推进中心城区、城市副中心自备井退

出常规供水体系。到 2025 年，地下水年开采量力争降至 14 亿立方米左右。完善地下水回补总体格局，建立地下水水量、水位双控制度，建立分层、分区、分用途的地下水保护开发及安全保障机制，持续推动平原地区地下水水位稳步回升。

专栏 6　地下水回补总体格局

"十四五"时期，完善"一线、两源、五区、多点"的地下水回补总体格局，以建设密怀顺、西郊等地下水蓄水区为重点实施"藏水于地"，基本建成地下水蓄水区水资源战略储备体系，蓄水区地下水水位显著回升。

一线：以南水北调来水调入密云水库调蓄工程为输水干线。

两源：南水北调水源、密云水库水源。

五区：密怀顺、西郊、昌平、平谷及房山五大地下水蓄水区。

多点：适宜的回补区，包括潮白河、雁栖河、怀河、白羊沟蓄滞洪区、沟河等河道及砂石坑等

构建安全可靠的城市供水体系。中心城区完善"一环、两脉、九厂、多点"联动的供水设施布局，与城市副中心形成管网互连互通的供水设施布局。建成石景山、亦庄等南水北调水厂，进一步拓展南水北调来水供水范围，强化中心城区西部、南部供水保障。到 2025 年，中心城区和北京城市副中心供水安全保障系数超过 1.3。

专栏 7　中心城区供水设施布局

一环：基本沿西四环以及东、南、北五环建成的第一输水环线，包括中线干线卢沟桥至团城湖段、南干渠、东干渠、团城湖至第九水厂输水工程。

两脉：南水北调中线总干渠和京密引水渠。

九厂：第三水厂、第八水厂、第九水厂、第十水厂、郭公庄水厂、田村山水厂、石景山水厂、亦庄水厂、温泉水厂等九座骨干水厂。

多点：中心城区其他供水厂、提升泵站等

---

3. 建设蓝绿交织的绿色生态体系

统筹推进山水林田湖草系统治理，完善"一屏、两轴、两带、三环、五河、九楔"的市域绿色空间结构，加强各类型、各区域生态空间联系，推动形成以森林为主体、河流为脉络、农田湖泊为点缀、生物多样性丰富的城市生态系统。

专栏8 一屏、两轴、两带、三环、五河、九楔

一屏：山区生态屏障。充分发挥山区整体生态屏障作用，加强生态保育和生态修复，提高生态资源数量和质量，严格控制浅山区开发规模和强度，充分发挥山区水源涵养、水土保持、防风固沙、生物多样性保护等重要生态服务功能。

两轴：传统中轴线及其沿线、长安街及其沿线。传统中轴线及其延长线是首都的灵魂和脊梁，是古都风貌和山水城市的重要载体；长安街及其延长线是新中国的历史见证，体现了新时期生态文明建设和园林景观风貌，是公共开放空间的共享轴。通过园林绿化强化两轴特色，以大型生态空间引导两轴的延伸与拓展，形成以两轴为统领的空间格局。

两带：西北山区自然公园和风景名胜区体系发展带、东南平原大尺度森林湿地发展带。整合各类自然公园及风景名胜区，包括森林公园、湿地公园和地质公园，形成西北山区自然公园和风景名胜区体系发展带；东南平原加强森林、湿地建设，打通整合、连通破碎斑块，形成东南平大尺度森林湿地发展带。

三环：城墙遗址公园环、一道绿隔城市公园环、二道绿隔郊野公园环。不断完善二环路两侧绿化带，形成城墙遗址公园环；推动第一道绿化隔离地区公园建设，力争全部实现公园化；提高第二道绿化隔离地区绿色空间比重，推进郊野公园建设，推动形成以郊野公园和生态农业为主的环状绿化带。

五河：永定河、潮白河、北运河、拒马河、泃河为主构成的河湖水系。以五河为主线，形成河湖水系绿色生态走廊。逐步改善河湖水质，提升河流防洪排涝能力，保护和修复水生态系统，加强滨水地区生态化治理，营造水清、岸绿、安全、宜人的滨水空间。

九楔：九条楔形绿色廊道。打通九条连接中心城区、新城及跨界城市组团的楔形生态空间，形成联系西北部山区和东南部平原地区的多条大型生态廊道。加强植树造林，提高森林覆盖率，构建生态廊道和城镇建设相互交融的空间格局

持续完善森林生态系统。提升山区生态环境建设水平，持续增加平原森林绿量。继续加强浅山区造林绿化，完成废弃矿山生态修复综合整治，实施封山育林60万亩、山区造林15万亩，森林健康经营、林木抚育350万亩，保护天然次生林436万亩，发挥水源涵养、水土保持、生物多样性保护、休闲游憩等重要生态

服务功能。新增造林 16 万亩，千亩片林累计达到 300 处以上、万亩片林累计达到 40 处以上。到 2025 年，全市森林覆盖率达到 45%，全市森林蓄积量增加至 3450 万立方米。

系统开展湿地保护修复。推进蓝绿空间有机融合，充分利用既有河湖水系，进一步完善湿地生态系统。打造中心城区"一核"湿地群，构建全市"三横四纵"湿地带，在充分保护利用河湖湿地的基础上，保护恢复市级湿地公园 5 处、国家湿地公园 2 处及温榆河、南苑、大兴国际机场等一批高品质森林湿地公园，打造 50 处小微湿地示范区。到 2025 年，全市湿地保护率提高到 70% 以上。

专栏 9　"一核、三横、四纵"湿地建设布局

"一核"即中心城区湿地群；总面积约 13.78 万公顷，构成了本市主要的城市湿地群，对构建城市公园环和中心城区蓝色水网具有重要意义，结合海绵城市建设，重点开展老城湿地保护、水系连通，河湖湿地岸带整治、景观提升以及湿地生态廊道建设等。

"三横"指位于北京西北部的"妫水河"湿地带，中心城区北侧近郊的"沙河—温榆河"湿地带，东南近郊的"凉水河"湿地带；"三横"对构建本市森林湿地公园环、郊野公园环和城市公园环具有重要意义，同时起到了连接郊野公园环和城市公园环，连接永定河和北运河湿地带的作用。

"四纵"指南北纵贯北京市的"潮河—沟河""潮白河—北运河""清水河—永定河""大石河—拒马河"四大湿地带。"四纵"依托于北京市的几大水系，对构建环首都森林湿地公园环、郊野公园环和城市公园环具有重要意义

推进生态廊道互联互通。加强山区、平原、城区生态空间的联系，增强全市生态系统的整体性功能。打通九条连接中心城区、新城的楔形绿色生态空间，完善城市通风廊道。以道路干线、河流为依托建立生态廊道体系，打通动物迁徙空间。以永定河、北运河等河道和京雄城际、京沈客专、市郊铁路等干线为主体，新建、改造绿色廊道 300 公里，提升主要公路、河道两侧绿化景观 600 公里。

4. 构建坚韧低碳智慧的能源体系

坚持绿色低碳的发展理念，统筹能源安全和经济社会发展需要，全面增强能源供应保障能力，加快补齐能源储备能力短板，构建多元多向、多能互补、城乡协调的优质能源体系。

打造坚强可靠的城市电网。统筹本地及周边区域电源设施布局，持续完善外受电通道，优化城市电网结构，加强本地电源应急储备和调峰电源建设，建成高

可靠智能化城市配电网。推动胜利（锡盟）—张北特高压通道建设，形成环北京特高压环网，加快北京东—通州北、北京西—新航城 500 千伏等下送通道建设，进一步提升北京电网外受电能力。规划建设亦庄、CBD 等 5 座 500 千伏输变电工程，新建 220 千伏变电站 29 座，加快补齐城市重点负荷区域和老旧小区等薄弱地区配电网结构短板。到 2025 年，外送电通道输电能力增加到 4300 万千瓦左右，全市供电可靠率达到 99.996%。

完善多源多向的气源供应系统。持续拓展气源通道，联结北京燃气天津南港 LNG 输气通道，到 2025 年，形成"三种气源、八大通道、10 兆帕大环"的多源多向气源供应体系。大幅提升天然气应急储备能力，投运唐山 LNG 应急调峰工程，建成投运北京燃气天津南港 LNG 接收站及外输管线工程。完善市内管网输配系统，实现六环路高压 A 管网成环。到 2025 年，日输气能力达到 3 亿立方米，满足全市天然气全年总量和高峰用气需求，应急储备能力达到 14 亿立方米左右。

构建清洁低碳的城乡供热体系。以供热系统低碳转型为导向，不断完善城镇地区源网设施布局，持续提高农村地区清洁化供热水平，构建安全清洁、多能互补、绿色低碳城乡供热体系。增强城镇地区热源保障能力，加快热电联产调峰热源项目建设，建成鲁谷北重、左家庄二期等调峰热源项目。进一步增强中心热网韧性，推进实施朝阳路、广渠路东延等热力联通管线工程。加快东坝金盏、首钢等地区热力管网建设，完善中心热网西部、南部等薄弱地区配套热网，打通管网断头断点。提升农村地区清洁供热水平。到 2025 年，全市新增余热供热面积 800 万平方米，可再生能源供热面积占比达到 10% 以上。

大力推动可再生能源利用。切实转变城市能源发展方式，落实可再生能源优先理念，大力推动能源新技术应用与城乡规划建设融合发展，鼓励地源热泵、再生水源热泵等供热制冷技术与常规能源供热系统耦合利用，发挥重点区域绿色低碳示范引领作用，在具备条件的特色村镇试点建设一批"超低能耗建筑+可再生能源供能+智慧能源平台"的绿色能源示范村。到 2025 年，新增能源消费优先由可再生能源替代，可再生能源占能源消费比重达到 14.4% 以上。

5. 建设安全韧性的基础设施保障体系

坚持系统观念、底线思维，按照平战结合、平灾结合的原则进一步优化完善基础设施建设模式，提高基础设施在逆变环境中承受、适应和快速恢复能力，打造全天候、系统性、现代化的运行保障体系。

提高城市生命线保障能力。在新建地区研究推行分布式、模块化、小型化、并联式城市生命线系统建设新模式，增强干线系统供应安全；强化系统连通性、网络化和区域自循环，实现互为备份、互为冗余，提升系统韧性。在做好长期规划的前提下，适度超前推进水、电等城市生命线规模适度的余量建设，科技赋能提高保障效率。建立"藏水于库、藏水于地"的水资源战略储备体系，维持密云水库蓄水量25亿立方米以上，建设西郊、密怀顺等地下蓄水区，到2025年，战略安全储备水源初具规模。统筹输入能源和自产能源，完善应急电源、热源调度和热、电、气联调联供机制，坚持稳妥有序，鼓励示范探索，初步建立电源侧、电网侧、用户侧协同支撑、统筹联动的新型储能保障体系，提高能源安全保障能力。提高生命线工程高度集中且相互关联的关键节点和区域的恢复能力和恢复速度。

增强城市防洪排涝能力。坚持分区防守，注重洪涝兼治，巩固提升中心城区"西蓄、东排、南北分洪"的防洪排水格局，基本建成北京城市副中心"通州堰"分洪体系。进一步完善潮白河、北运河、永定河等骨干河道防洪体系。按照上蓄、中疏、下排的原则，做好重点流域及重要区域的蓄滞洪区建设、河道疏浚和防洪治理。持续推进中小河道达标治理，全面完成病险水库除险加固。构建"源头消减、管网输送、蓄洪消峰、超标应急"的内涝防治体系。加强海绵城市建设，完善雨水管网系统，推进中心城区、城市副中心等重点地区实施雨污分流改造和雨水管道提标，实施核心区等重点区域低洼院落排水系统改造。优先解决已形成的下凹式立交桥、铁路桥等积水点，实现主城区积水点动态清零。提升城市基础设施防涝能力，系统梳理城市轨道交通、市政道路隧道涵洞、枢纽场站等易涝区域，制定针对性防控措施。积极应对地下水水位回升，优化调整城市轨道交通等地下设施建设标准规范，加强运营安全管理。

专栏10 中心城区防洪排水格局

西蓄：充分利用西郊蓄滞洪区、南旱河蓄滞洪区等调蓄西山洪水。

东排：利用清河、坝河、通惠河、凉水河等4条主要河道向东部北运河排泄中心城区洪水。

南北分洪：在城区东北城角和西南城角分别向坝河及凉水河分洪，减少洪水对中心城区的威胁

（三）强化重点区域基础设施保障

充分发挥基础设施对于核心区、城市副中心、平原新城、生态涵养区及重点区域的空间布局优化引领和保障支撑作用，大力推动疏解整治促提升。

1. 显著提升核心区政务环境品质

严格落实首都功能核心区控制性详细规划，坚持优化改善政务环境与提升市民生活品质有机统一，以更优越的空间、更优良的环境和更优质的服务，保障国家政务活动安全、高效、有序运行。

创造高效便捷的交通出行环境。精准协调政务交通与市民日常出行，着力改善政务交通环境。开展中央政务功能集中地区交通综合治理，加强长安街及其延长线、二环路、前三门大街等线路智慧交通管控，保障中央政务活动场所与车站、机场、联络通道的高效进出联系。结合城市更新，"一站一策"加快推动崇文门站、宣武门站等轨道交通站点外城市空间优化提升。保护提升老城道路，推动绿色便利出行，大力推进微循环建设，扩大步行空间，强化老城棋盘式道路网格局。加强停车需求管控，因地制宜科学配置党政机关办公和生活区停车资源，制定停车差异化分区政策。

建设宁静宜居的花园式核心区。优化长安街、中轴线沿线绿地景观，塑造展现国家礼仪、大国首都文化自信的景观形象。传承古都风韵，保护完善老城六海八水的空间格局，结合二环内历史水系恢复和滨水环境建设实施滨水绿化，建设口袋公园及小微绿地 50 处。完善"凸"字形城郭遗址公园环，形成连续且具有一定宽度的环二环景观带，打造平安大街、西单北大街一线、东单北大街一线、两广路沿线绿荫空间，建设林荫大道 50 处。提高公共绿色空间规模与品质，积极倡导各类院落开展内部环境整治和"开墙透绿"，种好"院中一棵树"，与市民共享更多绿色空间。

大力推进老旧设施消隐改造更新。按照"保安全、提品质、稳投资"原则，全面推动核心区基础设施全方位升级改造。加强管线消隐改造，落实核心区管线消隐工作计划，结合市政道路建设、道路大修、老旧小区改造，完成 60 条道路管线消隐改造，基本完成 40 年以上管龄存在安全隐患的管网、全部老旧小区供水管网改造。完成低洼院落排水系统改造，通过调整地面坡度、高程和汇水流向，增设集水井和抽排设施，解决院落积水问题，加强小微积水隐患点治理。加快推进二环路、平安大街、东单大街、西单大街等重点区域、重点部位电缆隧道、热力和燃气管线隐患集中治理。以保障民生为重点，进一步优化老城能源利用方式，鼓励分布式微能源网和分布式太阳能利用，提升可再生能源供热比例，实施供热市政大网连通工程，替代现存 72 座燃油锅炉房，提高核心区供热能效水平。

2. 高水平建设北京城市副中心基础设施

坚持世界眼光、国际标准、中国特色、高点定位，建设完善城市副中心基础设施体系，构筑高品质功能承载地，打造京津冀协同发展桥头堡。

建设便捷畅达的综合交通体系。逐步构建北京城市副中心轨道交通骨干网络，实现京唐城际通车运行，整体提升市郊铁路通密线，加快推进轨道交通平谷线、6号线南延、M101线等线路建设。加强与中心城区、各新城之间的道路交通联系，建成京哈高速拓宽改造、九德路、春明路等工程。有效织补城市副中心空间，完成东六环路入地改造工程。完善北京城市副中心内部路网，建成运河东大街东延、万盛南街等工程。发挥北京城市副中心交通枢纽门户作用，建成城市副中心站、东夏园、通马路、环球影城北等一批综合交通枢纽，推动"站城融合"发展。沿河、沿绿、沿路建设连续贯通的慢行网络，实现路网密、节点通、环境佳的慢行交通系统。

建设水城共融、蓝绿交织的生态城市。形成"一带、一轴、两环、一心"的绿色空间格局。依托大运河打造蓝绿交织、凸显公共空间魅力的生态文明带，依托六环路建设六环高线公园等5处公园，打造清新明亮的创新发展轴。建成张家湾公园等13处公园，闭合环城绿色休闲游憩环。到2025年，公园绿地500米服务半径覆盖率达到95%。持续完善副中心"三网、四带、多水面、多湿地"的城市水系格局，加强北运河、潮白河等滨水生态带建设，实施玉带河、萧太后河等河道综合治理。基本建成"通州堰"分洪体系，实施温潮减河工程，完成宋庄蓄滞洪区（二期）、温榆河、北运河综合治理，全力推进北运河重点河段水质主要指标达到Ⅳ类标准。

专栏11　通州堰分洪体系

基于自然地势，运用现代工程技术手段，统筹考虑全流域、上下游、左右岸，建立上蓄、中疏、下排的通州堰系列分洪体系，将北京城市副中心防洪标准由50年一遇提高到100年一遇，保障城市副中心及下游地区防洪安全。

"通州堰"由北关闸、尹各庄闸两个分洪枢纽，运潮减河、温潮减河两条分洪河道以及宋庄蓄滞洪区组成。通过分洪枢纽控制，利用位于北京城市副中心以北的宋庄蓄滞洪区工程，实现错峰下泄洪水；利用温潮减河和运潮减河将北运河的洪水分流到潮白河。同步通过河道清淤、疏挖、堤防加高等措施，实施温榆河、北运河综合治理，提高河流行洪能力。

全面提升资源能源保障能力。持续加强副中心供水保障，推进北京城市副中心调水干线工程，建成南水北调通州水厂工程二期，新建、改造老城区供水管网，通过清单式管理推进自备井置换，供水安全系数保持在1.3以上。持续优化区域电网结构，增强电网应急保障能力，推进副中心电力运行保障中心和运河核心区区域能源中心黑启动项目实施。完善"四站、五线、三联通"的区域天然气供应格局，推动实现城区及张家湾、台湖、宋庄3个特色小镇燃气管网全覆盖。优化供热网络布局，创新绿色能源应用示范，建成北京城市副中心站综合交通枢纽多能耦合能源系统和城市绿心可再生能源综合供热系统。在行政办公区、文化旅游区、运河商务区等重点区域构建综合管廊骨架体系，支撑市政能源安全供给。

3. 加快推进平原新城基础设施高质量建设

落实平原新城功能定位，承接中心城区适宜功能和人口，提升城市发展水平和综合服务能力，充分发挥多点支撑功能作用，切实增强可持续发展能力，打造便利高效、宜业有活力、宜居有魅力的平原新城。

建设内畅外联的新城交通体系。加强平原新城对外公共交通联系，推进市域（郊）铁路、城市轨道交通建设，建成轨道交通昌平线南延一期，加快推动轨道交通19号线南延、北延和R4线一期、15号线东延及市郊铁路通密线整体提升等项目，打造中心城区与各新城"半小时轨道交通圈"。大力建设霍营（黄土店）站等轨道微中心，打造站城融合的城市支点，促进平原新城人口、产业、居住、服务均衡发展。扩充平原新城和中心城区道路联络通道，加快实施北清路、安立路、京密路等快速化提级改造，打通京良路西段、马家堡西路南延等一批断点。完善新城内部道路网结构，强化功能区之间相互联系。提升道路交通精细化设计、建设和管理水平，同步实施能源、排水等市政设施建设，因地制宜优化道路空间功能，保障慢行交通路权，提升慢行系统吸引力。

构建绿海环绕的森林新城。持续优化森林空间，实现每个平原新城至少有1处千亩以上城市森林，建成区绿化覆盖率达到48%以上。顺义新城区域，建设顺和公园等，消除城区公园500米服务半径覆盖盲区，提升首都国际交往门户的绿色生态空间品质。大兴新城区域，围绕北京大兴国际机场，建设临空经济区中央生态公园等，在南中轴沿线、永定河、重要交通联络线沿线等生态节点和生态廊道造林绿化1900公顷，继续厚植城南生态屏障。昌平新城区域，建设奥北森林公园等，新建公园面积207公顷，实现回天地区、未来科学城及温榆河沿线等公园绿地有机串联。房山新城区域，建设良乡大学城中央景观绿带公园、新城森林公园等，持续提升新城生态环境水平。

4. 守护好生态涵养区绿水青山

牢固树立和践行绿水青山就是金山银山理念，严格施行生态涵养区生态保护和绿色发展条例，强化基础设施支撑，将生态涵养区建设成为首都战略腹地和生态文明金名片。

加强饮用水水源地生态保护。守护好以密云水库为核心的水源地，加强各类水库库滨带保护，改善水库周边环境。实施密云水库水源保护京冀共同行动，推进官厅水库水源保护工程。全面完成现有病险水库除险加固，消除工程安全隐患，同步健全水库运行管护长效机制。以水库上游区域为重点，重点在生态涵养区以"清水下山、净水入河入库"为目标，开展生态清洁小流域建设，"十四五"建设生态清洁小流域 600 平方公里以上，密云水库上游实现全覆盖，到2025 年，全市水土保持率达到 90%。

提升山区森林生态功能。继续加强山区生态保护与修复，开展森林健康经营，全面保护天然次生林。在燕山区域重点开展生态保护与修复，严格防控森林火灾和有害生物入侵。在太行山区域重点加强废弃矿山治理，持续改善林分质量。在浅山区域增加抗逆性强、好管好活的乡村长寿树种和彩叶树种，打造林海绵延、五彩斑斓的山林景观。进一步加强自然保护区、风景名胜区、森林公园、野生动物栖息地的保护。提升长城沿线、永定河两岸生态景观。

加大交通基础设施保障力度。利用既有铁路资源，加快建设京门线、门大线、通密线整体提升等项目，带动沿线旅游文化等产业发展。充分发挥高速公路对区域发展的辐射带动作用，建成国道 109 新线高速及西太路、休闲大会北路等高速公路联络线工程建设。改善生态涵养区内部路网条件，完善南山环线三期、双大路二期等浅山区公路项目建设。

5. 增强重点功能区基础设施保障能力

紧紧抓住"两区"建设契机，突出重点、以点带面，发挥基础设施引导带动作用，提升重点功能区基础设施建设质量和服务水平。

激发"两区"新活力。构建第四使馆区外围综合交通体系，建成轨道交通 3 号线一期、12 号线，推进 R4 线一期、亮马河北路、东苇路、天苇路等工程。加强新国展外围交通供给，推进 15 号线增购车辆、京密高速、新国展联络线等工程。完善金盏国际合作区骨干路网，建成东坝大街、阜阳西街、兴坝路等主干路。做强自由贸易试验区口岸功能平台，推进北京大兴国际机场货运区多式联运设施建设，推进首都国际机场东区、西区枢纽建设和现有货运设施完善升级，提升机场口岸货运保障能力及运输效率。

推动临空经济区建设。进一步加强首都国际机场外围交通保障，推进 R4 线一期、首都机场捷运系统、京密快速路等工程建设。构建北京大兴国际机场临空经济区路网体系，加快建设永兴河北路、大礼路、军航西侧路等主干路，建成榆平路、祥和街等次干路。提升区域生态环境品质，保障防洪排水安全，建成榆垡中心公园、北京大兴国际机场滞洪工程一期等工程。依托大礼路、永兴河北路等综合管廊，形成安全可靠的市政能源通道。加快建设顺义焚烧发电厂三期生物质发电等一批重大项目，构建绿色、智能、高效的能源体系。

促进"三城一区"发展。完善怀柔科学城内部路网，建成永乐大街、雁栖东二路、科院路等工程。提升未来科学城外围交通服务能力，完善京承高速黄港立交功能，建成轨道交通 17 号线。加强北京经济技术开发区与中心城区交通联系，加快建设大羊坊路。加快推进"三城一区"构建多能互补、高效智能的区域能源综合服务系统，打造一批各具特色园区级综合智慧能源示范样板。积极推进绿色低碳技术的嵌入式发展，提升商业综合体、高端商务楼宇智慧用能水平。

支撑新首钢地区建设。加强新首钢地区外围出行保障，建成 11 号线西段（冬奥支线）、北辛安路（南段）和锅炉厂南路。贯彻"小街区、密路网"理念，全部完成修理厂西路等新首钢地区次支路建设。实现地铁、公交、慢行等多种交通方式快速换乘，建成苹果园综合交通枢纽。实施首钢水系与永定河流域连通工程，整治提升群明湖、秀池周边生态环境。增强地区热源保障能力，建成首钢南区调峰热源项目。

（四）推进基础设施绿色低碳循环发展

牢固树立绿色发展理念，以碳排放稳中有降和推动碳中和为抓手，强化水资源和碳排放总量、强度双控，深入推进基础设施领域减排降碳，助力绿色北京建设。

1. 强化水资源刚性约束

落实落细"以水定城、以水定地、以水定人、以水定产"要求，执行最严格的水资源管理制度，把水资源作为最大的刚性约束，支撑节水型社会全面建设。

提升水资源节约利用水平。实施用水总量、用水强度双控，健全分区域、分行业用水控制指标体系，促进生产和生活全方位节水，"十四五"时期全市年生产生活用水总量控制在 30 亿立方米以内，单位地区生产总值水耗下降到 10 立方米/万元以内，水资源节约达到世界先进水平。建立覆盖水资源利用全空间、全链条、全领域的监测网络体系，深入开展独立计量区建设和管理，做到中心城区供水管网"逢漏必知"。

开展全民节水行动。坚持节水优先、量水发展，出台《北京市节约用水条例》，落实节水行动实施方案，形成完善的法治保障体系。健全节水标准体系，实施"百项节水标准工程"，构建覆盖各领域的先进用水定额和满足节水基础管理、节水评价的节水标准体系。深化水价改革，创新市场化节水体制机制，落实非居民用水超定额累进加价制度。鼓励支持工业企业节水改造和园区水循环梯级利用，创建节水标杆园区和企业。严格施工用水、降水管理，加强生态用水计量、收费管理，大力推动园林绿化滴灌等节水技术应用。

专栏12 加强行业节水

公共服务：交通客运站、综合性购物中心、星级宾馆、医院等公共机构逐步实现高效节水器具全覆盖；加强对洗浴、洗车、高尔夫球场、人工滑雪场、洗涤、宾馆等高耗水服务业用水的监管力度，从严控制用水计划。

园林绿化：因地制宜建设高效节水灌溉设施，高效节水灌溉面积比例不低于98%；加大再生水、雨洪水、河湖水利用的推广力度，加强集雨型绿地建设，研究利用绿地、林地等地下空间建设雨水、再生水灌溉储水池的可行性，园林绿化用水逐步退出自来水及地下水灌溉，"十四五"期间公共绿地再生水替代率不低于50%。

工业：大力发展循环经济，疏解退出高水耗产业，调整优化用水结构，有效提升用水效能。鼓励支持工业企业节水改造，探索建立工业废水近零排放科技创新工程；鼓励园区内企业间用水系统集成优化，实现串联用水、分质用水、一水多用和梯级利用。加快推动"三城一区"节水标杆园区创建。

农业：逐步有序退出高耗水作物生产性种植，因地制宜发展旱作雨养农业，全面完成"两田一园"高效节水灌溉，农田灌溉水有效利用系数保持在0.75以上。强化农用机井精细管理，完善农业用水监控平台

2. 优化能源消费结构

以生态保护和资源节约利用为重点，持续优化基础设施领域能源资源消费结构，倡导绿色出行，为实现碳达峰后稳中有降奠定坚实基础。

推动能耗"双控"向碳排放总量和强度"双控"转变。坚持节约优先，深化产业结构调整，深挖交通等重点领域节能潜力，提升能源利用效率。鼓励引导

重点用能企业绿色化、智能化、数字化转型升级。完善碳排放总量和强度双控目标责任制度，确保单位地区生产总值二氧化碳排放下降达到国家要求。到2025年，二氧化碳排放总量率先达峰后稳中有降。

加快能源结构调整。大力推进"减煤、稳气、少油、强电、增绿"，促进能源绿色低碳转型实现新突破。加大生态涵养区电力等清洁能源设施建设力度，持续推动农村地区剩余村庄散煤清洁能源替代，基本实现剩余农村散煤采暖用户清洁采暖。加快削减工业设施用煤，持续削减煤炭总量，到2025年，全市非应急情况下基本不使用煤炭。合理引导天然气消费，到2025年，天然气消费量控制在200亿立方米左右。大力压减车用油品总量，引导鼓励存量私人小客车"油换电"。落实可再生能源优先的理念，加强能源新技术应用，大力推进能源供给消费绿色低碳变革，增量能源消费逐步实现可再生能源替代。

倡导绿色出行方式。强化绿色导向，引导市民逐步形成低碳的生活方式和消费理念。街道空间分配向步行和自行车倾斜，引导道路停车位减量化发展，保障步行和自行车路权。增加绿化遮荫及骑行左转专用道、指示灯等设施，营造优质的步行和骑行空间。综合交通枢纽场站优先考虑慢行交通接驳组织及空间分配。到2025年，中心城区绿色出行比例达到76.5%，北京城市副中心绿色出行比例达到80%。

专栏13　建设慢行友好城市

构建便捷舒适的慢行网络。分区域制定慢行系统专项规划，优化街道横断面，打通堵点、断点，强化步行和自行车路权保障，构建连续安全的慢行网络体系。实施中心城区及城市副中心次干路及以下道路整治，实现中心城区慢行系统连续成网，城市副中心慢行系统道路里程达到2100公里。建成自行车专用路东拓南展工程。

营造连续安全的慢行环境。改善步行、自行车出行环境，增设休憩座椅等人性化街道家具，推广使用降噪路面，优化行人过街交通组织、无障碍设施及街道景观设计，因地制宜建设地下过街、人行天桥等立体过街设施，提高慢行交通的安全舒适性。保障交通枢纽、公共交通站点的自行车停车位合理供给，加强站点周边地区自行车停放组织管理，积极鼓励居民采用"骑行+公共交通"方式出行。开展违法停车、占道经营等专项整治行动，强化电动自行车、代步车管理，营造良好慢行空间秩序。

打造慢行交通示范区。中心城区及城市副中心每年选取若干示范区或示范街道，针对提升步行、自行车出行体验综合施策，实现示范引领、连片成网。重点推进北京市两纵两横（"两纵"包括东单南北大街延长线、西单南北大街延长线，"两横"包括平安大街、两广路）示范改造。推动核心区步行和自行车友好城区建设，结合首都文化特色，稳步推进街道空间重塑，加强步行、自行车路权保障，推广无障碍、全年龄友好设计，提高沿街绿荫覆盖，依托蓝网绿道建设推进慢行空间连片成网，持续拓展健步悦骑空间

优化调整运输结构。有序推进铁路货运物流体系转型升级，充分发挥铁路在大宗货运中长距离运输中的骨干作用。加快京平综合物流枢纽等货运枢纽建设，推动大宗货物中长距离运输"公转铁"，促进多式联运及运输结构调整。促进城市货运绿色发展，持续实施新能源货车运营激励政策。强化货运行业优质企业的标杆作用，促进货运企业加快构建基于新能源的新型运输组织模式。除应急、重大活动保障等特殊情况外，公交、出租、环卫、邮政等公用领域用车基本实现电动化。

3. 推进资源循环高效利用

加强资源的循环高效利用，推进重点领域节能减排，大力发展循环经济，持续提升资源利用效率。

加强污水资源化利用。持续优化再生水供用结构，提高再生水输配能力。推进一道绿隔地区再生水调配水源环线建设，保障温榆河公园、城市绿心公园等大型公园绿地绿化用水，力争做到园林绿化领域再生水可用尽用，实现园林绿化领域自来水、地下水灌溉逐步退出。实施重点功能区及重点工业项目再生水输配工程，保障"三城一区"等重点功能区和燃气电厂、环卫焚烧厂等重点工业项目再生水供给，力争做到工业用水应供尽供、可替尽替。推动实施长兴水源净化等河湖再生水补水工程，增加再生水补充河道生态用水。积极推进污泥本地资源化利用，推动污泥无害化处理满足相关标准后用于园林绿化等领域。到2025年，新建再生水管线约370公里，全市再生水利用率达到35%以上，污泥本地资源化利用水平进一步提升。

专栏14   推进重点领域污水资源化利用

"十三五"时期，全市再生水总利用量由 2016 年的 10 亿立方米增长至 2020 年的 12 亿立方米，呈逐年上升趋势。目前，再生水主要用于工业冷却、城市杂用（绿化、冲厕等）、景观河道等，现状年利用再生水 12 亿立方米，其中河湖景观补水占比最大（11.1 亿立方米，92.1%），其次为工业用水（0.6 亿立方米，4.8%），环卫绿化用水（1.5%）、建筑冲厕用水（1.5%）占比较小。从替代清水资源情况分析，2020 年再生水用水占总用水量比例约 30%（扣除漏损水量后）。其中河湖景观补水中再生水占比约 78%；环卫绿化用水中再生水占比约 3.9%；生活用水中的再生水占比仅 3.6%；工业用水中的再生水占比 24.3%。再生水已经成为我市水资源的重要组成部分，但是相对于北京市水资源短缺的严峻形势，再生水对于替代清水资源的实际贡献率还有提升空间，再生水利用配置结构仍需进一步优化。

"十四五"期间，通过完善再生水生产及输配设施，在充分利用现有再生水管网的基础上，系统布局、循序建设再生水管网，研究探索利用城市河湖输送再生水等方式拓展再生水输配通道，提高再生水输配能力；加强再生水多元、梯级和安全利用，扩大再生水应用领域，推广再生水用于工业、园林绿化、市政杂用、河湖生态补水，完善再生水利用计量体系。推动再生水配置体系进一步完善、利用结构进一步优化

提升固废资源循环利用水平。加快构建废旧物资循环利用体系，基本建成再生资源回收设施体系，提升生活垃圾回收利用率，到 2025 年，全市生活垃圾回收利用率达到 37.5%。加强建筑垃圾全过程处置利用，优化建筑垃圾资源化利用设施布局，推进装修垃圾与建筑垃圾处理设施协同建设，推广建筑垃圾再生产品利用。到 2025 年，实现装修垃圾收运规范化，处置资源化。完善全市循环经济园系统布局。

增强园林绿化碳汇能力。增强森林生态系统固碳释氧能力，持续开展造林绿化和封山育林，丰富生物多样性，提高山区、平原林分质量，全面开展固碳增汇营林示范区建设。提升公园绿地绿色循环水平，调整绿地种植结构，优先选用节水耐旱、乡土宿根地被植物，降低养护管理水耗、能耗；加强太阳能、风能等绿色能源使用率，推广园林废弃物循环利用，减少碳排放。利用 5G、智慧场景应

用等技术，开展园林碳汇科普，加强公众参与意识。到 2025 年，林地绿地年碳汇量达到 1000 万吨，逐步构建生态节能、节约型的园林绿化生态系统。

（五）着力提升基础设施服务品质

坚持以人民为中心，围绕"七有"目标和"五性"需求，加强城市规划建设管理统筹，推动基础设施功能优化，提升基础设施服务品质，让市民生活更加便利、高效、舒适。

1. 加强与城市功能融合

着力优化基础设施结构布局，丰富基础设施服务功能，梳理明确各级基础设施和地面空间的布局关系，促进基础设施与城市功能融合发展。

加快站城融合发展。统筹轨道建设与城市空间结构调整和功能布局优化，加强规划引导管控，重点围绕轨道微中心建设，引导土地资源和建设指标向站点周边集聚，在适宜站点周边统筹布局公共服务、文化娱乐、居住等城市功能，实现站点的交通功能与城市功能耦合，打造城市活力中心。试点以首钢站、亦庄站及市郊铁路霍营（黄土店）站、望京站等轨道交通站点为核心，划定重点实施单元，推动试点建设和发挥示范带动作用。健全土地综合开发收益反哺轨道建设机制，促进轨道交通与城市同步协调发展。有序实施既有站点改造，持续推进既有线未开通车站出入口开通工作，增设快速换乘通道和出入口，加强与周边办公、商业设施的直接连通；调整地面公交站点与地铁换乘距离，提升轨道交通服务便利性与可达性。优化轨道交通站点周边接驳组织，通过开行微循环公交、建设P+R 停车场、规范自行车停放管理等措施，提升市民换乘效率。

引导公交场站与城市功能有机融合。结合公交场站周边居民需求，补齐区域城市功能服务短板，推动福寿岭、朱辛庄等公交场站与便民服务、绿色景观、体育休闲等城市功能深度融合，集约、高效利用土地资源，打造便捷、高效、多样的新型公交场站，推动公交场站由交通化职能向社区化职能转变。疏解提升核心区公交场站功能，外迁历史文化街区内公交场站，推进前门、永定门、广安门等核心区公交场站驻车保养功能及旅游集散中心疏解，并结合区域需求做好功能疏解后公交场站再利用。

统筹利用地下空间完善城市功能。制定长期发展战略，启动立法工作，编制专项规划，推动地下空间多层次开发利用。主动规划各层功能定位，研究利用较浅空间建设各类公共设施、较深空间建设综合管廊等设施。加强轨道交通地下空间开发利用，强化轨道交通站点与周边公共服务、商业等地下空间连通建设。促进地面设施地下化，探索利用新建公园绿地、公交场站等建设地下停车场，依托地下空间设置积水点治理的储水设施。按照因地制宜、经济适用的原则推进综合管廊建设。优化健全"管路互随"机制，推动道路大修与管线消隐、新建道路与随路管线同步实施。

2. 着力优化和完善标准规范

落实高质量发展要求，对标国际一流，注重标准先行，梳理完善相关标准规范，逐步实现基础设施建设管理领域标准规范全覆盖，加强城市运行管理标准化，提升精细化管理水平。

精细化编制标准规范。完善基础设施标准体系，补齐现有标准规范空白，制定功能建设标准清单和投资造价指导清单等，实现基础设施领域建设投资环节全覆盖。优化调整城市道路、枢纽场站、综合管廊、城市公园、慢行系统等标准规范，加强各行业、各领域之间标准规范有机衔接，注重与市民需求、城市功能的结合，并对标国家新要求及城市发展需要，及时更新，让精细化建设管理有章可循，推进基础设施高质量发展。

强化标准规范实施。重点加强市政基础设施、城市公共交通、信息化基础设施、资源节约与环境保护等领域标准规范的实施，作为规划设计、投资建设、运行管理的重要依据，为提高城市精细化管理水平提供支撑。

3. 打造高品质生态生活空间

进一步拓展河道、公园绿地等生态空间，改善市民居住工作环境，因地制宜完善游憩、亲子、运动等服务功能，为市民提供就近可享的高品质普惠生态空间。

完善水生态格局。深入打好碧水攻坚战，加快推进中心城区合流溢流和初期雨水污染治理，加强调蓄净化，治理雨污混接错接，因地制宜改造管网 100 公里。进一步提升城镇地区污水收集处理能力，持续推进新城、乡镇污水处理设施建设，新建改建污水收集管线 1000 公里，基本实现建成区污水收集管网全覆盖。打通河湖水系联系，构建流域相济、多线联络、多层循环、生态健康的水网体系，增强河湖水体流动性，提高水体自净能力和纳污能力，提升中心城区水环境整体水平，形成"三环碧水绕京城"格局。研究重点河道生态水量及水源保障方案，保障重点河湖生态用水，增加再生水补充河道生态用水。在有条件的河湖开展适宜品种的增殖放流活动，维护水域生态平衡、优化水域环境。

专栏15 三环碧水绕京城

北京属海河水系，由西向东按流域分别属于拒马河、永定河、北运河、潮白河、蓟运河五个流域。中心城区有清河、凉水河、坝河、通惠河等4条主要河道，与外围骨干河道形成"三环碧水绕京城"格局。

一环：主要是六海、筒子河等河湖，长20公里，位于核心区、中心城区。

二环：主要是长河、南北护城河、通惠河等河道，共60公里，主要位于中心城区。

三环：主要是永定河、北运河水系，共230公里，贯穿通州、昌平、顺义、大兴、门头沟新城及重点功能区

拓展市民亲水空间。持续扩大亲水区域，更好满足市民休闲娱乐、观赏体验等多种亲水需求。实施清河、坝河、通惠河等城市河湖景观提升工程，提升河道景观及水工建筑物设计品质，到2025年，中心城区景观水系岸线长度达到350公里。依托大运河文化带建设，加快推进沿线航道、船闸、码头等配套设施建设，逐步恢复历史漕运河道景观，实现北运河全段、通惠河、亮马河、潮白河部分河段等水域游船通航。进一步提升建成区滨水步道的通达性和开放性，完善多样化亲水服务供给，因地制宜设置垂钓、滑冰、皮划艇等服务区域，实现区区开放适宜垂钓区和河湖水域滑冰场。

提升公园绿地品质。完善社区公园、城市公园、郊野公园游憩体系，建设"成长型公园"。通过见缝插绿、立体绿化等方式建设小微绿地、口袋公园，拓展社区绿色空间，实现开门见绿。建设南苑湿地森林公园、奥北森林公园等7处第一道绿隔城市公园，实现"一道绿隔城市公园环"闭合成环，新增温榆河公园、潮白河国家森林公园等10处第二道绿隔郊野公园，持续完善"二道绿隔郊野公园环"。有序开展既有公园功能提升，完成50处以上"全龄友好型"公园绿地改造。结合市民需求，因地制宜设置文化、运动场、停车、应急避险等功能设施。结合智慧场景应用等新技术，建成不同类型示范自然游憩场所30处。到2025年，全市实现新增城市绿地1200公顷，城市绿化覆盖率达到49%，全市公园绿地500米服务半径覆盖率达到90%。

专栏 16　温榆河公园

温榆河公园位于北京市市域中部，中心城区东北边缘，朝阳、顺义、昌平三区交界地区，温榆河、清河两河交汇之处，北京城市副中心上游，处于北京第二道绿化隔离带内，是重要的防洪通道和生态走廊。温榆河公园规划范围约30平方公里，其中朝阳约17.7平方公里、顺义约7.5平方公里、昌平约4.8平方公里。

公园以"生态、生活、生机"的内涵理念统领规划建设，以"精野结合，大面是野，重点是精"为原则，细化公园设计，以生态为底、以路为骨、以水为脉、以人定需、以自然为景，构建"一心、两带、十片、多点"的整体空间格局，在整体上形成精野结合、彩林成片、碧水相连、文化镶嵌的新时代人与自然和谐共生的大尺度城市蓝绿生态空间。

公园按照"一年启动、两年示范、五年成型、十年保育、多年成景"的规划建设目标，统筹水林田湖草大尺度生态空间，统筹水资源保护、水环境治理、水生态修复、水灾害防御，构建"一区三河六闸堰"防洪布局，建设成长型公园

完善绿道网络。统筹河湖水系、公园绿地、慢行交通等空间，进一步完善城市绿道网络，构建"一核、两环、五带、十片区"的市级绿道系统，进一步增强全市生态空间的系统性、连通性。建成永定河、潮白河、通惠河等滨水绿道及朝阳双奥绿道、西山绿道，新增城市绿道350公里。依托市级绿道节点建成星级绿道服务驿站44处，进一步完善绿道服务功能。在郊野和山区规划建设"一十百千"森林步道体系，构建1条100公里串联山区平原的森林游憩道、10条森林马拉松步道、100条10公里健身步道、1000条3-5公里的迷你步道，打造特色化的全程、半程、微型马拉松跑道。

专栏 17　市级绿道系统

打造"一核、两环、五带、十片区"市级绿道系统。

"一核"指首都功能核心区。

"两环"指城市公园环、郊野公园环。

"五带"指浅山森林游憩带、平原森林湿地游憩带、大运河文化带、西山永定河文化带、长城文化带。

"十片区"指北京城市副中心、中关村科学城等十个重要功能区

4. 提升智慧服务管理水平

对标 2025 年建成全球新型智慧标杆城市，深度运用人工智能、大数据、物联网等新技术，加快建设精准高效、共治共享、协同联动的智能基础设施。

提升传统基础设施智能化水平。立足北京智慧城市 2.0 总体发展目标，全面加强基础设施感知运行、安全、监管、决策等全周期智慧管理服务能力。整合政务、应急等各专网资源，逐步推动构建智慧城市专网，并依托专网进一步推动智慧应用开发。建成交通综合决策支持和监测预警平台（TOCC）三期，实现北京大兴国际机场等重要枢纽区域全面感知、智能分析、实时调度、快速应急"一屏统管"。在道路规划建设阶段预留条件，加快实施自动驾驶示范区车路协同信息化改造，满足无人驾驶等未来技术发展需要。加大交通管理非现场执法力度，建成全市 1700 处智能信号灯，全面推进交通智慧执法。构建智慧水务 1.0 基础系统，加快建设水务感知平台、大数据中心，实现水务业务流程数字化。推进公园智慧管理，实现游客量实时汇聚、分析研判、分流调度、智慧预警。深化区域协同智慧管理，高质量完成北京 2022 年冬奥会和冬残奥会交通运行监测和指挥联合调度，加强跨界河流水文水质数据共享，提升防洪协同调度水平。

加强基础设施共治共享能力。利用人工智能、大数据等技术实现"主动治理""未诉先办"，发挥社会参与监督作用。方便市民利用"随手拍""随手发"等方式，举报交通违法行为。建成一体化出行服务平台（MaaS）2.0 版，实现统一支付、停车诱导、绿色出行碳激励。推进"多表合一"专项行动，实施水、电、天然气、供暖计量器具智慧升级改造，加强数据一体化采集，打造核心区和城市副中心"多表合一"示范区。

四、保障措施

"十四五"时期，基础设施建设在扩大有效投资和保持经济平稳健康发展中的作用更加重要，需要持续加大改革创新和保障力度，统筹各方形成合力，确保规划任务和规划目标的实现，提升对城市运行发展的支撑保障。

（一）强化统筹协调

强化规划管控，注重建管协调，打造基础设施规划、建设、管理各环节的全生命周期发展模式。

加强规划统筹衔接。强化国土空间规划对各专项规划的指导约束作用，健全规划衔接协调机制，避免交叉重复和相互矛盾，促进各级各类规划"多规合一"。加强规划建设项目统筹，建立完善项目联合储备机制，促进关联项目协同实施，提高规划建设效率。

提升建设管理水平。完善顶层设计，合理整合划分各相关部门所承担的市政设施建设管理职责，避免重复建设，弥补管理空白。加强部门联动，优化部门之间的协调推进与信息共享机制，统筹协调项目前期工作和建设管理过程中的重大问题，确保全市重大基础设施项目实施的整体性和连续性。

提高全生命周期管控水平。统筹前期与后期，加强设计阶段对运行成本、服务价格、运行养护等问题的科学把控，保障基础设施长期稳定运行。健全设施管理部门与运行服务单位意见参与渠道，结合运行管理需求，优化设施设计方案，完善技术指标和质量标准，推动管理向前端延伸。健全联合验收机制，规范验收标准与程序，确保设施妥善移交和达标运行。

（二）强化改革创新

处理好基础设施公益性与经营性关系，明确重点领域和关键环节改革方向，科学设计创新发展路径和模式，推动基础设施可持续发展。

进一步完善价格形成机制。坚持市场化方向，健全轨道交通、地面公交、高速公路等领域收费及价格动态调整机制。加快完善主要由市场决定价格的机制，激发市场活力，提高资源配置效率。对具有公益性特征和自然垄断经营特征的基础设施，建立健全科学反映成本、激励约束并重、兼顾社会承受能力、灵活动态调整的政府定价机制，促进行业高质量发展。

持续推进投融资模式创新。建立多元化、多渠道投资保障体系，增强资金供给能力。逐步开放地铁站接驳公交、微循环公交、气源市场、P+R 停车场等经营主体招标，形成多主体竞争格局，不断提升行业服务水平。完善风险分担和补偿机制，健全约束和激励政策机制。实施枢纽场站一体化开发，采用 PPP 模式开展高速公路、停车场等建设，加强基础设施不动产投资信托基金（REITs）试点推广，多渠道吸引社会资本。依法依规发挥融资平台作用，在不违规举债的前提下增强融资能力。

（三）强化项目落实

坚持以规划确定项目、以项目落实规划，加快推进重大项目建设，保障规划目标任务实现。

实施重大项目带动。研究建立本市重大基础设施项目储备库，安排专项资金支持前期工作，加强对建设项目成熟度评估，依据项目成熟情况，确定本市重大基础设施正式项目、预备项目和储备项目，提前谋划和启动前期工作，实现储备论证建设的良性循环机制。

分类精准施策。加强对储备项目的协调调度力度，加快推进前期工作，推动符合条件的项目尽早开工建设。统筹保障在建项目合理资金需求，推动在建项目顺利实施，早日建成发挥效益。对于重大储备项目中，符合条件且有效拉动经济、服务民生、促进融合发展等项目给予鼓励和支持，优化发展环境，加大推进力度，加快前期工作步伐。

（四）强化规范管理

强化规划监测评估，完善规划实施监督考核制度，加强财政约束，扩大公众参与，确保规划的科学性。

加强成本绩效管理。准确核算项目成本，强化对列入规划项目的管理，提高项目的前期工作质量，建立科学完整、执行规范的成本预算管理体系，加强项目成本预算，强化预算执行。完善成本绩效管理机制，增强绩效意识和绩效理念，实现事前规划、事中控制、事后评价的全流程绩效管理。提高成本绩效管理的科学化、精细化水平，合理控制建设规模和节奏，确保建设时机、建设标准等与发展需求、筹资能力相适应。

加强监督考核。在规划实施中，加强考核监督，围绕规划目标、重点任务和政策措施的实施情况进行中期评估，注重效率分析，建立科学合理的规划评价机制，保障规划的有效实施。

推动公众广泛参与。把开门编规划、社会参与的积极性转化为落实规划的合力，发挥社会主体作用，强化政府引导支持，聚焦高质量发展和群众关注，坚持梯次稳妥推进。广泛开展规划宣传，充分发挥社会各界的积极性、主动性和创造性，让更多的市民参与到规划的实施和监督中来，形成群策群力、共建共享的生动局面。

附录三

天津市贯彻落实
《国家综合立体交通网规划纲要》的实施方案①
（2022 年 1 月 21 日）

　　为加快建设交通强市，构建现代化高质量综合立体交通网，支撑社会主义现代化大都市建设，根据《国家综合立体交通网规划纲要》，结合本市实际，制定本实施方案。

一、总体要求

（一）指导思想

　　以习近平新时代中国特色社会主义思想为指导，全面贯彻党的十九大和十九届历次全会精神，深入贯彻落实习近平总书记关于交通运输重要论述和对天津工作"三个着力"重要要求特别是视察天津港等重要指示精神，立足新发展阶段，完整、准确、全面贯彻新发展理念，服务构建新发展格局，统筹发展和安全，更加注重质量效益、一体融合、创新驱动、绿色智慧，加快推进京津冀协同发展，努力实现"一基地三区"功能定位，打造一流设施、一流技术、一流管理、一流服务，构建现代化高质量综合立体交通网，加快建设交通强市，为全面建设社会主义现代化大都市当好开路先锋。

---

　　① 摘自政府文件，全文只进行了体例上的调整，内容与原文保持一致（删除了原文的附件部分）。具体来源于天津市人民政府网站（www.tj.gov.cn）。

（二）工作原则

——服务大局，先行引领。贯彻落实京津冀协同发展重大国家战略，发挥交通在区域空间优化、产业布局调整、城市群协同发展中的先行引领作用和在畅通现代物流体系、保障国内国际供应链安全稳定中的关键作用，建设内畅外联、保障有力、世界前列的现代化综合交通运输体系。

——支撑双城，服务人民。立足"一基地三区"功能定位，服务构建"津城"、"滨城"双城发展格局，推动新型城镇化协调发展。满足公众高品质、多样化、个性化出行需求，建设人民满意交通，切实增强人民群众获得感、幸福感、安全感。

——智慧融合，改革创新。强化科技赋能，提升交通运输智慧发展水平。强化统筹融合，推进交通运输跨方式、跨领域、跨区域、跨产业融合发展。深化行业改革，充分发挥市场在资源配置中的决定性作用，更好发挥政府作用，构建统一开放竞争有序的交通运输市场。

——绿色集约，安全可靠。以实现碳达峰、碳中和目标为引领，强化资源节约集约利用，促进交通与自然和谐发展，推动交通运输领域提前实现碳达峰。统筹发展和安全，提升交通基础设施本质安全水平，加强交通运输安全与应急保障能力建设。

（三）发展目标

未来十五年本市综合立体交通网发展目标是：坚持港口为魂、铁路为骨、道路为基、航空为翼、邮政为脉，在抓历史机遇、抓谋篇布局、抓重点节点、抓行业治理、抓便民服务、抓安全生产等方面持续发力，基本建成便捷顺畅、经济高效、绿色集约、智能先进、安全可靠的现代化高质量综合立体交通网，海空两港链接全球、世界一流，公铁两网密接京冀、畅达全国，城乡交通联动双城、覆盖全域，智慧绿色赋能未来、全国领先。

到 2035 年，建成世界一流智慧绿色枢纽港口、国际航空物流中心，港口货物年通过能力达到 7.5 亿吨、集装箱年通过能力达到 3500 万标准箱，机场旅客年吞吐能力达到 7000 万人次、货邮年吞吐能力达到 150 万吨，实现客运 3 小时通达全国主要城市，货物国内 1 天送达、周边国家 2 天送达、全球主要城市 3 天送达，有力支撑国内国际双循环新发展格局建设；建成"轨道上的京津冀"、区域互联畅通公路网，高铁城际里程达到 830 公里，高速公路和普通国省道里程达到 4800 公里，实现京津雄 30 分钟通勤，京津冀主要城市客运 1 小时通达、货物 3 小时送达，有力支撑京津同城化、京津冀一体化发展；建成广泛覆盖的城乡交通网，实现双城间 20 分钟快速通达，城镇及建制村 10 分钟到公交站，城镇 15 分钟上高速公路，有力支撑双城发展格局建设；智慧绿色交通发展水平居全国前列，交通运输领域提前实现碳达峰，有力支撑交通运输高质量发展。

到 2050 年，在全国率先建成人民满意、保障有力、世界前列的交通强市，全面支撑天津建成社会主义现代化大都市。

专栏一：2035 年发展目标

便捷顺畅。旅客出行全链条便捷舒适，实现双城 20 分钟通达、京津雄 30 分钟通勤、京津冀主要城市 1 小时通达、全国主要城市 3 小时通达；城区 30 分钟到高铁站、60 分钟到机场，城镇 15 分钟上高速公路，城镇及建制村 10 分钟到公交站；新建综合客运枢纽内部换乘时间不超过 5 分钟，交通基础设施无障碍化率大幅提升。

经济高效。货物运输全流程经济高效，实现京津冀主要城市 3 小时送达、国内 1 天送达、周边国家 2 天送达、全球主要城市 3 天送达。综合立体交通主骨架能力利用率介于 60% 至 85% 合理区间，多式联运换装 1 小时完成率达到 90% 以上。综合交通枢纽基本具备寄递功能，实现与寄递枢纽的无缝衔接。

绿色集约。综合立体交通主骨架中新建铁路、公路等线性交通基础设施共用通道比例达到 70% 以上。新改建交通基础设施绿色化建设比例达到 95% 以上。运输结构更加优化，形成以铁路、水运为主的大宗货物和集装箱中长距离运输格局。出行结构更加集约，双城内绿色交通出行比例达到 80%。单位运输周转量能耗不断降低，交通运输领域提前实现碳达峰。

智能先进。建成世界一流智慧港口、国内领先的智慧机场，交通基础设施数字化率达到 90%。综合交通数据平台实现跨领域、跨区域、跨层级信息资源共享。智能网联汽车（智能汽车、自动驾驶、车路协同）、智能列车等先进技术应用更加广泛，智能交通发展水平居全国前列。

安全可靠。交通基础设施耐久性、有效性显著增强，安全设施完好率超过 95%。交通网络韧性和应对各类重大风险能力显著提升，重点区域多路径连接比例达到 100%，重要物资运输高效可靠。多方式、跨部门、跨区域协同的交通运输安全监管和应急救援体系更加完善。交通安全水平居全国前列，有效保障人民生命财产和城市总体安全。

二、完善现代化综合立体交通网布局

（一）建设多式融合的综合立体交通主骨架

国家综合立体交通网主骨架由"6主轴7走廊8通道"组成，6主轴连接京津冀、长三角、粤港澳大湾区、成渝地区双城经济圈4极，其中京津冀—长三角主轴途经天津；7走廊连接4极与其他城市群，其中京哈走廊途经天津；8通道是其他城市群间联系通道。

为落实国家规划纲要，支撑构建京津冀世界级城市群，服务本市"一市双城多节点"城镇发展格局、"三区两带中屏障"生态格局，打造多通道、大容量、快速化"1带3轴2廊"综合立体交通主骨架，由高铁城际、普铁干线、市域（郊）铁路、高速公路、普通国省道的关键线路组成。

——京津滨交通带，连接"津城"、"滨城"、武清、北辰、西青、东丽、津南、北京城区及城市副中心、海空门户枢纽，支撑京津冀国际性综合交通枢纽集群建设，增强京津冀世界级城市群核心城市辐射带动作用，向西北衔接沿边通道、中蒙俄经济走廊，向南衔接国家京津冀—长三角主轴。

现有2条高铁城际（京沪、京津）、4条高速公路（京津、京津塘、京沪—荣乌—津晋、京台—滨保）、2条普铁干线（京沪、津山）、2条普通国道（G103、G104），新增2条高铁城际（京滨、津兴）、3条市域（郊）铁路［津武、津滨、津滨二线（市域轨道）］、1条高速公路（唐廊），形成4条高铁城际、3条市域（郊）铁路、5条高速公路、2条普铁干线、2条普通国道的交通带。

——津沪交通轴，是国家京津冀—长三角主轴的组成部分，途经"津城"、武清、北辰、西青、静海，连接济南、南京、上海等，强化京津冀与长三角交通联系。

现有1条高速铁路（京沪）、3条高速公路（京沪、津沧、荣乌）、1条普铁干线（京沪）、2条普通国道（G104、G233），新增1条城际铁路（津沧），形成2条高铁城际、3条高速公路、1条普铁干线、2条普通国道的交通轴，预留北京经天津至上海高速磁悬浮通道，预留津沧高速公路南延线，实现津沧、京沪高速通道分线运行。

——沿海交通轴，是国家京津冀—长三角主轴的组成部分、沿海主要交通走廊，途经"滨城"、宁河、津南，连接辽东半岛、山东半岛、长三角地区。

现有1条高速铁路（津秦）、3条高速公路（秦滨、长深、海滨大道）、1条普铁干线（津山）、2条普通国道（G205、G228），以及天津港至上海港海上通道，新增2条高铁城际（津潍、环渤海），形成3条高铁城际、3条高速公路、1条普铁干线、2条普通国道的交通轴，预留"滨城"至唐山高速公路通道。

——津雄交通轴，途经"津城"、"滨城"、津南、西青、静海，连接雄安新区、海空门户枢纽。衔接国家京津冀—粤港澳主轴，向南通达中原地区、长江中游、粤港澳大湾区等地区；衔接国家京津冀—成渝主轴，向西南通达关中平原、成渝等地区，连通大陆桥走廊，向西及西北通达呼包鄂榆、兰西等地区及霍尔果斯、阿拉山口等陆桥口岸。

现有1条高速铁路（津保）、2条高速公路（津雄、津石）、2条普铁干线（津霸、黄万）、2条普通国道（G336、G112），新增1条城际铁路（津雄）、1条高速公路（新荣乌）、1条普通省道（津雄干线），延伸津霸铁路，连通天津—霸州—徐水—涞源—张家口，形成2条高铁城际、3条高速公路、2条普铁干线、3条普通国省道的交通轴。

——京哈交通走廊，是国家京哈走廊的组成部分，途经蓟州、宝坻，连接京冀北部、辽中南城市群、哈长城市群，连通满洲里口岸。

现有2条高速公路（京哈、京秦）、2条普铁干线（京哈、大秦）、3条普通国道（G230、G102、G509），新增2条高铁城际（京唐、京秦第二城际），形成2条高铁城际、2条高速公路、2条普铁干线、3条普通国道的交通走廊，预留蓟州区接入北京轨道交通平谷线通道。

——津承交通走廊，途经"津城"、"滨城"、东丽、北辰、宁河、宝坻、蓟州，连接河北北部、蒙东地区，向北衔接京哈走廊和沿边、二湛通道，连通二连浩特口岸，向南衔接津沪、沿海、津雄交通轴。

现有2条高速公路（津蓟、塘承）、1条普铁干线（津蓟）、1条普通国道（G233），新增2条高铁城际（京滨、津承），津蓟铁路增复线并向北延伸接入首都地区货运环线，形成2条高铁城际、2条高速公路、1条普铁干线、1条普通国道的交通走廊。

专栏二："1带3轴2廊"主骨架布局

京津滨交通带：由4条高铁城际、3条市域（郊）铁路、5条高速公路、2条普铁干线、2条普通国道组成，4条高铁城际为京沪、京滨、京津、津兴铁路，3条市域（郊）铁路为津武、津滨、津滨二线（市域轨道）铁路，5条高速公路为京津、京津塘、京沪—荣乌—津晋、京台—滨保、唐廊高速，2条普铁干线为京沪（预留京津扩能四线条件）、津山铁路，2条普通国道为G103线（北京—天津滨海新区）、G104线（北京—福建平潭）。

津沪交通轴：由2条高铁城际、3条高速公路、1条普铁干线、2条普通国道组成，2条高铁城际为京沪、津沧铁路，3条高速公路为京沪、津沧、荣乌高速，1条普铁干线为京沪铁路，2条普通国道为G104线（北京—福建平潭）、G233线（内蒙古克什克腾—安徽黄山），预留北京经天津至上海高速磁悬浮通道。

沿海交通轴：由3条高铁城际、3条高速公路、1条普铁干线、2条普通国道以及天津港至上海港海上通道组成，3条高铁城际为津秦、津潍、环渤海铁路，3条高速公路为秦滨、长深高速和海滨大道，1条普铁干线为津山铁路，2条普通国道为G205线（河北山海关—广东深圳）、G228线（辽宁丹东—广西东兴），预留"滨城"至唐山高速公路通道。

津雄交通轴：由2条高铁城际、3条高速公路、2条普铁干线、3条普通国省道组成，2条高铁城际为津保、津雄铁路，3条高速公路为津雄、津石、新荣乌高速，2条普铁干线为津霸、黄万铁路，3条普通国省道为G336线（天津—陕西神木）、G112线（北京环线）、津雄干线公路。

京哈交通走廊：由2条高铁城际、2条高速公路、2条普铁干线、3条普通国道组成，2条高铁城际为京唐、京秦第二城际铁路，2条高速公路为京哈、京秦高速，2条普铁干线为京哈、大秦铁路，3条普通国道为G230线（吉林通化—湖北武汉）、G102线（北京—辽宁抚顺）、G509线（河北京唐港—北京通州），预留蓟州区接入北京轨道交通平谷线通道。

津承交通走廊：由2条高铁城际、2条高速公路、1条普铁干线、1条普通国道组成，2条高铁城际为京滨、津承铁路，2条高速公路为津蓟、塘承高速，1条普铁干线为津蓟铁路，1条普通国道为G233线（内蒙古克什克腾—安徽黄山），津蓟铁路增复线并向北延伸接入首都地区货运环线。

（二）打造辐射全球的综合立体交通主枢纽

立足国际性综合交通枢纽城市定位，充分发挥"两个扇面"作用，强化国际枢纽海港、国际航空货运枢纽和国际邮政快递枢纽的全球资源配置能力，强化铁路枢纽区域运输组织功能，与北京共建国家铁路枢纽，形成4个综合交通主枢纽，构建以北京、天津为中心联动石家庄、雄安等城市的京津冀国际性综合交通枢纽集群。

——天津港，构建"一港八区"格局，努力打造成为京津冀协同发展的重要支撑、服务"一带一路"建设的重要支点、陆海深度融合的重要平台、现代化的国际枢纽海港。东疆、北疆和南疆港区重点建设北方国际航运核心区；大沽口、高沙岭和大港港区重点服务临港产业发展，为拓展运输功能以及部分货类转移提供空间；海河、北塘港区重点发展旅游客运、冷链运输。构建陆海内外联动、东西双向互济的运输网络，海向联动环渤海、密接日韩和东南亚、广泛连接欧美澳、拓展"冰上丝绸之路"，陆向贯通"三北"、联通中蒙俄经济走廊。

专栏三：天津港"一港八区"布局

东疆港区：以集装箱、邮轮运输为主，大力发展现代物流、航运交易、融资租赁、航运金融等高端航运服务，逐步向自由贸易港区发展。

北疆港区：以集装箱运输为主，兼顾商品汽车、旅客等运输，提升保税仓储、航运服务等功能，形成大型综合性港区。

南疆港区：以能源及大宗原材料中转运输为主，以铁路、管道为主要集疏港方式，实现优化发展。

大沽口港区：主要服务于高端装备制造、粮油加工、石油化工等临港产业发展。

高沙岭港区：未来集装箱运输拓展区，逐步承接北部港区件杂货等货类转移，兼顾服务临港产业发展。

大港港区：主要服务于南港工业区化工新材料产业发展，重点发展液化天然气（LNG）、油品、液体化工品等运输，并承接北部港区干散货、液体化工品等货类转移。

海河港区：结合城市需求，发展旅游客运，逐步退出货运功能。

北塘港区（含中心渔港）：结合城市需求，发展旅游客运、冷链运输等。

——天津滨海国际机场，建设区域航空枢纽、国际航空物流中心、国际航空货运枢纽，与北京、石家庄共同打造世界级机场群。新建 T3 航站楼、第三跑道、南货运区，形成"三航站楼、三跑道、三货运区"运行格局。拓展"一带一路"沿线国家和地区、欧美澳国际航线，做强日韩、东南亚航线，构建全国领先的全货机航线网络。引入京滨高铁、津静线市域（郊）铁路、轨道交通 Z2 线等，形成综合立体交通枢纽。大力发展空空中转、海空铁联运。

——铁路枢纽，强化区域枢纽功能，与北京共建国家铁路枢纽。在客运方面，构建"三主三辅多节点"客运枢纽体系，以天津、天津西、滨海西站为"三主"站，承担跨区域通达全国出行功能；以天津南、滨海、滨海东站为"三辅"站，服务"津城"、"滨城"城际交通出行；以滨海北、武清、宝坻南、静海北、蓟州南、北辰、军粮城北、津南站等为补充。在货运方面，构建"一中枢多场站"货运枢纽体系，汉沽编组站为京津冀核心区铁路货运组织中枢，承担区域主要编组功能；新港北集装箱中心站为铁水联运节点站，西堤头物流基地为公铁联运节点站，服务天津及周边区域；南仓站铁路货场转型升级为城市物流配送中心；拓展曹庄（天津西）、滨海西、滨海东等动车段所高铁快运功能。

——天津国际邮政快递枢纽，与北京、雄安共同打造京津冀国际邮政快递枢纽集群。构建四级邮政快递服务网络。面向国际和区域，依托海空两港建设 2 处国际邮件互换局（交换站），建设空港航空快递物流园、东疆港跨境电商快递物流园和武清电子商务快递物流园等 3 个快递专业类物流园区；服务全市，集中布局分拨转运中心，在机场、机场南、天津站、天津西站、滨海客运站、滨海新区塘沽地区布局 6 处邮政转运站，环城四区和外围各区因地制宜布局快件处理中心；服务周边，按照双城核心区平均 0.5 至 1 公里服务半径或 3 至 4 万服务人口、环城四区及外围五区（武清、宝坻、宁河、静海、蓟州）平均 4 至 5 公里服务半径或 3 至 5 万服务人口布局邮政普遍服务营业场所，按照不宜大于 1 公里服务半径原则布局居住区快递营业设施；服务末端，完善农村寄递服务设施，深入社区、校园、工厂、村庄布局快递末端服务设施。打造"公路+铁路+航空+水运"全载体邮政快递运输体系，做强公路邮路，做大铁路邮路，做精航空邮路，做实水运邮路。

（三）构建广泛覆盖的铁路公路网络

在综合立体交通主骨架、主枢纽基础上，注重存量资源优化和增量供给提质，强化双城辐射、便捷各区连通、全面覆盖城乡，形成铁路、公路"快、干、基"三级网络。发达的快速网由主骨架中的高铁城际、高速公路构成，畅达全国、密接京冀、快连双城；完善的干线网由主骨架中的普铁干线、普通国道以及市域（郊）铁路、普通省道构成，全面覆盖全市乡镇及以上节点、主要交通枢纽及3A级以上旅游景区、国防设施等；广泛的基础网由铁路专用线、农村公路构成，通达大型工矿企业、港区、乡村、学校、特色景点等。

——铁路网，包括高铁城际、普铁干线、市域（郊）铁路、铁路专用线。

高铁城际，形成5条高铁城际通北京、2条高铁城际通雄安、7条高铁城际沟通环渤海联系长三角格局，总里程约830公里，预留北京经天津至上海高速磁悬浮通道。

普铁干线，以汉沽编组站为核心，构建"一环六射"布局，承担区域运输组织功能。"一环"为市域货运铁路环线，"六射"分别通达北京及西北、雄安及西南、长三角地区、东北、承德及北部地区、神华通道，总里程约1300公里。

市域（郊）铁路，强化双城间以及双城与城市远郊地区中长距离快速出行保障，形成"双轴七射两联"布局。"双轴"服务双城之间多通道快速联系，"七射"服务双城与静海、武清、宁河、宝坻、蓟州等区快速衔接，"两联"连接武清与宁河、东丽与津南，提升网络的整体性、连通性，总里程约880公里，预留蓟州区接入北京轨道交通平谷线通道。

铁路专用线，新建集装箱、大宗干散货作业港区，同步规划建设配套铁路，年货运量150万吨以上的大型工业企业和新建物流园区逐步接入铁路专用线。

专栏四：铁路网布局

（一）高铁城际"527"布局

5条高铁城际通北京：京津城际、京沪高铁（北京方向）、京滨高铁、京秦第二城际、津兴城际；

2条高铁城际通雄安：津保铁路、津雄城际；

7条高铁城际沟通环渤海联系长三角：京沪高铁（上海方向）、京唐高铁、津承城际、津秦高铁、津潍高铁、津沧城际、环渤海城际。

（二）普铁干线"一环六射"布局

一环：曹双—津霸—汉周—西南环线—蓟港—大北环铁路；

六射：京沪铁路（京津段）、津霸—保霸—徐水至涞源至张家口—张集铁路、京沪铁路（津沪段）、黄万铁路、津山铁路、津蓟—北京货运环线铁路。

（三）市域（郊）铁路"双轴七射两联"布局

双轴：津滨线、津滨二线（市域轨道）；

七射：津静线、津武线、津宁线、津港线、津蓟线、津山线、滨海线（市域轨道）；

两联：宁武联络线、双湖联络线。

——公路网，包括高速公路、普通国省道、农村公路。

高速公路，在现状"八横六纵五射"的基础上，重点完善与北京城市副中心、雄安新区、大兴国际机场的联系通道，优化港口集疏运体系，增加密涿京沪联络线、唐廊高速（二期）、南港高速、天津港集疏运专用货运通道，预留津沧高速南延线、滨唐高速，形成"九横六纵六射"高速公路网，总里程约 1500 公里。

普通国省道，在国道主骨架基础上，完善双城之间、双城与各区之间、区区之间、与京冀毗邻地区之间便捷联系通道，完善港口、机场集疏运体系，覆盖全部乡镇，形成"31 横 18 纵"普通国省道布局，总里程约 3300 公里。

农村公路，在"村村通"基础上，合理控制县道规模，优化县道布局，提高乡村道路技术等级和服务品质，逐步向通村入户倾斜，总里程约 1.3 万公里。

专栏五：高速公路、普通国省道网布局

（一）高速公路"九横六纵六射"布局

九横：京秦高速、京哈高速、唐廊高速、滨保高速、京津高速、京津塘高速—天津港集疏运专用货运通道、京台—京沪—荣乌—津晋高速、津石高速、南港高速。

六纵：秦滨高速、海滨大道、塘承高速、长深高速、津蓟—宁静—荣乌高速、京沪高速—密涿京沪联络线。

六射：津雄高速、津宁高速、津滨高速、津港高速、津沧高速及南延线、滨唐高速。

（二）普通国省道"31 横 18 纵"布局

31 横：马营线、通武线、水库南线、京抚线、仓桑线、侯玉线、玉香线、唐通线、林廊线、唐廊线、大东—卫星线、梅丰线、京环线、京滨线、津芦线、津霸线、津汉线、新津杨—津静线、津北线、津塘线、津塘二线、天津大道、津沽线、赛达大道、津港线、静霸—独流减河北堤线、津雄干线、津神线、高常—团王线、团大—静成线、山深—港中线。

18 纵：丹东线、滨玉线、滨蓟线、九园—黄海线、山深线、东金线、会展联络线、津宝线—机场大道、克黄线、蓟宝线、平宝—宝武线、武香线、高王—武静—津海线、津王—团唐线、团泊大道—崔唐线、静青线、京岚线、通王线。

以 4 个综合立体交通主枢纽为引领，依托综合立体交通主骨架，滨海新区、环城四区和外围五区均可形成综合立体交通网。

专栏六：滨海新区、环城四区和外围五区综合立体交通网布局

滨海新区：京津滨交通带、沿海交通轴、津雄交通轴、津承交通走廊的交汇点，辖区内规划有秦滨、海滨大道、长深（荣乌）、塘承、滨保、京津、京津塘—天津港集疏运专用货运通道、津滨、津晋、津石、南港 11 条高速公路，G103 京滨、G228 丹东、G205 山深、G336 津神、津塘、港城大道等普通国省道；汇集津秦、津雄、津潍、京滨、环渤海、京津城际延伸线、宝坻周良至滨海联络线 7 条高铁城际，津山、大北环、蓟港、西南环、黄万 5 条普铁干线，津滨、津港、津山、滨海、津滨二线 5 条市域（郊）铁路，设有铁路滨海站、滨海西站、滨海东站、滨海南站、滨海北站等枢纽场站。

东丽区：京津滨交通带的重要节点，辖区内规划有京津塘、京津、津滨、津宁、津蓟、宁静 6 条高速公路，G103 京滨、G205 山深、津汉、津北、津塘线等普通国省道；汇集京滨、津秦、京津城际延伸线 3 条高铁城际，津山、大北环 2 条普铁干线，津滨、津宁、津静、双湖、津山、津滨二线 6 条市域（郊）铁路，设有铁路机场站、军粮城北站等枢纽场站。

西青区：津沪、津雄交通轴交汇点，辖区内规划有京沪、津沧、津港、津石、荣乌、长深、宁静 7 条高速公路，G104 京岚、G233 克黄、津港、津涞、赛达大道等普通国省道；汇集津沧、津保、津雄（比选方案）3 条高铁城际，京沪、西南环 2 条普铁干线，津滨二线、津静线 2 条市域（郊）铁路，设有铁路天津南站、团泊北站（比选方案）等枢纽场站。

津南区：京津滨交通带、津雄交通轴的重要节点，辖区内规划有津晋、津港、宁静、长深 4 条高速公路，G205 山深、天津大道、津港、津沽、津歧线等普通国省道；汇集津雄城际铁路，西南环、蓟港 2 条普铁干线，津滨、津港、双湖线 3 条市域（郊）铁路，设有铁路津南站等枢纽场站。

北辰区：京津滨交通带、津承交通走廊交汇点，辖区内规划有京津塘、京津、津雄、津蓟、津宁、滨保6条高速公路，G103京滨、G112京环、G233克黄、津同、武静线等普通国省道；汇集京滨高速铁路，京沪、津霸、大北环3条普铁干线，津滨、津蓟、津港、宁武4条市域（郊）铁路，设有铁路北辰站、西堤头物流基地等枢纽场站。

武清区：京津滨交通带的重要节点，辖区内规划有京津塘、京津、京沪及密涿京沪联络线、津雄、滨保、唐廊6条高速公路，G103京滨、G104京岚、G112京环、G233克黄、津武、宝武、河大、武香线等普通国省道；汇集京津城际铁路，京沪、津蓟、津霸3条普铁干线，津滨、津武、津蓟3条市域（郊）铁路，设有铁路武清站、汉沽编组站等枢纽场站。

静海区：津沪、津雄交通轴的重要节点，辖区内规划有京沪、津石、津沧及津沧南延、荣乌、长深5条高速公路，G104京岚、G205山深、G233克黄、G336津神、津雄干线、津静、团泊大道等普通国省道；汇集津沧、津雄（比选方案）2条高铁城际，京沪普铁干线，津静市域（郊）铁路，设有铁路静海北站等枢纽场站。

宝坻区：津承、京哈交通走廊交汇点，辖区内规划有京哈、津蓟、唐廊、塘承4条高速公路，G233克黄、G509唐通、津宝、宝武、九园线等普通国省道；汇集京滨、京唐、津承3条高铁城际，津蓟普铁干线及市域（郊）铁路，设有铁路宝坻南站、周良站等枢纽场站。

宁河区：沿海交通轴、津承交通走廊的重要节点，辖区内规划有京津、津宁、滨保、长深、唐廊、塘承6条高速公路，G112京环、G205山深、津芦、滨蓟、滨玉、梅丰线等普通国省道；汇集环渤海城际（比选方案）、宝坻周良至滨海联络线2条高铁城际，津山普铁干线及市域（郊）铁路，设有铁路芦台站、未来科技城站等枢纽场站。

蓟州区：津承、京哈交通走廊交汇点，辖区内规划有京秦、津蓟、塘承3条高速公路，G102京抚、G230通武、G233克黄、滨蓟、蓟宝、平宝线等普通国省道；汇集津承、京秦第二城际2条城际铁路，京哈、津蓟、大秦3条普铁干线，设有铁路蓟州南站等枢纽场站。

三、建设统筹融合综合交通运输体系

（一）推进各种运输方式融合发展

统筹综合交通通道规划建设。加强综合交通规划与国土空间规划的协调统一，强化国土空间规划对交通基础设施规划建设的约束指导作用，加强与相关规划的衔接协调。加强土地、岸线、空域、水域资源节约集约利用，充分利用既有通道线位资源新建铁路、公路等线性基础设施；统筹各类交通场站空间布局，推动新增场站设施由单一向综合、由平面向立体发展。加强综合交通通道与通信、能源、水利等基础设施统筹布局、共用通道，提高国土空间利用效率。

推进综合交通枢纽一体化建设。打造多式联运港口枢纽，建设天津港集疏运专用货运通道，推动铁路直通集装箱与大宗散货港区，提升新港北集装箱中心站能力，完善口岸、保税功能，实现物流综合效率最优。打造"机场+轨道"联运样板，推进 T3 航站楼与京滨高铁机场站一体化建设，引入津滨二线、津静线市域（郊）铁路，强化客运空轨联程、货物空铁联运。打造功能复合铁路枢纽，有条件的高铁站引入轨道交通或市域（郊）铁路，天津、天津西、滨海西站等综合客运枢纽实现 2 条以上轨道交通引入。打造枢纽经济新标杆，加强高铁枢纽、轨道交通场站周边综合开发，依托京滨、京唐等高铁城际，构筑承接北京非首都功能高铁"微中心"，推进站产城融合发展。推进综合交通枢纽与邮政快递枢纽统一设计、统一建设、协同管理。

强化城市内外交通高效衔接。推进"四网融合"，推动干线铁路、城际铁路、市域（郊）铁路统筹建设、协同管理、联动运营，做好与城市轨道交通衔接，实现设施互联、票制互通、安检互认、信息共享、支付兼容。推进"两网衔接"，统筹公路与城市道路规划建设，形成级配合理、布局均衡、衔接顺畅的路网体系，推进公路穿城镇段与城市道路建设标准衔接、养管协同，推进道路客运站与城市公共交通网络有机融合。推进站场转型，拓展货运枢纽的城市配送功能，挖掘铁路闲置站场潜能，推动中心城区既有货运站场转型升级为城市物流配送中心。

（二）推进交通网与运输网、信息网、能源网融合发展

深化交通网与运输网融合。以全链条快速化为导向，推进旅客联程联运、行李直挂、空铁一票通、互转航班通程联运，开展出行即服务（MaaS）系统试点应用；推进货物多式联运，大力发展海铁联运，做大空空中转，探索发展卡车航班、高铁快运，推广网络货运、甩挂运输等先进运输组织模式。

深化交通网与能源网融合。保障"输能"，提升港口、铁路"北煤南运、油气登陆"保障能力，支持油气、电力管网依托公路、铁路通道协调布局。融合"用能"，支持有条件的港区、公路服务区、交通场站建设充换电、加气设施，推进港口岸电规模化应用。

深化交通网与信息网融合。推进铁路、公路、水运、航空基础设施与第五代移动通信（5G）基站、光缆等信息基础设施统筹布局、协同建设。推进智能铁路、智慧公路、智慧港口、智慧民航、智慧邮政、智慧枢纽等新型基础设施建设。建设国家级车联网先导区，推进城市智慧交通综合应用。

（三）推进区域城乡交通融合发展

深入推进京津冀交通一体化。打造"轨道上的京津冀"，有序推进 5 条高铁城际（京沪、京津、京滨、津兴、京秦第二城际）通北京、2 条高铁城际（津保、津雄）通雄安，形成与沧州、廊坊、承德、唐山等周边城市均有高铁城际联通的新格局；完善区域货运铁路网络，推进霸州—徐水—涞源—张家口铁路、津蓟铁路北延等货运铁路建设。优化津冀港口合作，构建分工合理、高效协同的津冀世界级港口群，组建环渤海港口联盟，推进航道、锚地等深水资源共享共用，大力发展环渤海内支线运输，完善内陆营销网络。推进机场协同发展，巩固提升天津滨海国际机场区域航空客运枢纽保障能力，大力发展航空货运，在航权、空域、时刻资源分配等方面争取国家支持。完善互联互通公路网，推进京津塘高速拓宽、唐廊高速二期、密涿京沪联络线、团大公路等规划建设，实现与京冀全方位、多通道、同标准对接。提升城际出行服务，实现京津城际铁路公交化运营、公交"一卡普惠"、地铁支付互认，深化"通武廊"等京津冀毗邻地区出行服务一体化改革。推进运输管理协同和执法协作，强化政策、法规、标准衔接，加强信息共享、应急联动。

推进城市交通提速增质。强化轨道交通骨架支撑，加快建设"津城"、"滨城"轨道交通，有序推进市域（郊）铁路建设，因地制宜发展中运量公共交通。

优化城市路网，完善快速环线与外环线之间主干路网，加密次支路网，强化自行车专用道建设，开展人行道净化行动，补齐停车设施短板，以国家会展经济片区、海河柳林地区、北辰活力区等为重点打造高品质活力路网。深入推进公交都市建设，优化公交线网，实现城区 500 米公交站点全覆盖，强化常规公交和轨道交通衔接，实施公交地铁联程优惠，加强公交场站建设，引导共享交通规范发展，鼓励公众绿色出行。

推进城乡交通普惠均等。支撑乡村产业振兴，全面建设"四好农村路"，建设资源路、产业路、旅游路，实施窄路加宽、安全防护提升工程，深化农村公路养管体制改革，大力推广路长制，创建一批"平安农村路"、"美丽农村路"，区级公路80%达到二级及以上标准，6 米以上乡村公路占比大幅提升。优化"村村通客车"网络，推进公交线路向乡镇、建制村延伸，开行至农业休闲旅游基地、特色旅游村的客运线路。畅通农村货运服务，完善区、乡镇、村三级物流体系，发展邮政物流、农村客运小件快运、电商快递、冷链物流、货运班车等多种形式农村物流，实现农产品进城和农业生产资料、农业消费品下乡双向畅通。

(四) 推进交通与多产业融合发展

推进交通与邮政快递融合发展。深入推进邮政快递"上车上船上飞机"，优化国际邮件互换局（交换站）的国际邮件进、出、转功能，支持邮政快递企业扩大航空运营规模，增加天津始发高铁快递和电商快递班列，探索面向日韩等国家的海运班轮快件运输，在机场、高铁站等重要交通枢纽逐步实现邮件快件集中安检、集中上机（车）。加快推进邮政快递"进社区入村户"，优化门到门、桌到桌、手到手寄递服务，支持社区配建邮政快递服务场所和设施，推进居住区智能信包箱、智能快件箱、邮政快递末端综合服务站全覆盖，支持无人配送发展。完善农村寄递末端基础设施，建设集邮政、快递、电商、仓储等功能于一体的村级邮政快递物流综合服务站。

推进交通与现代物流融合发展。在港口水运方面，加快建设天津港口型国家物流枢纽，重点发展集装箱、冷链、滚装及大宗货物物流运输，发展国际中转集拼业务，丰富进口拆箱、出口拼箱、国际中转等业务，拓展中欧班列国际海铁联运功能，打造面向亚太和欧美等地区的国际采购、分拨、配送中心和国际物流运营中心。在航空物流方面，推动跨境电商规模发展，拓展进境水果、肉类、植物种苗、冰鲜水产品、食用水生动物等口岸功能，实现规模化运输，加快建设航空物流园区，打造链接洲际的货运枢纽机场。在陆路运输方面，以西堤头物流基地、汉沽编组站等为货运枢纽核心，重点发展干支衔接、公铁衔接物流模式，推动高铁快运、双层集装箱铁路运输发展，推进冷链物流、大件运输、危险品物流等专业物流发展。

推进交通与旅游融合发展。支持滨海旅游发展，打造中国北方国际邮轮旅游中心，提升邮轮母港综合服务功能，积极开辟邮轮始发航线，试点海上游，发展邮轮配送业务。支持大运河旅游发展，推进适宜河段分段旅游通航，拓展海河旅游航线，打造河海互动游品牌。支持长城沿线旅游发展，加强公路与景区道路衔接，构建"快进慢游"网络，打造旅游风景道。支持绿色生态屏障旅游发展，建设"天"字型生态主干路，以路为线、串园成链、联片成网。支持房车自驾游、通用航空低空游等特色旅游发展。

推进交通与相关产业融合发展。打造高端航运服务集聚区，大力发展航运总部经济，做强跨境融资租赁，加快信息、商贸、金融保险等现代航运服务业发展。打造航空航天研发制造集群，拓展大型民用飞机配套产业链，完善直升机、无人机研发制造体系，提升新一代运载火箭、空间站和卫星等航天设备研制生产能力。打造临港产业集群，做精做强海洋油气装备、高技术船舶、港口航道工程装备、海水淡化装备和海洋能开发利用装备制造，打造世界一流南港化工新材料基地和石化产业聚集区。打造新能源智能汽车产业集群，坚持电动化、网联化、智能化发展方向，形成新能源汽车与智能网联汽车发展高地。

四、建设高质量综合交通运输体系

（一）强化智慧赋能

推进交通运输数字化、网联化、智能化发展。建设数字化交通基础设施体系，推动大数据、物联网、5G 等新技术与交通运输融合应用，打造综合交通运输"数字大脑"，实现数据归集、数据共享、数据孪生。建设世界一流的智慧港口，加快装卸、运输、仓储等环节自动化升级改造，建设港口自动驾驶示范区，打造智能化集装箱码头新标杆。建设先进高效的智慧机场，结合天津滨海国际机场三期改扩建工程，同步升级数据中心，完善智慧运行、智慧服务、智慧管理平台，推进空管新技术试点应用。建设安全畅通的智慧公路，推进建设人、车、路、环境全要素感知体系，建设在途信息发布、智慧服务区等全方位服务体系，建设覆盖建养运全过程的业务管理体系，开展车路协同试点。建设便捷高效的智慧出行体系，开展轨道交通自动驾驶试点，深入推进公交调度智能化、巡游出租车网约化、共享单车规范化。

（二）坚持绿色低碳

建设基础设施环保、运输装备清洁、运输结构合理的绿色交通示范城市。加强与生态空间协调，落实"三线一单"管控要求，强化交通基础设施建设过程中生态环境保护、修复。提升基础设施绿色化水平，实施天津港绿色专业化码头科技示范工程，建设"绿色三星"标准的T3航站楼，建设绿色公路。深化污染防治，加强交通污染监测，严格落实船舶大气污染物排放控制区要求，加快淘汰低排放标准营运车辆。优化运输结构，打造"公转铁"、"散改集"双示范港口，形成以铁路、水路、清洁能源和新能源车辆为主的大宗货物运输格局。强化节能减排，新增更新公交车、出租车、城市配送车辆等实现全面新能源化，具备受电设施的靠港船舶100%使用岸电，鼓励创建零碳码头、零碳枢纽、零碳物流园区，推广废旧材料再生和综合利用，推进快递包装绿色化、减量化、可循环。

（三）构筑安全底线

打造"平安百年品质工程"。完善安全责任体系，健全交通安全生产制度和标准规范，创新监管模式，建立完善现代化工程建设和运行质量全寿命周期安全管理体系。强化交通基础设施长期性能监测，加强预防性养护维护，提高设施耐久性和可靠度。

全方位提升安全保障能力。提升安全风险预警防控能力，建立完善风险分级管控与隐患排查治理"双控体系"，强化危险货物运输全过程、全网络监测预警。提升双城、城镇、重要交通枢纽、北部山区交通网络韧性与可靠性。提升港口能源运输、机场大型货机运输保障能力，确保国家战略物资运输通道畅通。健全关键信息基础设施安全保护体系，提升车联网等重要融合基础设施安全保障能力。加强道路运输、城市公交、轨道交通、港口水运等领域安全治理，推动铁路沿线安全专项整治，全面推广安全生产责任保险。

完善交通运输应急保障体系。加强跨区域跨部门应急联动，建立京津冀三省市及通武廊、宁滨唐等毗邻区多级应急联动体系，加强交通运输、气象、公安、应急等部门协调联动。加强应急救援能力建设，建立公路、轨道交通、道路运输等领域专业应急救援队伍，增强应急救援社会协同能力，完善应急救援基地、设施、装备，提升应对突发事件的能力。

（四）提升治理能力

深化交通运输行业改革，深入推进"放管服"改革，持续优化营商环境，建立以大数据、信用信息共享为基础的新型治理机制，形成开放有序的交通运输市场。加强交通运输法治建设，提升交通运输综合执法能力。提升交通运输行业软实力，加强无障碍设施建设，切实解决老年人运用智能技术困难；加强铁路老车站、老码头等历史交通设施的保护利用，打造地铁文化品牌，宣扬公交8路车队、天航英雄机组、交通运输行业疫情防控优秀事迹等，营造文明交通出行环境。加强交通运输人才队伍建设，完善人才引进、培养、使用、评价、流动、激励机制，培育高水平科技人才和创新团队，建设忠诚干净担当的高素质干部队伍，打造素质优良的劳动者大军。

五、保障措施

（一）坚持党的领导

坚持党的全面领导，增强"四个意识"、坚定"四个自信"、做到"两个维护"，始终把党的领导贯穿于加快建设交通强市全过程。激励干部担当作为，全面调动各级干部干事创业的积极性、主动性和创造性，不断提高贯彻新发展理念、服务构建新发展格局、推动高质量发展的能力和水平，为实现本实施方案目标任务提供根本保证。

（二）加强组织协调

构建协同配合、高效推进的工作机制，强化部门协同、上下联动、统筹推进。财政、规划资源、住房城乡建设、生态环境等部门要细化完善财政、用地、用海、城乡建设、环保等配套政策和支持措施，完善公共交通引导土地开发的相关政策。

（三）加强资金保障

深化交通投融资改革，落实交通运输领域财政事权和支出责任划分改革方案，确保各项交通专项资金支持交通发展，进一步强化风险防控，增强可持续发展能力。充分发挥市场作用，积极引导社会资本参与综合立体交通网建设。积极争取中央预算内资金、公路和水运建设专项资金、政府专项债券资金支持。加强市、区两级财政对综合交通枢纽建设的精准支持。

（四）加强实施管理

本方案实施过程中要加强与国民经济和社会发展、国土空间等相关规划衔接，与城乡建设发展相统筹。各区、各部门在编制交通运输相关规划中，要与本方案做好衔接，有关项目纳入国土空间规划和相关专项规划。市交通运输部门要会同有关部门加强本方案实施进展统计与监测工作，定期开展评估，依据国家和本市发展规划进行动态调整或修订。重大事项及时向市人民政府报告。

附录四

河北雄安新区规划纲要[①]
（2018 年 4 月）

设立河北雄安新区，是以习近平同志为核心的党中央作出的一项重大历史性战略选择，是千年大计、国家大事。习近平总书记亲自谋划、亲自决策、亲自推动，倾注了大量心血，2017 年 2 月 23 日亲临实地考察并发表重要讲话，多次主持召开会议研究部署并作出重要指示，为雄安新区规划建设指明了方向。

在党中央坚强领导下，河北省、京津冀协同发展领导小组办公室会同中央和国家机关有关部委、专家咨询委员会等方面，深入学习贯彻习近平新时代中国特色社会主义思想和党的十九大精神，坚持世界眼光、国际标准、中国特色、高点定位，紧紧围绕打造北京非首都功能疏解集中承载地，创造"雄安质量"、成为新时代推动高质量发展的全国样板，培育现代化经济体系新引擎，建设高水平社会主义现代化城市，借鉴国际成功经验，汇聚全球顶尖人才，集思广益、深入论证，编制雄安新区规划。

2018 年 2 月 22 日，习近平总书记主持召开中央政治局常委会会议，听取雄安新区规划编制情况的汇报并发表重要讲话。李克强总理主持召开国务院常务会议，审议雄安新区规划并提出明确要求。京津冀协同发展领导小组直接领导推动新区规划编制工作。按照党中央要求，进一步修改完善形成了《河北雄安新区规划纲要》。

本纲要是指导雄安新区规划建设的基本依据。规划期限至 2035 年，并展望

[①] 摘自政府文件，全文只进行了体例上的调整，内容与原文保持一致（删除了原文的附件部分）。具体来源于中华人民共和国中央人民政府网站（www.gov.cn）。

本世纪中叶发展远景。

第一章 总体要求

中国特色社会主义进入新时代，以习近平同志为核心的党中央高瞻远瞩、深谋远虑，科学作出了设立雄安新区的重大决策部署，明确了雄安新区规划建设的指导思想、功能定位、建设目标、重点任务和组织保障，为高起点规划、高标准建设雄安新区提供了根本遵循、指明了工作方向。

第一节 设立背景

设立河北雄安新区，是以习近平同志为核心的党中央深入推进京津冀协同发展作出的一项重大决策部署，是继深圳经济特区和上海浦东新区之后又一具有全国意义的新区，是重大的历史性战略选择，是千年大计、国家大事。

党的十八大以来，以习近平同志为核心的党中央着眼党和国家发展全局，运用大历史观，以高超的政治智慧、宏阔的战略格局、强烈的使命担当，提出以疏解北京非首都功能为"牛鼻子"推动京津冀协同发展这一重大国家战略。习近平总书记指出，考虑在河北比较适合的地方规划建设一个适当规模的新城，集中承接北京非首都功能，采用现代信息、环保技术，建成绿色低碳、智能高效、环保宜居且具备优质公共服务的新型城市。在京津冀协同发展领导小组的直接领导下，经过反复论证、多方比选，党中央、国务院决定设立河北雄安新区。

规划建设雄安新区意义重大、影响深远。中国特色社会主义进入新时代，我国经济由高速增长阶段转向高质量发展阶段，一个阶段要有一个阶段的标志，雄安新区要在推动高质量发展方面成为全国的一个样板。雄安新区作为北京非首都功能疏解集中承载地，与北京城市副中心形成北京发展新的两翼，共同承担起解决北京"大城市病"的历史重任，有利于探索人口经济密集地区优化开发新模式；培育建设现代化经济体系的新引擎，与以2022年北京冬奥会和冬残奥会为契机推进张北地区建设形成河北两翼，补齐区域发展短板，提升区域经济社会发展质量和水平，有利于形成新的区域增长极；建设高水平社会主义现代化城市，有利于调整优化京津冀城市布局和空间结构，加快构建京津冀世界级城市群；创造"雄安质量",有利于推动雄安新区实现更高水平、更有效率、更加公平、更可持续发展,打造贯彻落实新发展理念的创新发展示范区,成为新时代高质量发展的全国样板。

第二节　新区概况

雄安新区地处北京、天津、保定腹地,距北京、天津均为105公里,距石家庄155公里,距保定30公里,距北京新机场55公里,区位优势明显,交通便捷通畅,地质条件稳定,生态环境优良,资源环境承载能力较强,现有开发程度较低,发展空间充裕,具备高起点高标准开发建设的基本条件。

本次新区规划范围包括雄县、容城、安新三县行政辖区(含白洋淀水域),任丘市郑州镇、苟各庄镇、七间房乡和高阳县龙化乡,规划面积1770平方公里。选择特定区域作为起步区先行开发,在起步区划出一定范围规划建设启动区,条件成熟后再有序稳步推进中期发展区建设,并划定远期控制区为未来发展预留空间。

第三节　指导思想

高举中国特色社会主义伟大旗帜,深入学习贯彻习近平新时代中国特色社会主义思想和党的十九大精神,坚决落实党中央、国务院决策部署,坚持稳中求进工作总基调,牢固树立和贯彻落实新发展理念,紧扣我国社会主要矛盾变化,按照高质量发展的要求,紧紧围绕统筹推进"五位一体"总体布局和协调推进"四个全面"战略布局,着眼建设北京非首都功能疏解集中承载地,创造"雄安质量",打造推动高质量发展的全国样板,建设现代化经济体系的新引擎,坚持世界眼光、国际标准、中国特色、高点定位,坚持生态优先、绿色发展,坚持以人民为中心、注重保障和改善民生,坚持保护弘扬中华优秀传统文化、延续历史文脉,着力建设绿色智慧新城、打造优美生态环境、发展高端高新产业、提供优质公共服务、构建快捷高效交通网、推进体制机制改革、扩大全方位对外开放,建设绿色生态宜居新城区、创新驱动发展引领区、协调发展示范区、开放发展先行区,努力打造贯彻落实新发展理念的创新发展示范区,建设高水平社会主义现代化城市。

第四节 发展定位

雄安新区作为北京非首都功能疏解集中承载地，要建设成为高水平社会主义现代化城市、京津冀世界级城市群的重要一极、现代化经济体系的新引擎、推动高质量发展的全国样板。

绿色生态宜居新城区。坚持把绿色作为高质量发展的普遍形态，充分体现生态文明建设要求，坚持生态优先、绿色发展，贯彻绿水青山就是金山银山的理念，划定生态保护红线、永久基本农田和城镇开发边界，合理确定新区建设规模，完善生态功能，统筹绿色廊道和景观建设，构建蓝绿交织、清新明亮、水城共融、多组团集约紧凑发展的生态城市布局，创造优良人居环境，实现人与自然和谐共生，建设天蓝、地绿、水秀美丽家园。

创新驱动发展引领区。坚持把创新作为高质量发展的第一动力，实施创新驱动发展战略，推进以科技创新为核心的全面创新，积极吸纳和集聚京津及国内外创新要素资源，发展高端高新产业，推动产学研深度融合，建设创新发展引领区和综合改革试验区，布局一批国家级创新平台，打造体制机制新高地和京津冀协同创新重要平台，建设现代化经济体系。

协调发展示范区。坚持把协调作为高质量发展的内生特点，通过集中承接北京非首都功能疏解，有效缓解北京"大城市病"，发挥对河北省乃至京津冀地区的辐射带动作用，推动城乡、区域、经济社会和资源环境协调发展，提升区域公共服务整体水平，打造要素有序自由流动、主体功能约束有效、基本公共服务均等、资源环境可承载的区域协调发展示范区，为建设京津冀世界级城市群提供支撑。

开放发展先行区。坚持把开放作为高质量发展的必由之路，顺应经济全球化潮流，积极融入"一带一路"建设，加快政府职能转变，促进投资贸易便利化，形成与国际投资贸易通行规则相衔接的制度创新体系；主动服务北京国际交往中心功能，培育区域开放合作竞争新优势，加强与京津、境内其他区域及港澳台地区的合作交流，打造扩大开放新高地和对外合作新平台，为提升京津冀开放型经济水平作出重要贡献。

第五节 建设目标

到 2035 年，基本建成绿色低碳、信息智能、宜居宜业、具有较强竞争力和影响力、人与自然和谐共生的高水平社会主义现代化城市。城市功能趋于完善，新区交通网络便捷高效，现代化基础设施系统完备，高端高新产业引领发展，优质公共服务体系基本形成，白洋淀生态环境根本改善。有效承接北京非首都功能，对外开放水平和国际影响力不断提高，实现城市治理能力和社会管理现代化，"雄安质量"引领全国高质量发展作用明显，成为现代化经济体系的新引擎。

到本世纪中叶，全面建成高质量高水平的社会主义现代化城市，成为京津冀世界级城市群的重要一极。集中承接北京非首都功能成效显著，为解决"大城市病"问题提供中国方案。新区各项经济社会发展指标达到国际领先水平，治理体系和治理能力实现现代化，成为新时代高质量发展的全国样板。彰显中国特色社会主义制度优越性，努力建设人类发展史上的典范城市，为实现中华民族伟大复兴贡献力量。

第二章 构建科学合理空间布局

坚持生态优先、绿色发展，统筹生产、生活、生态三大空间，构建蓝绿交织、和谐自然的国土空间格局，逐步形成城乡统筹、功能完善的组团式城乡空间结构，布局疏密有度、水城共融的城市空间。

第一节 国土空间格局

坚持以资源环境承载能力为刚性约束条件，以承接北京非首都功能疏解为重点，科学确定新区开发边界、人口规模、用地规模和开发强度，形成规模适度、空间有序、用地节约集约的城乡发展新格局。

坚持生态优先。将淀水林田草作为一个生命共同体进行统一保护、统一修复。通过植树造林、退耕还淀、水系疏浚等生态修复治理，强化对白洋淀湖泊湿地、林地以及其他生态空间的保护，确保新区生态系统完整，蓝绿空间占比稳定在 70%。

严格控制建设用地规模。推进城乡一体规划建设，不断优化城乡用地结构，严格控制开发强度，新区远景开发强度控制在30%，建设用地总规模约530平方公里。

划定规划控制线。科学划定生态保护红线、永久基本农田、城镇开发边界三条控制线，加强各类规划空间控制线的充分衔接，统筹土地利用、环境保护、文物保护、防洪抗震等专项规划，实现多规合一。

严守生态保护红线。先期划定以白洋淀核心区为主的生态保护红线，远期结合森林斑块和生态廊道建设逐步扩大。

严格保护永久基本农田。耕地占新区总面积18%左右，其中永久基本农田占10%。落实永久基本农田保护目标任务，加快数据库建设和信息化管理，实行全面监测。结合土地整治措施，加大高标准农田建设力度，确保永久基本农田确定后总量不减少、用途不改变、质量有提高。

严控城镇开发边界和人口规模。划定起步区、外围组团、特色小城镇开发边界，实行战略留白，为国家重大发展战略和城市可持续发展预留空间。合理控制人口密度，新区规划建设区按1万人/平方公里控制。

第二节　城乡空间布局

综合考虑新区定位、发展目标和现状条件，坚持城乡统筹、均衡发展、宜居宜业，规划形成"一主、五辅、多节点"的新区城乡空间布局。

"一主"即起步区，选择容城、安新两县交界区域作为起步区，是新区的主城区，按组团式布局，先行启动建设。"五辅"即雄县、容城、安新县城及寨里、昝岗五个外围组团，全面提质扩容雄县、容城两个县城，优化调整安新县城，建设寨里、昝岗两个组团，与起步区之间建设生态隔离带。"多节点"即若干特色小城镇和美丽乡村，实行分类特色发展，划定特色小城镇开发边界，严禁大规模开发房地产。

美丽乡村为新区城乡体系的重要组成部分，实施乡村振兴战略，以产业兴旺、生态宜居、乡风文明、治理有效、生活富裕为目标，构建一体化、网络化的城乡体系。保持自然风光、田园风貌，突出历史记忆、地域特色，规划建设特色村落，充分利用清洁能源，建成基础设施完善、服务体系健全、基层治理有效、公共服务水平较高的宜居宜业宜游的美丽乡村。美丽乡村规划建设用地规模约50平方公里。

第三节　起步区空间布局

顺应自然、随形就势，综合考虑地形地貌、水文条件、生态环境等因素，科学布局城市建设组团，形成"北城、中苑、南淀"的总体空间格局。"北城"即充分利用地势较高的北部区域，集中布局五个城市组团，各组团功能相对完整，空间疏密有度，组团之间由绿廊、水系和湿地隔离；"中苑"即利用地势低洼的中部区域，恢复历史上的大溵古淀，结合海绵城市建设，营造湿地与城市和谐共融的特色景观；"南淀"即南部临淀区域，通过对安新县城和淀边村镇改造提升和减量发展，严控临淀建设，利用白洋淀生态资源和燕南长城遗址文化资源，塑造传承文化特色、展现生态景观、保障防洪安全的白洋淀滨水岸线。

先行规划建设启动区。在起步区适当区域规划建设启动区，面积20-30平方公里，重点承接北京非首都功能疏解，突出创新特色，提供优质公共服务，集聚一批互联网、大数据、人工智能、前沿信息技术、生物技术、现代金融、总部经济等创新型、示范性重点项目，发挥引领带动作用；加强生态环境建设，打造韧性安全的城市基础设施，精心塑造城市特色，形成宜居宜业现代化城市风貌。

第三章　塑造新时代城市风貌

坚持中西合璧、以中为主、古今交融，弘扬中华优秀传统文化，保留中华文化基因，彰显地域文化特色；加强城市设计，塑造城市特色，保护历史文化，形成体现历史传承、文明包容、时代创新的新区风貌。

第一节　总体城市设计

统筹各类空间资源，整合生态人文要素，依托白洋淀清新优美的生态环境，利用城镇周边开阔自然的田野风光，随形就势，平原建城，形成疏密有度、水城共融的城镇空间，清新明亮的宜人环境，舒展起伏的天际线，展现新时代城市形象。

起步区城市设计。融合城水林田淀等特色要素，深化"北城、中苑、南淀"的空间结构设计，形成"一方城、两轴线、五组团、十景苑、百花田、千年林、万顷波"的空间意象。传承中华营城理念，构建布局规制对称、街坊尺度宜人的中心"方城"；按照传承历史、开创未来的设计理念，塑造体现中华文明、凝聚城市精神、承载中心功能的城市轴线；按照功能相对完整、空间疏密有度的理念，布局五个尺度适宜、功能混合、职住均衡的紧凑组团；利用水文地貌和历史文化，塑造以大溆古淀为核心的生态苑囿；保留农耕记忆、营造花海景观，形成三季有花、四季有绿的都市田园风光；大规模植树造林，形成起步区外围林带环绕、内部树木葱郁的良好生态；开展白洋淀生态环境修复，展现碧波万顷、荷塘苇海的水域生态景观，实现城淀共生共荣。

规划设计城市轴线。南北中轴线展示历史文化生态特色，突出中轴对称、疏密有致、灵动均衡；东西轴线利用交通廊道串联城市组团，集聚创新要素、事业单位、总部企业、金融机构等。

塑造城市天际线。传承中华文化基因，充分体现对称、天人合一、街坊等中华营城理念，广泛吸收借鉴全球优秀的城市设计成果，塑造轮廓舒展、韵律起伏的城市天际线，形成独具特色的城市空间形态。严格控制建筑高度，不能到处是水泥森林和玻璃幕墙；根据城市功能布局和产业特点，在新区特定范围规划建设高层建筑，集中承载中央商务、金融、企业总部等功能。精心设计建筑顶部，优化美化建筑第五立面，构建形态色彩整体和谐统一的城市空间界面和轮廓线。

启动区城市设计。充分利用区位条件，以淀泊景观为依托规划设计启动区空间布局，形成城淀相望的格局。通过轴带空间设计，实现启动区核心功能与景观环境的有机融合。组团外构建生态湿地网络，组团内串联景观水体，形成内外相连、城水相依的特色景观。注重园林绿化的文化内涵和景观效果，构建城市公园与游憩绿地，实现城中有园、园中有城。

第二节　城市风貌特色

塑造中华风范、淀泊风光、创新风尚的城市风貌。城市空间格局秩序规整、灵动自然，体现中华风范；环境景观城景应和、蓝绿交织，凸显淀泊风光；建筑设计古今融合、中西合璧、多元包容，展示创新风尚。

打造中西合璧、以中为主、古今交融的建筑风貌。传承中华建筑文化基因，吸收世界优秀建筑设计理念和手法，坚持开放、包容、创新、面向未来，形成独具特色的建筑风格。严谨细致做好建筑设计，塑造出既体现我国建筑特色又吸收国外建筑精华，既有古典神韵又具现代气息，融于自然、端正大气的优秀建筑，营造多样化、有活力的城市空间环境。

因地制宜设计丰富多样的环境景观。结合城市组团布局以及城市各级中心、重要公共空间和标志性建筑，打造城市空间景观廊道和景观节点体系；利用城市森林、组团隔离带，营造大尺度绿色空间；依托白洋淀、重要水系、湿地，塑造滨水活动空间，丰富亲水活动类型；保留有价值历史遗存，推广种植乡土植物，形成多层次、多季节、多色彩的植物群落配置，再现林淀环绕的华北水乡、城绿交融的中国画卷。

营造优美、安全、舒适、共享的城市公共空间。提高公共空间覆盖率、连续性，注重城市绿道、公园布局与开放空间的串联融合，实现5分钟步行可达；注重街区、邻里空间设计，形成尺度宜人、亲切自然、全龄友好的社区环境；注重人性化、艺术化设计，提升城市空间品质与文化品位，打造具有文化特色和历史记忆的公共空间。

第三节 历史文化保护

保护与合理利用文物古迹。严格保护省级以上文物保护单位、红色文化以及其他重要文物遗存，重点保护和利用南阳遗址、宋辽边关地道、燕南长城遗址等代表性历史遗存。结合历史遗存保护，建设考古遗址公园、遗址博物馆、陈列馆。

保护与发展历史古城、传统村镇。将标志性历史遗存的保护与城市公共空间的建设有机结合，保护传统村镇内历史空间格局清晰、传统风貌较为完整的核心地段，传承与展示水乡生产习俗和民俗文化活动。

传承与弘扬优秀传统文化。弘扬以雁翎队为代表的红色革命文化，加强圈头村音乐会、安新芦苇画等非物质文化遗产的保护与传承；发掘与保护老地名、老字号、历史名人、民间传说等其他优秀传统文化。开展口述史、民俗、文化典籍的整理、出版、阐释和普及，引导公众自觉保护与传承历史文化。

第四章 打造优美自然生态环境

践行生态文明理念，尊重自然、顺应自然、保护自然，统筹城水林田淀系统治理，做好白洋淀生态环境保护，恢复"华北之肾"功能；大规模植树造林，开展国土绿化，构建宁静、和谐、美丽的自然环境；推动区域流域协同治理，全面提升生态环境质量，建成新时代的生态文明典范城市。

第一节　实施白洋淀生态修复

恢复淀泊水面。实施退耕还淀，淀区逐步恢复至 360 平方公里左右。建立多水源补水机制，统筹引黄入冀补淀、上游水库及本地非常规水资源，合理调控淀泊生态水文过程，使白洋淀正常水位保持在 6.5—7.0 米。建设水系连通工程，联合调度安格庄、西大洋、王快、龙门等上游水库水量，恢复淀泊水动力过程。

实现水质达标。优化流域产业结构，加强水环境治理，坚持流域"控源—截污—治河"系统治理，实施入淀河流水质目标管理，全面治理工业污染源，强化城镇、乡村污水收集处理，有效治理农业面源污染，打造良好河流生态环境，确保入淀河流水质达标。合理划定清淤范围，科学有序实施淀内生态清淤，消除内源污染，修复水体底部水生动物栖息生态环境，提升淀泊水环境质量，将白洋淀水质逐步恢复到Ⅲ—Ⅳ类。

开展生态修复。利用自然本底优势，结合生态清淤，优化淀区生态格局，对现有苇田荷塘进行微地貌改造和调控，修复多元生境，展现白洋淀荷塘苇海自然景观。实施生态过程调控，恢复退化区域的原生水生植被，促进水生动物土著种增殖和种类增加，恢复和保护鸟类栖息地，提高生物多样性，优化生态系统结构，增强白洋淀生态自我修复能力。

远景规划建设白洋淀国家公园。完善生物资源保护策略，保护淀区独特的自然生境和景观，保持淀区湿地生态系统完整性，努力建成人与自然和谐共生的试验区和科普教育基地。

创新生态环境管理。优化完善白洋淀及上游生态环境管理机制，加强生态空间管控体系建设，实施智能生态管控，全面建成与生态文明发展要求相适应的生态环境管理模式。

第二节　加强生态环境建设

构建新区生态安全格局。规划建设"一淀、三带、九片、多廊"，形成林城相融、林水相依的生态城市。"一淀"即开展白洋淀环境治理和生态修复，恢复

"华北之肾"功能;"三带"即建设环淀绿化带、环起步区绿化带、环新区绿化带,优化城淀之间、组团之间和新区与周边区域之间的生态空间结构;"九片"即在城市组团间和重要生态涵养区建设九片大型森林斑块,增强碳汇能力和生物多样性保护功能;"多廊"即沿新区主要河流和交通干线两侧建设多条绿色生态廊道,发挥护蓝、增绿、通风、降尘等作用。

开展大规模植树造林。采用近自然绿化及多种混交方式,突出乡土树种和地方特色,在新区绿化带及生态廊道建设生态防护林和景观生态林,形成平原林网体系,实现生态空间的互联互通。开展大规模国土绿化行动,将新区森林覆盖率由现状的11%提高到40%。

塑造高品质城区生态环境。建设城市通风廊道,构造城淀局地气流微循环系统,将白洋淀凉爽空气输送到城市中心。构建由大型郊野生态公园、大型综合公园及社区公园组成的宜人便民公园体系,实现森林环城、湿地入城,3公里进森林,1公里进林带,300米进公园,街道100%林荫化,绿化覆盖率达到50%。

提升区域生态安全保障。构建衔接"太行山脉—渤海湾"和"京南生态绿楔—拒马河—白洋淀"生态廊道,形成连山通海、南北交融的区域生态安全格局。实施重要生态系统保护和修复工程,优化生态安全屏障体系,提升生态系统质量。

第三节 开展环境综合治理

推动区域环境协同治理。新区及周边和上游地区协同制定产业政策,实行负面清单制度,依法关停、严禁新建高污染、高耗能企业和项目。提升传统产业的清洁生产、节能减排和资源综合利用水平,加强生态保护和环境整治,强化综合监管。集中清理整治散乱污企业、农村生活垃圾和工业固体废弃物。开展地下水环境调查评估,全面开展渗坑、排污沟渠综合整治。

改善大气环境质量。优化能源消费结构,终端能源消费全部为清洁能源。严格控制移动源污染,实行国内最严格的机动车排放标准,严格监管非道路移动源;巩固农村清洁取暖工程效果,实现新区散煤"清零";构建过程全覆盖、管理全方位、责任全链条的建筑施工扬尘治理体系。根据区域大气传输影响规律,在石家庄—保定—北京大气传输带上,系统治理区域大气环境。

严守土壤环境安全底线。落实土壤污染防治行动计划,推进固体废物堆存场所排查整治,加强污染源防控、检测、治理,确保土壤环境安全。

第五章　发展高端高新产业

　　瞄准世界科技前沿，面向国家重大战略需求，通过承接符合新区定位的北京非首都功能疏解，积极吸纳和集聚创新要素资源，高起点布局高端高新产业，推进军民深度融合发展，加快改造传统产业，建设实体经济、科技创新、现代金融、人力资源协同发展的现代产业体系。

第一节　承接北京非首都功能疏解

　　明确承接重点。在高等学校和科研机构方面，重点承接著名高校在新区设立分校、分院、研究生院等，承接国家重点实验室、工程研究中心等国家级科研院所、创新平台、创新中心。在医疗健康机构方面，重点承接高端医疗机构在雄安新区设立分院和研究中心，加强与国内知名医学研究机构合作。在金融机构方面，承接银行、保险、证券等金融机构总部及分支机构，鼓励金融骨干企业、分支机构开展金融创新业务。在高端服务业方面，重点承接软件和信息服务、设计、创意、咨询等领域的优势企业，以及现代物流、电子商务等企业总部。在高技术产业方面，重点承接新一代信息技术、生物医药和生命健康、节能环保、高端新材料等领域的央企以及创新型民营企业、高成长性科技企业。支持中关村科技园在雄安新区设立分园区。

　　营造承接环境。打造一流硬件设施环境，有序推进基础设施建设，完善配套条件，推动疏解对象顺利落地。打造优质公共服务环境，率先建设一批高水平的幼儿园、中小学、医院等公共服务设施，提供租购并举的多元化住房保障，有效吸引北京人口转移。打造便民高效政务服务环境，建立新区政务服务平台，简化审批程序和环节，提供一站式服务。打造创新开放政策环境，在土地、财税、金融、人才、对外开放等方面，制定实施一揽子政策措施，确保疏解对象来得了、留得住、发展好。

第二节　明确产业发展重点

新一代信息技术产业。围绕建设数字城市，重点发展下一代通信网络、物联网、大数据、云计算、人工智能、工业互联网、网络安全等信息技术产业。近期依托 5G 率先大规模商用、IPv6 率先布局，培育带动相关产业快速发展。发展物联网产业，推进智能感知芯片、智能传感器和感知终端研发及产业化。搭建国家新一代人工智能开放创新平台，重点实现无人系统智能技术的突破，建设开放式智能网联车示范区，支撑无人系统应用和产业发展。打造国际领先的工业互联网网络基础设施和平台，形成国际先进的技术与产业体系。推动信息安全技术研发应用，发展规模化自主可控的网络空间安全产业。超前布局区块链、太赫兹、认知计算等技术研发及试验。

现代生命科学和生物技术产业。率先发展脑科学、细胞治疗、基因工程、分子育种、组织工程等前沿技术，培育生物医药和高性能医疗器械产业，加强重大疾病新药创制。实施生物技术药物产业化示范工程、医疗器械创新发展工程、健康大数据与健康服务推广工程，建设世界一流的生物技术与生命科学创新示范中心、高端医疗和健康服务中心、生物产业基地。

新材料产业。聚焦人工智能、宽带通信、新型显示、高端医疗、高效储能等产业发展对新材料的重大需求，在新型能源材料、高技术信息材料、生物医学材料、生物基材料等领域开展应用基础研究和产业化，突破产业化制备瓶颈，培育新区产业发展新增长点。

高端现代服务业。接轨国际，发展金融服务、科创服务、商务服务、智慧物流、现代供应链、数字规划、数字创意、智慧教育、智慧医疗等现代服务业，促进制造业和服务业深度融合。集聚银行、证券、信托、保险、租赁等金融业态，依法合规推进金融创新，推广应用先进金融科技。围绕创新链构建服务链，发展创业孵化、技术转移转化、科技咨询、知识产权、检验检测认证等科技服务业，建设国家质量基础设施研究基地。发展设计、咨询、会展、电子商务等商务服务业，建设具有国际水准的总部商务基地。发展创意设计、高端影视等文化产业，打造国际文化交流重要基地。发展国际仲裁、律师事务所等法律服务业。

绿色生态农业。建设国家农业科技创新中心，发展以生物育种为主体的现代生物科技农业，推动苗木、花卉的育种和栽培研发，建设现代农业设施园区。融入科技、人文等元素，发展创意农业、认养农业、观光农业、都市农业等新业态，建设一二三产业融合发展示范区。

对符合发展方向的传统产业实施现代化改造提升，推进产业向数字化、网络化、智能化、绿色化发展。

第三节　打造全球创新高地

搭建国际一流的科技创新平台。按照国家科技创新基地总体部署，积极布局建设国家实验室、国家重点实验室、工程研究中心等一批国家级创新平台，努力打造全球创新资源聚集地。围绕集聚高端创新要素，加强与国内外知名教育科研机构及企业合作，建立以企业为主体、市场为导向、产学研深度融合的技术创新体系。推动建设一批未来产业研究院。

建设国际一流的科技教育基础设施。加强重大科技基础设施建设，实施一批国家科教创新工程，集中资源建设若干"人无我有、人有我优"的开放型重大科研设施、科技创新平台，布局一批公共大数据、基础研发支撑、技术验证试验等开放式科技创新支撑平台，全面提高创新支撑能力。建设世界一流研究型大学，培育一批优势学科，建设一批特色学院和高精尖研究中心；发挥高校在科技创新体系中的作用，集聚人才、学科、资源和平台优势，与科研院所、企业等合作，面向国家重大战略需求，打造知识溢出效应明显的大学园区；按照产教深度融合、中高职有效衔接的要求，建设具有国际先进水平的现代职业教育体系；整合各类科教资源，集中力量打造国际人才培训基地，为创新发展提供源头支撑。

构建国际一流的创新服务体系。创新国际科技合作模式，打造国际科技创新合作试验区，率先开展相关政策和机制试点。举办多层次多领域学术交流活动，搭建国际科技合作交流平台。发挥创新型领军企业引领作用，面向产业链上下游中小企业，构建线上线下融合的创新支撑服务体系。加快培育科技型中小企业，构建全链条孵化服务体系。加强知识产权保护及综合运用，形成产权创造、保护、交易、运用及管理的良性循环。

第四节　完善产业空间布局

坚持产城融合、职住均衡和以水定产、以产兴城原则，采取集中与分散相结合的方式，推动形成起步区、外围组团和特色小城镇协同发展的产业格局。

起步区。构建一流的承接平台、基础设施、公共服务，重点承接北京疏解的事业单位、总部企业、金融机构、高等院校、科研院所等功能，重点发展人工智能、信息安全、量子技术、超级计算等尖端技术产业基地，建设国家医疗中心。

五个外围组团。与起步区分工协作，按功能定位承接北京非首都功能疏解，布局电子信息、生命科技、文化创意、军民融合、科技研发等高端高新产业，以及支撑科技创新和产业发展的基础设施。

周边特色小城镇。因镇制宜，有序承接北京非首都功能疏解，布局形成各具特色的产业发展格局。北部小城镇主要以高端服务、网络智能、军民融合等产业为特色。南部小城镇主要以现代农业、生态环保、生物科技、科技金融、文化创意等产业为特色。

第六章　提供优质共享公共服务

坚持以人民为中心、注重保障和改善民生，引入京津优质教育、医疗卫生、文化体育等资源，建设优质共享的公共服务设施，提升公共服务水平，构建多元化的住房保障体系，增强新区承载力、集聚力和吸引力，打造宜居宜业、可持续发展的现代化新城。

第一节　布局优质公共服务设施

构建城市基本公共服务设施网络。建设"城市—组团—社区"三级公共服务设施体系，形成多层次、全覆盖、人性化的基本公共服务网络。城市级大型公共服务设施布局于城市中心地区，主要承担国际交往功能，承办国内大型活动，承接北京区域性公共服务功能疏解；组团级公共服务设施围绕绿地公园和公交枢纽布局，主要承担城市综合服务功能，提供全方位、全时段的综合服务；社区级公共服务设施布局于社区中心，主要承担日常生活服务功能，构建宜居宜业的高品质生活环境。

构建社区、邻里、街坊三级生活圈。社区中心配置中学、医疗服务机构、文化活动中心、社区服务中心、专项运动场地等设施，形成 15 分钟生活圈。邻里中心配置小学、社区活动中心、综合运动场地、综合商场、便民市场等设施，形成 10 分钟生活圈。街坊中心配置幼儿园、24 小时便利店、街头绿地、社区服务站、文化活动站、社区卫生服务站、小型健身场所、快递货物集散站等设施，形成 5 分钟生活圈。

构建城乡一体化公共服务设施。城郊农村共享城市教育、医疗、文化等服务配套设施。特色小城镇参照城市社区标准，配置学校、卫生院、敬老院、文化站、运动健身场地等公共服务设施，提高优质公共服务覆盖率，构建乡镇基础生活圈。美丽乡村配置保障性基本公共服务设施、基础性生产服务设施和公共活动场所。大幅提高村镇公共交通服务水平，实现校车、公交等多种方式的绿色便捷出行。

第二节　提升公共服务水平

优先发展现代化教育。按照常住人口规模合理均衡配置教育资源，布局高质量的学前教育、义务教育、高中阶段教育，实现全覆盖。引进优质基础教育资源，创新办学模式，创建一批高水平的幼儿园、中小学校，培育建设一批国际学校、国际交流合作示范学校。支持"双一流"建设高校在新区办学，以新机制、新模式努力建设世界一流的雄安大学，统筹科研平台和设施、产学研用一体化创新中心资源，构建高水平、开放式、国际化高等教育聚集高地。统筹利用国内外教育资源，开展与国际高端职业教育机构的深度合作，规划建设新区职业院校，建设集继续教育、职业培训、老年教育等功能为一体的社区学院。

高标准配置医疗卫生资源。引进京津及国内外优质医疗资源，建设集临床服务、医疗教育、医学科研和成果转化为一体的医疗综合体；加快应急救援、全科、儿科、妇产科等领域建设，建设国际一流、国内领先的区域卫生应急体系和专科医院；全面打造 15 分钟基层医疗服务圈，基层医疗卫生机构标准化达标率100%；加快新区全民健康信息平台建设，大力发展智能医疗，建设健康医疗大数据应用中心，构建体系完整、分工明确、功能互补、密切协作的医疗卫生服务体系。

建立完备的公共文化服务体系。围绕建设多层次公共文化服务设施，在数字网络环境下，高标准布局建设博物馆、图书馆、美术馆、剧院等，在街道、社区建设综合文化站和文化服务中心。统筹文化要素资源，合理布局文化产业，促进文化产业高质量发展，推动公共文化服务与文化产业融合发展。

构建完善的全民健身体系。建设体育健身设施网络，鼓励体育设施与其他公共服务设施共建共享。开展全民健身活动，促进群众体育、竞技体育、体育产业、体育文化等各领域协调发展；积极承接京津丰富的赛事资源，引进国内外高端体育赛事，形成高水平、品牌化、持续性的系列赛事；充分发挥新区优势，大力发展健身休闲产业；以信息网络为技术支撑，努力创建智能型公共体育服务体系。

提升社会保障基本服务水平。以普惠性、保基本、均等化、可持续为目标，创新社会保障服务体系，建立健全社会保障基本制度，完善服务项目，提高服务标准，加大投入力度。切实保障残障人员、老人、儿童的教育、文化、医疗等基本公共服务，统筹考虑养老服务设施配置，建立健全未成年人关爱保护体系和殡葬公共服务体系。建立劳动就业服务制度，提供多层次公共就业服务，努力提升人民群众的获得感、幸福感、安全感。

第三节　建立新型住房保障体系

优化居住空间布局。统筹居住和就业，促进职住均衡。在轨道车站、大容量公共交通廊道节点周边，优先安排住宅用地；在城市核心区和就业岗位集聚、公共交通便捷、具有较高商业价值的地区，布局混合性居住空间，实现合理公交通勤圈内的职住均衡。

改革创新住房制度。坚持房子是用来住的、不是用来炒的定位，建立多主体供给、多渠道保障、租购并举的住房制度。坚持保障基本、兼顾差异、满足多层次个性化需求，建立多元化住房供应体系。坚持市场主导、政府引导，形成供需匹配、结构合理、流转有序、支出与消费能力基本适应的住房供应格局。完善多层次住房供给政策和市场调控体制，严控房地产开发，建立严禁投机的长效机制。探索房地产金融产品创新。

第七章　构建快捷高效交通网

按照网络化布局、智能化管理、一体化服务要求，加快建立连接雄安新区与京津及周边其他城市、北京新机场之间的轨道交通网络；完善雄安新区与外部连通的高速公路、干线公路网；坚持公交优先，综合布局各类城市交通设施，实现多种交通方式的顺畅换乘和无缝衔接，打造便捷、安全、绿色、智能交通体系。

第一节 完善区域综合交通网络

优化高速铁路网。构建"四纵两横"区域高速铁路交通网络，重点加强雄安新区和北京、天津、石家庄等城市的联系。"四纵"为京广高铁、京港台高铁京雄—雄商段、京雄—石雄城际、新区至北京新机场快线，"两横"为津保铁路、津雄城际—京昆高铁忻雄段，实现新区高效融入"轨道上的京津冀"，20分钟到北京新机场，30分钟到北京、天津，60分钟到石家庄。

完善高速公路网。构建"四纵三横"区域高速公路网。"四纵"为京港澳高速、大广高速、京雄高速（含新机场北线高速支线）、新机场至德州高速，"三横"为荣乌高速新线、津雄高速、津石高速，实现新区60分钟到北京、天津，90分钟到石家庄。加强新区与天津港、黄骅港交通联系，畅通新区出海通道。

提升航空服务水平。依托高速铁路、高速公路网络，加强新区与北京新机场、首都国际机场、天津滨海机场、石家庄正定机场之间的快速高效联系。

合理布局综合交通枢纽。依托高铁、城际站，强化路网对接和多种交通方式衔接，构建综合交通枢纽，形成"两主两辅"枢纽格局。"两主"为雄安高铁站、城际站，高铁站枢纽布局在昝岗组团，依托国家高铁网，便捷联系全国；城际站枢纽布局在启动区，站城一体，实现与京津冀核心城市直连直通。"两辅"为白洋淀站、白沟站，依托既有线路，服务新区北部外围组团，兼顾货运物流。

第二节 构建新区便捷交通体系

规划建设运行高效的城市轨道交通。按照网络化、多模式、集约型的原则，以起步区和外围组团为主体布局轨道交通网络，实现起步区与外围组团、城镇的便捷联系。根据新区建设步骤和人口规模、交通出行需求，有序建设轨道交通，对地铁作规划空间预留。加强规划控制并预留市域、区域轨道交通通道走廊空间。规划中低运量轨道交通系统，衔接大运量轨道交通。

构建功能完备的新区骨干道路网。外迁荣乌高速新区段，改造原线位为城市快速路，形成起步区与雄县、昝岗组团及保定市区之间的快速通道。外迁G230、G336、G106等公路，形成新区公路外环，分流过境交通。构建以起步区和雄县、昝岗组团为主体，外围组团和特色小城镇全覆盖、网络化布局的骨干道路网络，建设舒适宜人的环淀景观道路。

构建快速公交专用通道。因地制宜构建网络化、全覆盖、快速高效的公共交通专用通道，兼顾物流配送；充分利用智能交通技术和装备，提高公交系统效率，增强安全、便捷和舒适度，实现高品质、智能化的公共交通和物流配送服务。

科学规划路网密度。起步区外围布局交通性干道，内部按城市街道理念设计，提高路网密度，起步区路网密度达到 10—15 公里/平方公里，合理设计道路宽度。

构建内外衔接的绿道网络。布局区域绿道、城市绿道、社区绿道三级网络，由城市绿道串联各综合公园、社区公园，形成城乡一体、区域联动的城市绿道体系。营造独立舒适的绿道环境，设置适宜骑行、步行的慢行系统，与机动车空间隔离，承载市民健身、休闲、娱乐功能。满足群众性文体活动和赛事需求，安排适宜慢行要求的各类设施。

打造集约智能共享的物流体系。构建由分拨中心、社区配送中心组成的两级城乡公共物流配送设施体系，分拨中心与对外交通枢纽一体布局，社区配送中心依托各城乡社区服务中心布局，服务新区生产生活物资及快件集散。

第三节 打造绿色智能交通系统

提高绿色交通和公共交通出行比例。构建"公交+自行车+步行"的出行模式，起步区绿色交通出行比例达到90%。加强交通与用地布局协调，推广交通枢纽与城市功能一体化开发模式，在公共交通廊道、轨道站点周边集中布局公共服务设施。提升公共交通系统覆盖的人口数量，起步区公共交通占机动化出行比例达到80%。

建立服务优质、形式多样的新型公交系统。新区布局"干线+普线"两级城乡公交网络，干线服务起步区与外围组团、城镇，普线连接外围组团与村镇的公交系统。起步区布局"快线+干线+支线"三级城区公交网络，快线服务区内组团间出行，干线服务组团内出行，支线灵活设置线路、站点深入社区，实现地面地下协同调度、各类公交便捷换乘的高品质服务。

搭建智能交通体系框架。以数据流程整合为核心，适应不同应用场景，以物联感应、移动互联、人工智能等技术为支撑，构建实时感知、瞬时响应、智能决策的新型智能交通体系框架。

建设数字化智能交通基础设施。通过交通网、信息网、能源网"三网合一"，基于智能驾驶汽车等新型载运工具，实现车车、车路智能协同，提供一体化智能交通服务。

示范应用共享化智能运载工具。推进智能驾驶运载工具的示范应用，发展需求响应型的定制化公共交通系统，智能生成线路，动态响应需求。探索建立智能驾驶和智能物流系统。

打造全局动态的交通管控系统。建立数据驱动的智能化协同管控系统，探索智能驾驶运载工具的联网联控，采用交叉口通行权智能分配，保障系统运行安全，提升系统运行效率。

第八章 建设绿色智慧新城

按照绿色、智能、创新要求，推广绿色低碳的生产生活方式和城市建设运营模式，使用先进环保节能材料和技术工艺标准进行城市建设，营造优质绿色市政环境，加强综合地下管廊建设，同步规划建设数字城市，筑牢绿色智慧城市基础。

第一节 坚持绿色低碳发展

严格控制碳排放。优化能源结构，推进资源节约和循环利用，推广绿色低碳的生产生活方式和城市建设运营模式，保护碳汇空间、提升碳汇能力。

确定用水总量和效率红线。按照以水定城、以水定人的要求，强化用水总量管理。实行最严格水资源管理制度，实施节约用水制度化管理，对城市生活、农业等各类用水强度指标严格管控，全面推进节水型社会建设。

建设海绵城市。尊重自然本底，构建河湖水系生态缓冲带，提升城市生态空间在雨洪调蓄、雨水径流净化、生物多样性等方面的功能，促进生态良性循环。综合采用"雨水花园、下沉式绿地、生态湿地"等低影响开发设施，实现中小降雨100%自然积存、净化，规划城市建设区雨水年径流总量控制率不低于85%。

推广绿色建筑。全面推动绿色建筑设计、施工和运行，开展节能住宅建设和改造。新建政府投资及大型公共建筑全面执行三星级绿色建筑标准。

使用绿色建材。引导选用绿色建材，开发选用当地特色的自然建材、清洁生产和更高环保认证水准的建材、旧物利用和废弃物再生的建材，积极稳妥推广装配式、可循环利用的建筑方式。

第二节　构建绿色市政基础设施体系

建设集约高效的供水系统。划分城镇供水分区，各分区间设施集成共享、互为备用，提高供水效率。因地制宜推进雨水和再生水等各类非常规水资源利用，实现用水分类分质供应，采用管网分区计量管理，提高管网精细化、信息化管理水平，有效节约水资源。

完善雨污分流的雨水排除工程系统。加强城市排水河道、排涝渠、雨水调蓄区、雨水管网和泵站等工程建设，实现建成区雨水系统全覆盖。新建雨水系统全部实行雨水、污水分流制，逐步将容城、雄县、安新县城现有合流系统改造为分流制。

建设循环再生的污水处理系统。统筹考虑污水收集处理和再生利用的便捷性、经济性，建设适度分散的设施。在特色小城镇、村庄推广分散式生态化的污水处理技术。

完善保障有力的供电系统。增强区域电力供应，建设区域特高压供电网络。改造提升现有变电站，新建 500 千伏和 220 千伏变电站。积极引入风电、光电等可再生能源，作为新区电力供应的重要来源。新区供电可靠率达到 99.999%。

建设安全可靠燃气供应系统。根据新区发展需要，以长输管道天然气为主要气源，LNG 为调峰应急气源，新建若干门站、LNG 储配站，形成多源多向、互联互通的新区燃气输配工程系统。

建设清洁环保的供热系统。科学利用地热资源，统筹天然气、电力、地热、生物质等能源供给方式，形成多能互补的清洁供热系统。

建设先进专业的垃圾处理系统。按照减量化、资源化、无害化的要求，全面实施垃圾源头分类减量、分类运输、分类中转、分类处置，建设兼具垃圾分类与再生资源回收功能的交投点、中转站、终端处理设施、生态环境园，最终实现原生垃圾零填埋，生活垃圾无害化处理率达到 100%，城市生活垃圾回收资源利用率达到 45% 以上。

第三节　合理开发利用地下空间

有序利用地下空间。按照安全、高效、适度的原则，结合城市功能需求，积极利用浅层、次浅层空间，有条件利用次深层空间，弹性预留深层空间；协调各系统的空间布局，制定相互避让原则，明确各系统平面及竖向层次关系，实施分层管控及引导。

优先布局基础设施。在城市干路、高强度开发和管线密集地区，根据城市发展需要，建设干线、支线和缆线管廊等多级网络衔接的市政综合管廊系统。建设地下综合防灾设施，形成平灾结合、高效利用的地下综合防灾系统。

建立统筹协调机制。坚持统筹规划、整体设计、统一建设、集中管理，健全管理体制和运行机制，完善用地制度和权籍管理，推进地下空间管理信息化建设，保障地下空间有序利用。

第四节　同步建设数字城市

坚持数字城市与现实城市同步规划、同步建设，适度超前布局智能基础设施，推动全域智能化应用服务实时可控，建立健全大数据资产管理体系，打造具有深度学习能力、全球领先的数字城市。

加强智能基础设施建设。与城市基础设施同步建设感知设施系统，形成集约化、多功能监测体系，打造城市全覆盖的数字化标识体系，构建城市物联网统一开放平台，实现感知设备统一接入、集中管理、远程调控和数据共享、发布；打造地上地下全通达、多网协同的泛在无线网络，构建完善的城域骨干网和统一的智能城市专网；搭建云计算、边缘计算等多元普惠计算设施，实现城市数据交换和预警推演的毫秒级响应，打造汇聚城市数据和统筹管理运营的智能城市信息管理中枢，对城市全局实时分析，实现公共资源智能化配置。

构建全域智能化环境。推进数字化、智能化城市规划和建设，建立城市智能运行模式，建设智能能源、交通、物流系统等；构建城市智能治理体系，建设全程在线、高效便捷，精准监测、高效处置，主动发现、智能处置的智能政务、智能环保、数字城管。建立企业与个人数据账户，探索建立全数字化的个人诚信体系。健全城市智能民生服务，搭建普惠精准、定制服务的智能教育医疗系统，打造以人为本、全时空服务的智能社区。

建立数据资产管理体系。构建透明的全量数据资源目录、大数据信用体系和数据资源开放共享管理体系。建设安全可信的网络环境，建立安全态势感知、监测、预警、溯源、处置网络系统，打造全时、全域、全程的网络安全态势感知决策体系，加强网络安全相关制度建设。

第九章　构筑现代化城市安全体系

牢固树立和贯彻落实总体国家安全观，坚持政府主导与社会参与相结合，坚持以防为主、防抗救相结合，坚持常态减灾和非常态救灾相统一，针对自然灾害和城市运行安全、公共安全领域的突发事件，高标准规划建设重大防灾减灾基础设施，全面提升监测预警、预防救援、应急处置、危机管理等综合防范能力，形成全天候、系统性、现代化的城市安全保障体系，建设安全雄安。

第一节　构建城市安全和应急防灾体系

构筑城市安全运行体系。在新区水源保障、流域及城市防洪、能源供应、交通运营等与城市运行密切相关的各领域，运用区域协同、层级设防、智慧防灾、立体防护等防灾策略，抓住规划建设运营关键环节，超前布局、高质量建设、高效率管理，构建安全韧性的保障体系，为新区规划建设提供可靠支撑。

健全灾害预防体系。深化城市地震、气象、地质、生物等领域的灾害风险评估，建立水源、防洪、能源、交通等安全隐患防控体系，加强监测预警。优化城市综合防灾布局，合理确定防灾分区。构建城乡覆盖、区域协同，陆、水、空、地下全方位消防系统，加强"智慧消防"建设，城乡消防安全达到国际先进水平。建立安全可靠、体系完备、平战结合的人防工程系统，实现人防建设与城市建设融合发展。

构建城市公共安全体系。用最严谨的标准、最严格的监管、最严厉的处罚、最严肃的问责，建立科学完善的食品药品安全治理体系。加强城乡公共卫生设施建设和制度建设。开展爱国卫生运动，倡导健康文明生活方式，严防生物灾害与疫病疫情发生。高标准建设智能化社会治安防控体系，加强治安协同防控，提升应对突发公共事件的能力。加强电信网、广播电视网、互联网等基础网络的安全监管与保障，建立城市智能信息容灾备份系统。落实安全生产责任制，坚决防止重特大事故发生。

健全综合应急体系。按照防空防灾一体化、平战结合、平灾结合的原则，完善应急指挥救援系统，建立安全生产、市场监管、应急保障、环境保护、治安防控、消防安全、道路交通等部门公共数据资源共享机制。利用公园绿地、体育场馆、各类学校等旷地及地下空间，布局建设合理的避难场所及避难通道，形成就地避难、就近避难、步行避难的分级分类疏散系统。以干线公路网、城市干道网为主通道，建立安全、可靠、高效的疏散救援通道系统。建设供水、供电、燃气、交通等生命线应急保障系统；加强救灾物资储备，形成完备的救灾物资、生活必需品、医药物资和能源储备物资供应系统。严格相关管理制度，统筹加强各种应急保障设施运行维护、管理和保障。

提升综合防灾水平。利用信息智能等技术，构建全时全域、多维数据融合的城市安全监控体系，形成人机结合的智能研判决策和响应能力，做到响应过程无缝隙切换、指挥决策零延迟、事态进展实时可查可评估。全面提高综合防灾和城市设施安全标准，增强城市综合防灾能力。

第二节 保障新区水安全

构建水源保障体系。依托南水北调、引黄入冀补淀等区域调水工程，合理利用上游水、当地水、再生水，完善新区供水网络，强化水源互联互通，形成多源互补的新区供水格局。

完善大清河流域防洪体系。按照上蓄、中疏、下排、适滞的原则，充分发挥白洋淀上游山区水库的拦蓄作用，疏通白洋淀行洪通道，适当加大下游河道的泄洪能力，加强堤防和蓄滞洪区建设，提升大清河流域防洪能力。

建设新区防洪安全体系。按照分区设防、重点保障原则，结合新区城镇规模及规划布局，确定起步区防洪标准为 200 年一遇，五个外围组团防洪标准为 100 年一遇，其他特色小城镇防洪标准原则上为 50 年一遇；综合采用"蓄、疏、固、垫、架"等措施，确保千年大计万无一失。坚持新区防洪设施建设与生态环境保护、城市建设相结合，顺应自然，实现人水和谐共处。

确保新区防涝安全。起步区内涝防治标准整体为 50 年一遇，五个外围组团内涝防治标准为 30 年一遇，其他特色小城镇为 20 年一遇。统筹用地竖向、排水管网、城市河道、调蓄水面等排水防涝设施，构建生态措施和工程措施相结合的系统化排水防涝体系，确保排水防涝安全。起步区内部建立纵横交织、主次分级的排涝通道，利用城市水系、蓝绿空间以及大溵古淀调蓄涝水，在线实时监测白洋淀水位，适时抽排城市内部雨水，构建"北截、中疏、南蓄、适排"的排水防涝格局。

第三节　增强城市抗震能力

提高城市抗震防灾标准。新区抗震基本设防烈度Ⅷ度，学校、医院、生命线系统等关键设施按基本烈度Ⅷ度半抗震设防，避难建筑、应急指挥中心等城市要害系统按基本烈度Ⅸ度抗震设防。其他重大工程依据地震安全性评价结果进行抗震设防。

第四节　保障新区能源供应安全

落实安全、绿色、高效能源发展战略，突出节约、智能，打造绿色低碳、安全高效、智慧友好、引领未来的现代能源系统，实现电力、燃气、热力等清洁能源稳定安全供应，为新区建设发展夯实基础。

电力。坚持绿色供电，形成以接受区外清洁电力为主、区内分布式可再生能源发电为辅的供电方式。依托现有冀中南特高压电网，完善区域电网系统，充分消纳冀北、内蒙古等北部地区风电、光电，形成跨区域、远距离、大容量的电力输送体系，保障新区电力供应安全稳定、多能互补和清洁能源全额消纳。长远谋划利用沿海核电。与华北电网一体化规划建设区内输配电网，配套相应的储能、应急设施，实现清洁电力多重保障。

燃气。构建多气源、多层级、广覆盖的城乡燃气供应体系。依托国家气源主干通道和气源点，建设新区接入系统，合理布局区内燃气管网，保障新区用气供应；长远谋划利用更为清洁的替代燃料。

热力。科学利用区内地热资源，综合利用城市余热资源，合理利用新区周边热源，规划建设区内清洁热源和高效供热管网，确保供热安全。

节能。坚持节能优先，发展绿色建筑，推行绿色出行，加快开展梯级利用、循环利用，建设集能源开发、输送、转换、服务及终端消费于一体的多能互补区域能源系统，把新区打造成为高效节能示范区。

智能。结合数字城市建设，运用互联网、物联网融合技术，推进能源管理智慧化、能源服务精细化、能源利用高效化，打造新区智能能源系统，进一步提高能源安全保障水平。

第十章　保障规划有序有效实施

雄安新区是留给子孙后代的历史遗产，必须坚持大历史观，保持历史耐心，稳扎稳打，一茬接着一茬干。完善规划体系，制定配套政策法规和技术规范，创新体制机制，强化政策保障，做好与周边区域规划衔接，加强新区及毗邻地区管控，促进协调发展，加强组织领导，保障规划有序有效实施，确保一张蓝图干到底。

第一节　完善规划体系

完善规划编制体系。新区规划纲要是编制新区各级各类规划的准则和指南，是指导新区建设发展的基本依据。坚持以规划纲要为统领、以控制性详细规划为重点、以专项规划为支撑，形成全域覆盖、分层管理、分类指导、多规合一的规划体系。按照把每一寸土地都规划得清清楚楚后再开工建设的要求，结合建设时序，深化细化控制性详细规划、修建性详细规划及各类专项规划，为新区全面建设做好准备。

健全规划管理体制。河北省承担新区各类规划的组织编制、审批、实施、管理等职责，落实多规合一，按法定程序和要求开展建设项目的审批、管理。

建立规划法规体系。依据国家有关法律法规和本规划纲要，研究推进雄安新区规划条例立法，按照创造"雄安质量"的要求，制定雄安新区规划技术标准、雄安新区规划建设管理技术规定等建设标准和技术规范。

畅通公众参与渠道。坚持开门开放编规划，汇众智、聚众力，搭建全过程、全方位的公众参与平台，健全规划公开制度，鼓励引导各领域专家和公众积极参与，在后续规划编制、决策、实施中发挥作用，确保规划反映民意，凝聚起人民群众建设新区的正能量。

统筹安排规划实施时序。根据相关阶段建设目标要求，制定各类规划实施方案和行动计划，适时启动重大项目建设，确保新区建设顺利进行。

第二节　建立规划实施制度机制

加强组织领导。在党中央、国务院领导下，按照京津冀协同发展领导小组部署要求，领导小组办公室加强综合协调，中央和国家机关有关部委、单位，北京市、天津市等方面大力支持，河北省委和省政府履行主体责任，雄安新区管委会负责规划纲要的具体实施。建立新区规划委员会制度，发挥组织协调和咨询审查作用，完善规划实施统筹决策机制。

加强规划监督评估。健全规划实施监管和考核问责制度，强化对规划实施的监督，确保规划有序落地。搭建新区国土空间基础信息平台和数字规划建设管理平台，建立"实施—监测—评估—维护"机制，提升规划的适应性。

强化规划刚性约束。本规划纲要与相关规划经批准后必须严格执行，任何部门和个人不得随意修改、违规变更，坚决维护规划的严肃性和权威性，确保一张蓝图干到底。

建立重大事项报告制度。在规划执行中遇有重大事项，及时向党中央、国务院和京津冀协同发展领导小组请示报告。

第三节　创新体制机制与政策

围绕推进雄安新区规划实施，坚持深化改革、扩大开放，制定出台支持政策，打造体制机制新高地，为新区建设发展创造良好条件，发挥对全国全面深化改革扩大开放的引领示范作用。

深化行政体制改革。推进新区机构和行政管理体制改革，实行大部门制和扁平化管理，新区管理机构工作人员实行聘任制，优化干部培养选拔机制；按照河北省授权，新区行使有关行政审批权限和管理权限，推进行政审批制度改革，全面实行负面清单管理，建立全新的投资项目审批制度，提高行政服务效率；深化事业单位改革，强化公益属性，探索政事分开、管办分离的有效形式。

深化财税金融改革。建立长期稳定的资金筹措机制，中央财政通过设立雄安综合财力补助、统筹安排各类转移支付资金和加大地方政府长期债务支持力度等方式支持新区建设。对符合税制改革和新区发展方向的税收政策，在现行税收制度框架内支持在新区优先实施，对需要先行先试的可依法依规优先试点。支持雄安新区立足本地实际，率先在相关领域开展服务实体经济的金融创新或金融试验试点示范工作，推动国家级交易平台等重大金融项目先行先试，支持金融业对外开放新举措在新区落地。

创新人才人口管理。探索实行有利于激发新区创新活力的人事、薪酬、住房、税收、养老等政策。探索实行个人所得税改革。实行开放便捷的人才引进制度，在技术移民和外籍人才入境、停居留、永久居留等方面制定更加便利的措施，建立人才特区。推进人口管理创新，实施积分落户和居住证制度，建立以居住证为载体的公共服务提供机制。

推进土地管理制度改革。统筹解决新区所需建设用地规模、耕地保有量、永久基本农田保护面积和耕地占补平衡指标。创新土地供应政策，构建出让、划拨、作价出资（或入股）、租赁或先租后让、租让结合的多元化土地利用和土地供应模式。以土地综合整治为平台，统筹推进城水林田淀系统治理。

积极扩大对内对外开放。主动服务北京国际交往中心功能，利用京津冀三地对外开放基础和雄安新区自然环境优势，构筑对外交流平台。吸引国家对外开放平台、"一带一路"国际组织优先在新区布局，在新区举办国际及国内高端论坛。支持以雄安新区为核心设立中国（河北）自由贸易试验区，建设中外政府间合作项目（园区）和综合保税区，大幅度取消或降低外资准入限制，全面实行准入前国民待遇加负面清单管理模式，更好地以开放促改革、以开放促发展。

第四节　强化区域协同发展

加强新区及毗邻地区管控。划定新区周边一定范围为管控区，实施统一规划、严格管控，实行统一负面清单管理。划定城镇开发边界，严格控制城镇建设方向，防止"贴边"发展。建设新区周边绿色生态屏障，加强流域生态修复、水系连通、入淀河流综合治理，开展平原植树造林和大气污染联防联治。加快腾退与生态功能相冲突的用地，防止城乡建设无序发展，抑制人口过度聚集。严格产业准入管制，新区周边严禁高耗水、高耗能及高污染项目进入。

推进新区与周边地区协调发展。加强与国家有关单位、京津两市经常性、制度性协商，解决好涉及区域协同发展的相关规划建设问题。按照科学规划、合理布局的原则，新区着力与北京中心城区、北京城市副中心和天津市在功能上优势互补，实现错位发展、互利共赢；加强新区与保定、廊坊、沧州等周边地区相关规划的衔接，统筹承接北京非首都功能疏解，统筹推进新型城镇化建设，统筹安排教育、医疗、卫生、体育等功能，统筹布局生态、产业、交通和基础设施，实行协同规划、产业联动，努力打造协调发展示范区。

后　记

　　2022 年是京津冀协同发展重大区域战略实施的第八年。2014 年，京津冀协同发展成为我国区域协调发展的重要战略支撑之一，其在探索人口密集地区的高质量发展方式上承担着先行先试的使命，京津冀区域迎来了全面大发展的重要机遇。

　　这一战略实施之初，笔者就开始关注京津冀区域发展问题，并将研究的对象和领域向京津冀地区集中。以区域大气治理的协同为发端，生态优先的京津冀协同为学术界提供了很多很好的研究素材和角度。笔者以生态协同为研究起点探索京津冀协同发展的现实需求。随着京津冀区域协同战略的不断深入，更多更深层次的区域发展问题集中显现，笔者的关注领域也开始不断拓展。实践引领理论研究的脚步和方位，理论为实践提供了总结和未来发展的支撑。京津冀的协同发展为本书的写作提供了现实来源。

　　从实践来看，顶层设计与战略规划的重要性在经济社会发展的长周期中越发重要。立足经济社会发展的全局通盘谋划，系统规划资源要素的配置，优化要素流动的场域，以全球视野和国家战略高度着眼未来发展趋势，统筹谋划重要的区域板块，进行整体性的布局或者深层次的调整，这是我国区域发展实践进展中的重要创新，为区域协调发展的理论研究提供了更为广阔的场景和更加丰富的研究对象。党的十九大报告、《中华人民共和国国民经济和社会发展第十四个五年规划和 2035 年远景目标纲要》等都将京津冀协同发展列为国家整体区域协调发展战略的首位。《中共中央　国务院关于建立更加有效的区域协调发展新机制的意见》（见附录一）等一系列重要文件和战略规划陆续出台与实施，体现了我国在加快推动区域协调发展方面的积极实践和重大突破。笔者的研究领域也随着实践的不断深化而得到拓展。

　　在京津冀协同发展战略实施八周年之际出版此书，既是笔者在京津冀协同领域研究成果的集中体现，以及对近年来关于京津冀协同研究成果的整理和总结，更是未来研究深化和聚焦的一个开端或起点。本书是笔者在京津冀协同发展研究领域的一些思考与成果的再加工。将碎片化的研究成果梳理成体系，也是对自我认知的再审视以及对自己的交代和鼓励。

通过本书的阶段性总结，足以发现笔者研究中的薄弱环节和欠缺方面，本书不仅是后续研究的准备和积累，更能够鞭策自己在区域发展尤其是京津冀协同发展研究的道路上走得更远。随着笔者在京津冀协同发展方面研究的不断深入，曾经的研究期许有的已渐行渐远，有的还可期，有的已有成果，该领域内未来还有更多的研究点值得笔者下更多的工夫去探究和思索。

谨以此书回顾和总结笔者在京津冀协同发展领域中的一些研究所得和散在思考。

2022 年 3 月 20 日于天津久华里家中